Schriften des Betriebs-Beraters
Band 118

D1699312

Kartellverbot und Schirm-GVO

Eine restriktive Interpretation des § 1 GWB
im Lichte der neuen Verwaltungspraxis
der Kommission

von

Dr. Andrea Lohse

Wissenschaftliche Assistentin, Freie Universität Berlin

Verlag Recht und Wirtschaft GmbH
Heidelberg

Die Deutsche Bibliothek – CIP-Einheitsaufnahme

Lohse, Andrea:
Kartellverbot und Schirm-GVO : eine restriktive Interpretation des § 1 GWB
im Lichte der neuen Verwaltungspraxis der Kommission / von Andrea Lohse. –
Heidelberg : Verl. Recht und Wirtschaft, 2001

   (Schriften des Betriebs-Beraters ; Bd. 118)

   ISBN 3-8005-1276-9

ISBN 3-8005-1276-9

© 2001 Verlag Recht und Wirtschaft GmbH, Heidelberg

Das Werk einschließlich aller seiner Teile ist urheberrechtlich geschützt. Jede Verwertung außerhalb der engen Grenzen des Urheberrechtsgesetzes ist ohne Zustimmung des Verlages unzulässig und strafbar. Das gilt insbesondere für Vervielfältigungen, Bearbeitungen, Übersetzungen, Mikroverfilmungen und die Einspeicherung und Verarbeitung in elektronischen Systemen.

Satzkonvertierung: Lichtsatz Michael Glaese GmbH, 69502 Hemsbach

Druck und Verarbeitung: Wilhelm & Adam, Werbe- und Verlagsdruck GmbH,
63150 Heusenstamm

♾ Gedruckt auf säurefreiem, alterungsbeständigem Papier, hergestellt aus chlorfrei
  gebleichtem Zellstoff (TCF-Norm)

Printed in Germany

Vorwort

Es gibt kaum eine Frage im deutschen Kartellrecht, die in den letzten Jahren so intensiv diskutiert worden ist wie die Frage, unter welchen Voraussetzungen die vom Wortlaut des § 16 GWB erfassten Ausschließlichkeitsbindungen in Vertriebsverträgen zwischen Herstellern und Händlern und in Lieferverträgen zwischen Erzeugern und Verarbeitern (nur oder auch) als Vereinbarungen zwischen miteinander im Wettbewerb stehenden Unternehmen in den Anwendungsbereich des § 1 GWB fallen. Der Grund dafür ist nicht zuletzt, dass diese Frage von erheblicher praktischer Relevanz ist, und zwar für die unmittelbar betroffenen Unternehmen und für die mittelbar betroffenen Verbraucher. Dies belegt eindrucksvoll die breite Aufmerksamkeit, die der Entscheidung des Landgerichts Mannheim vom 16. April 1999 (Badenwerk/EnBW ./. Stadt Waldshut-Tiengen) nicht nur in Fachkreisen, sondern auch in der Öffentlichkeit zuteil geworden ist.

Diese Diskussion erhält nun eine neue Dimension. Die Kommission hat in der Gruppenfreistellungsverordnung für vertikale Vereinbarungen vom 29. Dezember 1999, in den Leitlinien für vertikale Beschränkungen vom 13. Oktober 2000 und in den Leitlinien über horizontale Zusammenarbeit vom 6. Januar 2001 ihre Rechtsauffassung dazu dargelegt, was unter einer vertikalen Vereinbarung und einer vertikalen Beschränkung und unter einer horizontalen Vereinbarung und einer horizontalen Beschränkung zu verstehen ist und wann in diesen Fällen eine Vereinbarkeit mit Art. 81 Abs. 1 EG anzunehmen ist oder die Freistellungsvoraussetzungen nach Art. 81 Abs. 3 EG vorliegen. Die Kommission hat am 27. September 2000 zudem den Entwurf einer neuen Kartellverordnung vorgelegt. Darin ist nicht nur die Aufgabe des Freistellungsmonopols der Kommission vorgesehen, sondern auch, dass sämtliche Fälle mit grenzüberschreitenden Wirkungen allein dem europäischen Wettbewerbsrecht unterliegen. Die Kommission will die Wettbewerbsverzerrungen abbauen, die im europäischen Binnenmarkt durch das Nebeneinander der nationalen und der europäischen Kartellrechtsordnungen hervorgerufen werden. Vor dem Hintergrund dieser europäischen Wettbewerbspolitik kann man sich der folgenden Frage gar nicht mehr verschließen: Sollten Ausschließlichkeitsbindungen in Vertriebsverträgen zwischen Herstellern und Händlern und in Lieferverträgen zwischen Erzeugern und Verarbeitern nicht unabhängig davon, ob sie ausschließlich nationale oder auch grenzüberschreitende Wirkungen haben, nicht nach denselben Kriterien eingeordnet und nach vergleichbaren Maßstäben bewertet werden? Dies belegt eindrucksvoll das große Interesse, das die Entscheidung des Landgerichts Köln vom 7. Juni 2000 (Thyssengas ./. Stadtwerke Aachen) geweckt hat.

Die Schrift geht den aufgeworfenen Fragen am Beispiel der praktisch bedeutsamen Alleinvertriebsvereinbarungen nach. Sie liefert einen aktuellen Problemaufriss und belegt die Tragweite der Diskussion, indem sie aufzeigt, dass die kartellrechtliche Einordnung der Alleinvertriebsvereinbarungen auf der Grundlage einer extensiven Interpretation des § 1 GWB nicht nur kritisch zu hinterfragen ist, sondern auch der neuen Rechtsauffassung der Kommission widerspricht. Und da vor dem Hintergrund des Binnenmarktprojekts und angesichts der wettbewerbspolitischen Wertungskongruenz zwischen dem deutschen und dem europäischen Kartellrecht eine Interpretation des § 1 GWB (und des § 16 GWB) im Lichte der neuen Verwaltungspraxis der Kommission in sachlicher und methodischer Hinsicht geboten und möglich ist, mündet sie in dem Vorschlag einer harmonisierenden (und restriktiven) Interpretation des § 1 GWB.

Berlin, im Januar 2001   *Andrea Lohse*

Inhaltsverzeichnis

A. Einführung

Die Kommission hat nach jahrelangen Vorarbeiten nunmehr ihre neue Rechtsauffassung zur kartellrechtlichen Beurteilung von Ausschließlichkeitsbindungen nach Art. 81 Abs. 1 und Abs. 3 EG veröffentlicht. Sie hat in Art. 2 Abs. 1 der seit dem 1. Juni 2000 anwendbaren Gruppenfreistellungsverordnung für vertikale Vereinbarungen (im weiteren Schirm-GVO)[1] festgelegt, was sie unter einer vertikalen Vereinbarung und unter einer vertikalen Beschränkung versteht: Vereinbarungen oder aufeinander abgestimmte Verhaltensweisen zwischen zwei oder mehr Unternehmen, von denen jedes zwecks Durchführung der Vereinbarung auf einer unterschiedlichen Produktions- oder Vertriebsstufe tätig ist, und welche die Bedingungen betreffen, zu denen die Parteien bestimmte Waren oder Dienstleistungen beziehen, verkaufen oder weiterverkaufen können, werden als vertikale Vereinbarungen eingeordnet. Soweit diese Vereinbarungen Wettbewerbsbeschränkungen enthalten, die unter Art. 81 Abs. 1 fallen, werden diese Wettbewerbsbeschränkungen als vertikale Beschränkungen angesehen. Sie hat in den Leitlinien über horizontale Zusammenarbeit vom 6. Januar 2001[2] festgelegt, was sie unter einer horizontalen Vereinbarung und unter einer horizontalen Beschränkung versteht: Vereinbarungen oder aufeinander abgestimmte Verhaltensweisen zwischen zwei oder mehr Unternehmen, die auf derselben Marktstufe tätig sind (Tz. 9), werden als horizontale Vereinbarungen (Tz. 8, 10 f., 16), als horizontale Kooperationsvereinbarungen (Tz. 16, 17, 19) oder als horizontale Zusammenarbeit bzw. Zusammenarbeit zwischen Wettbewerbern (Tz. 1 ff. bzw. 9, 24, 139) eingestuft. Die Einschränkung des Wettbewerbs zwischen den Beteiligten bzw. die Koordinierung des Wettbewerbsverhaltens der Ver-

---

1 Verordnung (EG) Nr. 2790/1999 der Kommission vom 22. Dezember 1999 über die Anwendung von Art. 81 Abs. 3 des Vertrages auf Gruppen von vertikalen Vereinbarungen und aufeinander abgestimmten Verhaltensweisen, ABl. EG 1999 Nr. L 336, S. 21 ff. (abgedruckt in WuW 2000, 151 ff. und im L/B unter 2.12.).
2 Leitlinien zur Anwendbarkeit von Art. 81 EG-Vertrag auf Vereinbarungen über horizontale Zusammenarbeit, ABl. EG 2001 Nr. C 3, S. 2 ff.

tragspartner wird als Wettbewerbsbeschränkung betrachtet, wenn
sie nach Art. 81 Abs. 1 EG tatbestandsmäßig ist (Tz. 17 ff., 24), allerdings nur in der Tz. 100 der Leitlinien für vertikale Beschränkungen vom 13. Oktober 2000[3] ausdrücklich als horizontale Beschränkung bezeichnet. Die Kommission geht zudem in Art. 2
Abs. 4 Schirm-GVO, den Leitlinien für vertikale Beschränkungen
(Tz. 26 f.) und den Leitlinien über horizontale Zusammenarbeit
(Tz. 11, 140) davon aus, dass es vertikale Vereinbarungen zwischen Wettbewerbern gibt, und unterwirft sie in bestimmten Fällen
einer Zweistufenanalyse (Tz. 117 der Leitlinien über horizontale
Zusammenarbeit) nach den Leitlinien über horizontale Zusammenarbeit und den Leitlinien für vertikale Beschränkungen.

Diese Rechtsauffassung der Kommission zur kartellrechtlichen
Beurteilung von Ausschließlichkeitsbindungen rückt die im deutschen Kartellrecht seit der Druckgussteile-Rechtsprechung des
BGH aus dem Jahr 1997[4] und bis zum heutigen Tage intensiv diskutierte Frage, unter welchen Voraussetzungen die vom Wortlaut
des § 16 GWB erfassten Ausschließlichkeitsbindungen in Vertriebsverträgen zwischen Herstellern und Händlern und in Lieferverträgen zwischen Erzeugern und Verarbeitern (nur oder auch)
als Vereinbarungen zwischen miteinander im Wettbewerb stehenden Unternehmen in den Anwendungsbereich des § 1 GWB fallen,[5] in ein neues Licht: Sollten diese Ausschließlichkeitsbindun-

---

3 Leitlinien für vertikale Beschränkungen, ABl. EG 2000 Nr. C 291, S. 1 ff. (abgedruckt im L/B unter 2.13).
4 BGH WuW/E BGH 3115, 3118 f. – Druckgussteile; BGH WuW/E BGH 3121,
3125 f. – Bedside-Testkarten; BGH WuW/E BGH 3137, 3138 f. – Sole.
5 Zimmer in I/M-GWB 2001 § 1 Rdn. 164 ff., 173 ff., 271 ff., 293 ff.; Emmerich in
I/M-GWB 2001 § 16 Rdn. 18 ff., 45 und Fälle, S. 40 f., 65 ff., 73 sowie Kartellrecht,
S. 29 ff., 53 ff., 135 und JuS 1998, 272, 272; Bunte in L/B § 1 Rdn. 86 ff., 96 ff.,
105 f., 107 f., 114 f., 117 ff., 131, 137 ff., 140 ff., 149 f., 193 ff. und bereits WuW
1997, 857, 857 ff.; Hootz in GK § 1 Rdn. 59 ff., 133 ff.; Bahr WuW 2000, 954,
955 ff.; Schwintowski/Klaue BB 2000, 1901, 1901 ff.; Rittner WuW 2000, 696,
696 ff. und WuW 2000, 1204, 1204 f. sowie Wettbewerbs- und Kartellrecht, § 7
Rdn. 14 ff., 23 ff.; Bornkamm, FS Geiß, S. 539, 545 ff., 554 ff.; Karsten Schmidt
WuW 2000, 1199, 1199 ff. und FS Sandrock, S. 833, 843 ff. sowie bereits AG 2000,
551, 552 f., 558 ff.; Keul, Kartellverbot, S. 222 ff.; Kühne, FS Sandrock, S. 537,
537 ff.; Huber in FK § 1 n. F. Rdn. 12 ff., 33, 47 ff., 50 f., 70 ff., 86 ff.; Bechtold § 1
Rdn. 20, 22 und bereits BB 1997, 1853, 1854 sowie NJW 1997, 1959, 1961; Raabe

gen nicht unabhängig davon, ob sie nur nationale oder auch grenzüberschreitende Wirkungen haben, kartellrechtlich eingeordnet
und bewertet werden?

Die praktische Brisanz dieses Blickwinkels belegen drei erstin-
stanzliche Entscheidungen aus jüngerer Zeit, denen nicht nur in
Fachkreisen, sondern auch in der Öffentlichkeit breite Aufmerksamkeit zuteil geworden ist. Das LG Mannheim hat in seiner Entscheidung vom 16. April 1999 angenommen, dass die Kundenschutzzusagen und die Gesamtbedarfsdeckungsverpflichtung, die
ein Stromerzeuger und ein Weiterverteiler im Rahmen eines Liefervertrages vereinbart hatten, gemäß § 1 GWB nichtig seien. Die
Vertragsbeteiligten stünden sich als Wettbewerber gegenüber, weil
die in dem betroffenen Gebiet ansässigen Letztverbraucher sowohl von dem Stromerzeuger als auch von dem Weiterverteiler
beliefert werden könnten. Und eine Einschränkung des Wettbewerbs im Sinne des § 1 GWB folge daraus, dass die Ausschließlichkeitsbindungen den Stromerzeuger und den Weiterverteiler
wechselseitig in ihrer Freiheit beschränken würden, leitungsge-
bundene Energie an Dritte abzugeben oder von Dritten zu beziehen.[6] Das Landgericht Köln hat in seiner Entscheidung vom
7. Juni 2000 die Verpflichtung zur Bezahlung einer festen Ver-

ET 2000, 770, 770 ff.; Markert EuZW 2000, 427, 430 f.; Baur, FS Sandrock, S. 35,
37 ff.; Büdenbender ET 2000, 359, 363 ff., 368 ff.; Lückenbach RdE 2000, 101,
105 f.; Wellenhofer-Klein WuW 1999, 557, 561 ff., 563 ff.; Köhler WuW 1999, 445,
448 f.; Lukes BB 1999, Beilage 8, S. 8; Salje ET 1999, 768, 769 f.; Rottnauer BB
1999, 2145, 2147; Scholz RdE 1998, 209, 214 f.; Kahlenberg BB 1998, 1593, 1594;
Traugott BB 1998, 1556, 1556; Immenga BB 1998, Heft 32, „Die erste Seite"; Ebel
WuW 1998, 448, 449 ff.; Baums ZIP 1998, 233, 233 ff.; Kühne BB 1997, Beilage
19, S. 6 f.; Bechtold WuB V A. § 1 GWB 1.97; vgl. auch die kontroverse Diskussion
um die Thesen von Karsten Schmidt AG 1998, 551, 557 f., 559 f., auf dem Vierten
Symposion zu aktuellen Fragen des Kartell- und Energierechts AG 1998, 578,
580 f.
6 LG Mannheim 7 O 372/98 (Kart.), S. 3, 8 f. – Stromversorgung (nicht vollständig
abgedruckt unter LG Mannheim WuW/E DE-R 298 ff. – Stromversorgung); zustimmend Börner ET 1999, 405, 405 ff. und Markert EuZW 2000, 427, 428, 430; ablehnend Bunte in L/B § 1 Rdn. 117, 139, 143 sowie Rottnauer BB 1999, 2145, 2147 ff.
und Salje ET 1999, 768, 770 ff. sowie Raabe ET 2000, 770, 772; kritisch auch Baur,
FS Sandrock, S. 35, 37 ff. und Lückenbach RdE 2000, 101, 105 f. sowie Zimmer in
I/M-GWB 2001 § 1 Rdn. 181 Fn. 463.

tragsmenge, die ein Ferngasunternehmen und ein kommunales Versorgungsunternehmen im Rahmen eines Liefervertrages vereinbart hatten, als Verstoß gegen Art. 81 Abs. 1 EG angesehen, weil die vereinbarte Vertragsmenge zumindest einen erheblichen Anteil des Bedarfs des kommunalen Versorgungsunternehmens abdecke und dieses somit (faktisch) gehindert sei, die entsprechende Gasmenge von einem anderen (günstigeren) Anbieter zu beziehen.[7] Da es Art. 81 Abs. 1 EG als Verbotsnorm herzog, konnte es die Frage offen lassen, ob die Bezugsverpflichtung als reine Vertikalabrede von vornherein keine dem Kartellverbot unterfallende Vereinbarung war, wie das Ferngasunternehmen meinte, oder einen Verstoß gegen § 1 GWB und § 16 GWB darstellte, wie das kommunale Versorgungsunternehmen geltend machte. Und da die Gebietsschutzzusagen nach übereinstimmender Erklärung der Parteien nicht mehr galten, brauchte das Gericht auch die Frage nicht zu entscheiden, ob diese Klauseln gegen Art. 81 Abs. 1 EG verstießen.[8] Das Landgericht Frankfurt am Main hat in seiner Entscheidung vom 28. Juli 2000 die Gebietsschutzzusagen, die ein Gasversorger und ein örtlicher Weiterverteiler im Rahmen eines Liefervertrages vereinbart hatten, als Verstoß gegen Art. 81 Abs. 1 EG angesehen. Da es davon ausging, die Gebietsschutzzusagen seien für die vertraglichen Beziehungen von tragender Bedeutung, weil sie die Kalkulation der Vorrats- und Bestellmenge sowie der Preise beeinflussen würden, so dass der Vertrag mit ihnen „steht und fällt", und aus diesem Grund die Gesamtnichtigkeit des Liefervertrages annahm, konnte es die Frage dahinstehen lassen, ob „auch noch die Gesamtbedarfsdeckungsklausel des § 2 Abs. 5 des Gasliefervertrages wegen Verstoßes gegen EG-Kartellrecht nichtig ist".[9]

---

7 LG Köln 28 O (Kart.) 559/99, S. 6, 18, 23 f., 31 ff. (nicht vollständig abgedruckt unter LG Köln ZNER 2000, 132 ff.).

8 LG Köln 28 O (Kart.) 559/99, S. 10, 12, 17 bzw. S. 6, 10, 34 (nicht vollständig abgedruckt unter LG Köln ZNER 2000, 132 ff.).

9 LG Frankfurt am Main 3/12 O 94/00, S. 5, 8 f., 13 ff., 16, wobei der Gasversorger mit Blick auf eine mögliche Unwirksamkeit der Gesamtbedarfsdeckungsklausel geltend machte, in Anwendung der salvatorischen Klauseln wäre der Vertrag dann entweder dahin anzupassen, dass eine Laufzeit von fünf Jahren ab der letzten Ver-

Der Beitrag liefert in seinem ersten Teil einen aktuellen Problemaufriss, und zwar konzentriert auf die seit der Druckgussteile-Rechtsprechung des BGH aus dem Jahr 1997 im Zentrum der Diskussion um die Interpretation des § 1 GWB stehenden Ausschließlichkeitsbindungen in Vertriebsverträgen zwischen Herstellern und Händlern und in Lieferverträgen zwischen Erzeugern und Verarbeitern. Er belegt in seinem zweiten Teil am Beispiel der praktisch bedeutsamen Alleinvertriebsvereinbarungen[10] die Tragweite der Diskussion und zeigt auf, dass die kartellrechtliche Einordnung der Alleinvertriebsvereinbarungen auf der Grundlage einer extensiven Interpretation des § 1 GWB nicht nur kritisch zu hinterfragen ist, sondern auch der neuen Rechtsauffassung der Kommission widerspricht. Im dritten Teil wird nachgewiesen, dass vor dem Hintergrund des Binnenmarktprojekts und angesichts der wettbewerbspolitischen Wertungskongruenz zwischen dem deutschen und europäischen Kartellrecht eine Interpretation des § 1 GWB (und des § 16 GWB) im Lichte der neuen Verwaltungspraxis der Kommission in sachlicher und methodischer Hinsicht geboten und möglich ist. Im vierten Teil wird dann – exemplifiziert am Beispiel der Alleinvertriebsvereinbarungen – eine harmonisierende (und restriktive) Interpretation des § 1 GWB vorgeschlagen, die auch das von dem BGH mit der Druckgussteile-Rechtsprechung verfolgte Anliegen verwirklicht, gerade mit Blick auf die vom Wortlaut des § 16 GWB erfassten Ausschließlichkeitsbindungen in Alleinvertriebsvereinbarungen einer zu weiten Interpretation des § 1 GWB vorzubeugen.[11]

---

tragsänderung gelte oder die Gesamtbezugsverpflichtung von 100% auf 80% des insgesamt benötigten Gasbedarfs herabgesetzt werde.

10 Bunte in L/B § 1 Rdn. 114 f., 140 ff., 149 f., 196 und bereits WuW 1997, 857, 861 f.; Wellenhofer-Klein WuW 2000, 557, 565 f.; Bornkamm, FS Geiß, S. 539, 549 f.; Baums ZIP 1998, 233, 234; Karsten Schmidt AG 1998, 551, 559; Markert EuZW 2000, 427, 431; Baur, FS Sandrock, S. 35, 39; Lückenbach RdE 2000, 101, 106; Köhler WuW 1999, 445, 446; Bayreuther EWS 2000, 106, 108.
11 Bunte WuW 1997, 857, 861 f. und Kühne, FS Sandrock, S. 537, 545, 551; vgl. auch Zimmer in I/M-GWB 2001 § 1 Rdn. 164, der davon spricht, der Gesetzgeber habe es nicht im Sinn gehabt, hier – in Abweichung von der bisherigen Praxis – zu einer flächendeckenden Anwendung des § 1 zu kommen, und ganz ähnlich Huber in FK § 1 n. F. Rdn. 17, 19 Fn. 2.

B. Problemaufriss

Der Gesetzgeber begann im Jahr 1995 mit den Arbeiten an einer Novellierung des GWB und verabschiedete zum 1. Januar 1999 die 6. GWB-Novelle. Nach dem neugefassten § 1 GWB sind „Vereinbarungen zwischen miteinander im Wettbewerb stehenden Unternehmen … und abgestimmte Verhaltensweisen, die eine Verhinderung, Einschränkung oder Verfälschung des Wettbewerbs bezwecken oder bewirken", verboten; die §§ 1 ff. GWB sind nun mit „Kartellvereinbarungen" und die §§ 14 ff. GWB mit „Vertikalvereinbarungen" überschrieben. In der Begründung des Regierungsentwurfs heißt es dazu:

> „Die im deutschen Recht bestehende Unterscheidung zwischen horizontalen und vertikalen Wettbewerbsbeschränkungen wird beibehalten. Abweichend vom europäischen Recht bedarf es daher in § 1 weiterhin eines Tatbestandselements, das die Abgrenzung zu den Vorschriften über vertikale Vereinbarungen erlaubt. Das bisherige Merkmal „zu einem gemeinsamen Zweck" wird daher durch die sprachlich treffendere Formulierung „zwischen miteinander im Wettbewerb stehenden Unternehmen" ersetzt."[12]

Der Gesetzgeber glaubte, lediglich die von Rechtsprechung und Lehre entwickelte Interpretation des Tatbestandsmerkmals „zu einem gemeinsamen Zweck" festzuschreiben.[13] Er unterlag dabei jedoch einem Irrtum,[14] und das wurde bereits während des Gesetzgebungsverfahrens deutlich.

---

12 Begründung zum Regierungsentwurf aus dem Oktober 1997, S. 4 (abgedruckt bei Baron, Kartellgesetz, S. 121).
13 Huber in FK § 1 n. F. Rdn. 13, 49; Rottnauer BB 1999, 2145, 2147; Köhler WuW 1999, 445, 448 f.; Zimmer in I/M-GWB 2001 § 1 Rdn. 179; Bunte in L/B § 1 Rdn. 94, 106.
14 So ausdrücklich Huber in FK § 1 n. F. Rdn. 49 (siehe auch Rdn. 14 ff.); vgl. auch Zimmer in I/M-GWB 2001 § 1 Rdn. 179 und Bunte in L/B § 1 Rdn. 88, 94 f., 100, 105 f.

I. Die Ausgangslage

Die jahrzehntelange Diskussion um die Interpretation des Tatbestandsmerkmals „zu einem gemeinsamen Zweck"[15] war im Jahr 1995 zur Ruhe gekommen. Es herrschte die Überzeugung vor, dieses Tatbestandsmerkmal habe die Funktion, den Anwendungsbereich des § 1 GWB a.F. von dem des § 18 GWB a.F. abzugrenzen,[16] und § 18 GWB a.F. sei auf eine vom Wortlaut des § 18 GWB a.F. erfasste Ausschließlichkeitsbindung in einem Austauschvertrag nur anwendbar, wenn die Beteiligten mit dieser Ausschließlichkeitsbindung keinen „gemeinsamen Zweck" im Sinne des § 1 GWB a.F. verfolgten.[17] Es gab jedoch keine einhellige Auffassung dazu, wie das Tatbestandsmerkmal „zu einem gemeinsamen Zweck" zu interpretieren sei.

In der Literatur war die Lehre von der horizontalen Wettbewerbsbeschränkung im Vordringen, die auf eine Trennung zwischen einem klassifikatorischen Tatbestandsmerkmal (Befreiung vom Wettbewerbsdruck) und einem ungeschriebenen Freistellungstatbestand (teleologische Reduktion des als zu weit angesehenen Verbotstatbestandes) zielte. Nach dieser Lehre sollte nicht die Vereinbarung in ihrer Gesamtheit, sondern sollten die wettbewerbsbeschränkenden Abreden eine jede für sich genommen und unabhängig davon, in was für eine Vereinbarung sie eingebunden waren, an § 1 GWB a.F. oder an § 18 GWB a.F. gemessen werden. Die einzelne Abrede fiel in den Anwendungsbereich des § 1 GWB a.F., wenn sie dazu bestimmt und geeignet war, ein aktuelles oder potenzielles Wettbewerbsverhältnis zwischen den beteiligten Unternehmen zu regeln, und in diesem Sinne horizontalen Charakter hatte. Sie war nach § 1 GWB a.F. verboten, wenn sie die Auswahl-

---

15 Siehe zur Entwicklung der Interpretation des Tatbestandsmerkmals „Vertrag zu einem gemeinsamen Zweck" nur Karsten Schmidt, Kartellverbot, S. 3–53, 55–63 und ZHR 149 (1985), 1, 5 ff., 7 ff., 10 ff. sowie BB 1979, 1173, 1174 und AG 1998, 551, 552 f., 553 f. sowie FS Sandrock, S. 833, 836 ff.; Immenga in I/M-GWB 1992 § 1 Rdn. 145 ff., 152 ff.; Emmerich in I/M-GWB 1992 § 18 Rdn. 33 ff.; Zimmer in I/M-GWB 2001 § 1 Rdn. 165 ff.; Bunte in L/B § 1 Rdn. 89 ff.

16 Siehe nur Emmerich in I/M-GWB 1992 § 18 Rdn. 33 ff. und Immenga in I/M-GWB 1992 § 1 Rdn. 144, 154 ff. sowie Zimmer in I/M-GWB 2001 § 1 Rdn. 164 f.

17 Siehe nur Emmerich in I/M-GWB 1992 § 18 Rdn. 33 ff., 79, 121.

möglichkeiten der Angehörigen der Marktgegenseite spürbar beeinträchtigen konnte und nicht zur Sicherung des wettbewerbsneutralen Hauptzwecks der Vereinbarung, in die sie eingebettet war, erforderlich schien.[18] Anzumerken ist allerdings, dass auch auf der Grundlage der Lehre von der horizontalen Wettbewerbsbeschränkung der Anwendungsbereich des § 1 GWB unscharf blieb, wie die Diskussion um Grenzfälle belegte.[19]

Die Rechtsprechung hatte sich dieser Lehre zwar gelegentlich vorsichtig genähert, aber nie angeschlossen; sie legte eine eigene und sehr weite Interpretation des Tatbestandsmerkmals „zu einem gemeinsamen Zweck" zugrunde.[20] Die Bandbreite belegen einerseits die Fertigbetonentscheidung des BGH vom 14. Oktober 1976 und die Spielkartenentscheidung des BGH vom 27. Mai 1986[21] und andererseits die Korkschrotentscheidung des BGH vom 10. April 1984.[22] In diesen Entscheidungen wurden der Verzicht eines Herstellers bzw. Erzeugers gegenüber einem Händler bzw. Verarbeiter darauf, den dem Händler zugewiesenen Kundenkreis weiter zu beliefern bzw. die ursprünglich geplante Fertigbetonanlage zu er-

---

18 Karsten Schmidt, Kartellverbot, S. 55–63, 64, 79—87, 118 und ZHR 149 (1985), 1, 5 ff., 7 ff., 10 ff. sowie BB 1979, 1173, 1174 und AG 1998, 551, 552 f., 553 f. sowie FS Sandrock, S. 833, 836 f.; Emmerich in I/M-GWB 1992 § 18 Rdn. 33 ff.; Immenga in I/M-GWB 1992 § 1 Rdn. 144, 152 ff., 162 ff., 368 ff.; Fuchs, Kartellvertrag, S. 21 ff.; Leip WuW 1986, 455, 456 ff.; vgl. auch Fritzsche, Auslegung, S. 50 ff.

19 Siehe etwa Fuchs, Kartellvertrag, S. 21 ff. und Fritzsche, Auslegung, S. 50 ff.

20 Der BGH hat erst im Jahr 1997 ausgeführt: „Soweit der Senat insbesondere in den Entscheidungen … für das Tatbestandsmerkmal ‚gemeinsamer Zweck' auf gleichgerichtete Interessen der Vertragschließenden abgestellt hat, hält er an dieser Auffassung nicht fest". (BGH WuW/E BGH 3121, 3125 – Bedside-Testkarten – und BGH WuW/E BGH 3115, 3117 f. – Druckgussteile; vgl. auch BGH WuW/E BGH 3137, 3138 – Sole); siehe dazu nur Bunte WuW 1997, 857, 857 ff. und Wellenhofer-Klein WuW 1999, 551, 560 ff. sowie Zimmer in I/M-GWB 2001 § 1 Rdn. 167 ff.; zur Entwicklung der Rechtsprechung bis 1995 siehe nur Huber/Baums in FK § 1 Rdn. 426 ff., 436 ff., 442 ff., 453 und Huber in FK § 1 n. F. Rdn. 14 ff., 48 f. sowie Bornkamm, FS Geiß, S. 539, 547 und Zimmer in I/M-GWB 2001 § 1 Rdn. 167 ff., 180, der auf die wachsende Kritik an der Zufälligkeit der Ergebnisse und die Befremdlichkeit der Beliebigkeit, mit der die Frage nach dem Eintritt der Wettbewerbsbeschränkung in der Vergangenheit beantwortet sei, hinweist.

21 BGH WuW/E BGH 2285 ff. – Spielkarten – und BGH WuW/E BGH 1458 ff. – Fertigbeton.

22 BGH WuW/E BGH 2088 ff. – Korkschrot.

richten, und die Verpflichtung eines Importeurs, ausschließlich einen bestimmten Hersteller zu beliefern, als Verstoß gegen § 1 GWB a. F. angesehen.

Im Fertigbetonfall schlossen eine Verarbeiterin von Fertigbeton (Beklagte) und ein Erzeuger von Sand, Kies und Natursteinen (Kläger) eine Vereinbarung, in der sich die Verarbeiterin verpflichtete, den zur Herstellung von Fertigbeton benötigten Sand ausschließlich bei dem Erzeuger zu beziehen, und sich der Erzeuger verpflichtete, für die Dauer des Vertrages in dem Verkaufsgebiet der Verarbeiterin keinen Fertigbeton herzustellen und zu verkaufen. Der Erzeuger hatte unbestritten vorgetragen, er habe zum Zeitpunkt des Vertragsschlusses geplant, im Verkaufsgebiet der Verarbeiterin eine Fertigbetonanlage zu errichten, und die Verarbeiterin habe sich zum ausschließlichen Bezug von Sand nur verpflichtet, weil er sich bereit erklärt habe, in ihrem Verkaufsgebiet keine Wettbewerbstätigkeit zu entfalten.[23] Der BGH meinte:

„Während jedoch die Beklagte die ausschließliche Bezugsbindung als Abnehmerin des Klägers übernommen hat und die Parteien sich insoweit als Erzeuger und Verarbeiter in einem Vertikalverhältnis gegenüberstehen, trifft den Kläger das Wettbewerbsverbot in seiner Stellung als potenzieller Wettbewerber der Beklagten… Die Parteien haben danach einen Vertrag zur Verfolgung gleichgerichteter Interessen geschlossen. Mit der Ausschließung des Klägers als Wettbewerber sollte die Marktstellung der Beklagten im gemeinsamen Interesse gesichert werden. Die Vertragschließenden verfolgten die Absicht, sowohl die Absatzmöglichkeiten der Beklagten als auch die des Klägers günstiger zu gestalten; der Kläger nahm an den von der Beklagten erzielten Marktergebnissen in der Weise teil, dass diese durch die ausschließliche Bezugsverpflichtung an ihn gebunden war. Ihnen war das Ziel der Wettbewerbsbeschränkung und der durch sie angestrebte Erfolg gemeinsam. Das aber reicht aus, um in den Abmachungen der Parteien einen zu einem gemeinsamen Zweck im Sinne des § 1 GWB geschlossenen Vertrag zu sehen… Ebenso ist es unerheblich, dass die gegenseitigen Beschränkungen der Handlungsfreiheit nicht identisch sind. § 1 GWB ist nicht nur bei gegenseitiger Beschränkung der Wettbewerbsfreiheit anwendbar. Erst recht trifft dies zu, wenn beide Parteien in ih-

---

23 BGH WuW/E BGH 1458, 1459 f. – Fertigbeton.

rer wirtschaftlichen Betätigungsfreiheit beeinträchtigt werden, die übernommenen Verpflichtungen aber verschiedenartigen Inhalt haben… Der Kläger könnte aus jenem Urteil nur dann etwas für sich entnehmen, wenn die vereinbarten Wettbewerbsbeschränkungen Bestandteil des Leistungsaustauschs geworden wären und keinem darüber hinausgehenden Zweck hätten dienen sollen. Daß diese Voraussetzungen hier nicht gegeben sind, folgt … aus der Tatsache, dass das Wettbewerbsverbot des Klägers zur Erreichung des mit dem Dauerlieferungsvertrag verfolgten Zwecks sachlich nicht erforderlich ist."[24]

Im Spielkartenfall vertrieb die Herstellerin ihre Spielkarten zunächst gleichermaßen über ein ihr verbundenes Unternehmen und einen Händler. Dann schlossen die Herstellerin und der Händler den fraglichen Kooperationsvertrag. Die Herstellerin verpflichtete sich, nur bestimmte Spielkarten herzustellen und diese Spielkarten ausschließlich an den Händler zu liefern, es sei denn, es handele sich um die Herstellung und Lieferung der Spielkarten über das ihr verbundene Unternehmen an Buchklubs und Werbemittelkunden. Sie verpflichtete sich weiter, dafür einzustehen, dass weder sie noch das ihr verbundene Unternehmen, und zwar auch nicht über Dritte, außerhalb des Rahmens dieses Vertrages Spielkarten herstellen und/oder vertreiben würde. Im Gegenzug verpflichtete sich der Händler, die Spielkarten ausschließlich bei der Herstellerin fertigen zu lassen und – dies war streitig – nur Abnehmer außerhalb des Buchklubs- und Werbemittelbereichs zu beliefern.[25] Der BGH führte aus:

„Derartige Produktions-, Bezugs- und Vertriebsbindungen und das damit verbundene Wettbewerbsverbot in Form einer Aufteilung der in Frage kommenden Kundenkreise stellen sich jedenfalls dann als wettbewerbsbeschränkende Vereinbarung im Sinne des § 1 GWB dar, wenn sie – wie hier – die wettbewerbsrelevante Handlungsfreiheit von – aktuellen oder potenziellen – Wettbewerbern untereinander beschränken und somit zu horizontalen Wettbewerbsbeschränkungen führen… Es ist vor allem auf die durch den Vertrag begründete Wett-

---

24 BGH WuW/E BGH 1458, 1460, 1461 – Fertigbeton; siehe dazu Karsten Schmidt, Kartellverbot, S. 86 f.; Bunte in L/B § 1 Rdn. 91, 107 und bereits WuW 1997, 857, 859 f.; Leip WuW 1986, 455, 459; Bornkamm, FS Geiß, S. 539, 546.
25 BGH WuW/E BGH 2285, 2285 f., 2287 – Spielkarten.

bewerbsbeschränkung und ihre Wirkung auf dem relevanten Markt abzustellen und damit insbesondere darauf, ob sich die Vertragsbeteiligten als (aktuelle oder potenzielle) Wettbewerber gegenüberstehen und durch die Vereinbarung den Wettbewerb untereinander (horizontal) beschränken. Entgegen der Auffassung der Revisionserwiderung ist dabei ohne ausschlaggebende Bedeutung, ob die Beklagte tatsächlich ... von der Belieferung der Buchklubs und Werbemittelkunden ausgeschlossen wurde... Es genügt insoweit, dass der Wettbewerb zwischen den Vertragsschließenden einseitig beschränkt wird... Nach der Rechtsprechung des Senats können wettbewerbsbeschränkende Vereinbarungen allerdings dann der Anwendung des § 1 GWB entzogen sein, wenn sie aus dem im Übrigen kartellrechtsneutralen Rechtsverhältnis notwendigerweise folgen ... In gleicher Weise hat er ausgesprochen, dass eine Beurteilung nach § 1 GWB dann ausscheidet, wenn die vereinbarten Wettbewerbsbeschränkungen Bestandteil eines Leistungsaustauschs geworden sind und zur Erreichung des mit dem Austauschvertrag verfolgten Zwecks sachlich geboten sind."[26]

Im Korkschrotfall wollte ein Hersteller von Baustoffen eine Fußbödendämmung aus Korkschrot auf den Markt bringen. Er schloss einen Vertrag mit einem der portugiesischen Hauptexporteure von Korkschrot, in dem er sich verpflichtete, seinen gesamten Rohstoffbedarf ausschließlich bei diesem zu decken, und der Importeur sich verpflichtete, ausschließlich diesen Hersteller zu beliefern.[27] Der BGH sah den Tatbestand des § 1 GWB a.F. als erfüllt an und führte aus:

„Durch ihre Vereinbarungen sollte allein ein potenzieller Wettbewerb auf dem Spezialmarkt für Fußbödendämmung aus Korkschrot ausgeschaltet, zumindest erschwert werden."[28]

---

26 BGH WuW/E BGH 2285, 2287 f. – Spielkarten; siehe dazu Karsten Schmidt AG 1998, 551, 554; Bunte in L/B § 1 Rdn. 91, 193 und bereits WuW 1997, 857, 860; Seifert, FS Lieberknecht, S. 583, 585, 591; Bornkamm, FS Geiß, S. 539, 548 ff.; Bechtold WuB V A. § 1 GWB 1.97; noch nicht so konsequent: BGH WuW/E BGH 1353, 1355 – Schnittblumentransport; siehe dazu Karsten Schmidt, Kartellverbot, S. 66 f., 84 f.

27 BGH WuW/E BGH 2088, 2088 – Korkschrot.

28 BGH WuW/E BGH 2088, 2089 – Korkschrot; siehe dazu Huber/Baums in FK § 1 Rdn. 458a, 552; Bunte in L/B § 1 Rdn. 117, 131, 139 und bereits WuW 1997, 857, 862.

II. Die Druckgussteile-Rechtsprechung des BGH

Vor dem Hintergrund der Novellierungsbemühungen des Gesetzgebers ergingen die Druckgussteile- und die Bedside-Testkartenentscheidung des BGH vom 14. Januar 1997 und die Soleentscheidung des BGH vom 6. Mai 1997.[29] Der BGH stand vor der Frage, unter welchen Voraussetzungen vom Wortlaut des § 18 GWB a. F. erfasste Ausschließlichkeitsbindungen in Vertriebsverträgen zwischen Herstellern und Händlern und in Lieferverträgen zwischen Erzeugern und Verarbeitern (nur oder auch) als Verträge zu einem gemeinsamen Zweck in den Anwendungsbereich des § 1 GWB a. F. fielen. In den Fällen Druckgussteile und Bedside-Testkarten war der Hersteller verpflichtet, den/die dem Händler zugewiesenen Endabnehmer (ARRI bzw. die Neukunden im Vertragsgebiet) weder direkt noch indirekt bzw. weder selbst noch vermittels weiterer Händler zu beliefern, und war der Händler verpflichtet, sämtliche von ARRI bestellten Druckgussteile von dem Hersteller zu beziehen bzw. Vertragswaren ausschließlich von dem Hersteller zu beziehen und keine Konkurrenzerzeugnisse zu führen. Im Fall Sole war dem Erzeuger verboten, Wettbewerber seines Abnehmers, des Inhabers eines Solebadebetriebes, zu versorgen.[30]

Der BGH ging von einer Tatbestandsalternative der §§ 1, 18 GWB a. F. aus:

„Die Vorschriften des § 1 GWB und des § 18 GWB stehen zueinander nicht im Verhältnis von lex specialis und lex generalis, sondern schließen einander tatbestandlich aus. Entscheidendes Abgrenzungskriterium, bei dessen Vorliegen ausschließlich § 1 GWB zur Anwendung kommt, ist das Tatbestandsmerkmal des ‚gemeinsamen Zwecks' … Funktion der Abgrenzung von Vereinbarungen, die … als generell wettbewerbsschädlich grundsätzlich nach § 1 GWB verboten sein sol-

29 BGH WuW/E BGH 3115 ff. – Druckgussteile; BGH WuW/E BGH 3121 ff. – Bedside-Testkarten; BGH WuW/E BGH 3137 ff. – Sole.
30 BGH WuW/E BGH 3115, 3115, 3118 ff. – Druckgussteile; BGH WuW/E BGH 3121, 3122, 3124 ff. – Bedside-Testkarten und siehe zu diesem Sachverhalt auch OLG Karlsruhe WuW/E OLG 5478, 5478 f. – Bedside-Testkarten; BGH WuW/E BGH 3137, 3138 f. – Sole – und siehe zu diesem Sachverhalt auch Karsten Schmidt AG 1998, 551, 555 und FS Sandrock, S. 833, 840 f. sowie Bunte in L/B § 1 Rdn. 139.

len, von solchen, die trotz der darin enthaltenen Wettbewerbsbeschränkungen wegen ihrer ambivalenten Wirkungen auf das Wettbewerbsgeschehen der flexiblen Regelung des § 18 GWB unterstellt sind…",[31]

stellte für die Anwendbarkeit des § 1 GWB a. F. auf die einzelne
Ausschließlichkeitsbindung dann allerdings weder auf

> „eine Verfolgung gleichgerichteter Interessen durch die Vertragspart-
> ner"[32]

ab, noch

> „… insbesondere darauf, ob sich die Vertragsbeteiligten als (aktuelle
> oder potenzielle) Wettbewerber gegenüberstehen und durch die Ver-
> einbarung den Wettbewerb untereinander (horizontal) beschränken",[33]

sondern machte sie davon abhängig, ob

> „für die Wettbewerbsbeschränkung bei wertender Betrachtungsweise
> im Hinblick auf die Freiheit des Wettbewerbs ein anzuerkennendes In-
> teresse" besteht,[34]

---

31 BGH WuW/E BGH 3115, 3117 – Druckgussteile; BGH WuW/E BGH 3121,
    3124 f. – Bedside-Testkarten; BGH WuW/E BGH 3137, 3137 f. – Sole.
32 BGH WuW/E BGH 3121, 3125 – Bedside-Testkarten und BGH WuW/E BGH
    3115, 3117 f. – Druckgussteile; vgl. auch BGH WuW/E BGH 3137, 3138 – Sole:
    „Soweit der Senat insbesondere in den Entscheidungen … WuW/E BGH 1458 –
    Fertigbeton … für das Tatbestandsmerkmal ‚gemeinsamer Zweck' auf gleichgerich-
    tete Interessen der Vertragschließenden abgestellt hat, hält er an dieser Auffassung
    nicht fest".
33 BGH WuW/E BGH 2285, 2287 – Spielkarten.
34 BGH WuW/E BGH 3115, 3118 – Druckgussteile; BGH WuW/E BGH 3121, 3125
    – Bedside-Testkarten; BGH WuW/E BGH 3137, 3138 – Sole und zwar unter aus-
    drücklichem Hinweis auf die Spielkartenentscheidung (BGH WuW/E BGH 2285,
    2288 – Spielkarten); in der Sache verwendet der BGH zwar die Formulierung der
    Fertigbetonentscheidung (BGH WuW/E BGH 1458, 1461: „… wenn die vereinbar-
    ten Wettbewerbsbeschränkungen Bestandteil des Leistungsaustauschs geworden
    wären und keinem darüber hinausgehenden Zweck hätten dienen sollen"; ebenso
    bereits BGH WuW/E BGH 1353, 1355 – Schnittblumentransport: „… seien Be-
    standteil des Leistungsaustausches geworden und hätten keinem darüber hinausge-
    henden Zweck dienen sollen"), legt aber im Rahmen der wertenden Betrachtungs-
    weise einen großzügigeren (nicht nur zivilrechtlich – Vertragsgerechtigkeit –, son-
    dern auch wettbewerblich – Intensivierung des Wettbewerbs – fundierten) und an
    die Praxis zu Art. 81 EG angelehnten Beurteilungsmaßstab zugrunde (BGH
    WuW/E BGH 3115, 3118 f. – Druckgussteile; vgl. auch BGH WuW/E BGH 3121,
    3125 f. – Bedside-Testkarten und BGH WuW/E BGH 3137, 3138 f. – Sole); siehe
    dazu nur Karsten Schmidt WuW 2000, 1199, 1204 („eine liberalisierte und selbst-

und wies die einzelnen Ausschließlichkeitsbindungen, je nachdem, ob er sie zur Sicherung des kartellrechtsneutralen Hauptzwecks des Vertriebs- bzw. Liefervertrages für sachlich geboten hielt oder nicht, dem Anwendungsbereich des § 18 GWB a. F. oder des § 1 GWB a. F. zu.[35]

„Die Bezugsbindung bildet das Äquivalent für die ständige Lieferbereitschaft der Beklagten und dient ersichtlich keinem weiteren über den Leistungsaustauch hinausgehenden gemeinsamen Zweck. Ihre kartellrechtliche Beurteilung richtet sich deshalb ausschließlich nach § 18 Abs. 1 Nr. 2 GWB... war die hier vereinbarte Kundenschutzzusage ... ebenso ... im Wesentlichen auf die Sicherung des – kartellrechtsneutralen – Leistungsaustauschs gerichtet... Absatzmittler bewirken in der Regel eine Belebung des Wettbewerbs, indem sie besondere Anstrengungen unternehmen, um die Marktchancen des Herstellers zu fördern. Daraus ergibt sich zugleich die wirtschaftliche Notwendigkeit von Wettbewerbsbeschränkungen, die verhindern, dass der Hersteller ohne eigenen Aufwand aus den Bemühungen des Absatzmittlers Nutzen zieht; denn der Zwischenhändler wird Investitionen, die dem Interesse des Herstellers dienen, nur dann erbringen, wenn deren Rentabilität sichergestellt ist."[36]

„Verpflichtung des Händlers, Vertragswaren ausschließlich bei dem Produzenten zu beziehen und Konkurrenzprodukte nicht zu führen... ist das Korrelat zur Verpflichtung des Herstellers zu ständiger Lieferbereitschaft und als solche zur Erreichung des Vertragszwecks notwendig. Mit der Einsetzung eines Vertragshändlers soll dieser den Vertrieb anstelle des Herstellers übernehmen. Der Produzent kann und muss daher erwarten, dass der Händler bei der Vertragsware seine Bemühungen auf die Erzeugnisse des Herstellers konzentriert. Der Si-

---

verständlich auf den Normzweck des Kartellverbots bezogene Immanenzformel") und AG 1998, 551, 556 f.; Kühne, FS Sandrock, S. 537, 545; Bornkamm, FS Geiß, S. 539, 548 ff.; Huber in FK § 1 n. F. Rdn. 18, 71; vgl. auch Zimmer in I/M-GWB 2001 § 1 Rdn. 275 ff., 293 ff., der in Rdn. 277 allerdings zu dem Ergebnis gelangt, die Aussagen des BGH seien „zu vage, um daraus schließen zu können, es handele sich um eine Erweiterung der bisher anerkannten Grenzen von Freistellungsmöglichkeiten", und Bunte in L/B § 1 Rdn. 194, 196, der ebenfalls vorsichtiger formuliert.

35 Vgl. zu den Entscheidungsgründen auch Karsten Schmidt AG 1998, 551, 554 ff. und FS Sandrock, S. 833, 839 ff. sowie Bornkamm, FS Geiß, S. 539, 540 ff.

36 BGH WuW/E BGH 3115, 3118 f. – Druckgussteile.

cherung dieses, auch im Interesse des Wettbewerbs liegenden schutz-
würdigen Ziels dient die Verpflichtung des Händlers, keine Produkte
zu führen, die mit denen des Herstellers in Wettbewerb stehen... Aus
dem gleichen Grund unbedenklich ist auch die mit der Ausschließlichkeitsbindung des Händlers korrespondierende Verpflichtung der Klägerin, weder einen weiteren Vertragshändler einzusetzen noch selbst
Abnehmer in dem diesem zugewiesenen Gebiet zu beliefern. Die nicht
unerheblichen Aufwendungen für verkaufs- und imagefördernde Maßnahmen zugunsten der Vertragsware und die Übernahme des damit
verbundenen Risikos können von dem Händler nur erwartet werden,
wenn eine gewisse Wahrscheinlichkeit und Sicherheit dafür besteht,
diese Kosten auch wieder zu erwirtschaften. Das ist aus seiner Sicht
erheblich gefährdet, wenn er jederzeit damit rechnen muss, die von
ihm geworbenen Kunden an den Hersteller zu verlieren. Die mit der
Alleinbezugsverpflichtung bezweckte Konzentration des Händlers auf
die Vertragsware wird nur gewährleistet, wenn er seinerseits des mit
dem von ihm geworbenen Kunden verbundenen Umsatzpotenzials sicher sein kann, insbesondere also keine Eingriffe in sein Vertragsgebiet gewärtigen muss. Vor diesem Hintergrund ist in einem Fall wie
dem vorliegenden eine Klausel, die es dem Hersteller untersagt, im
Gebiet des eingesetzten Händlers weder direkt noch indirekt als Wettbewerber aufzutreten, grundsätzlich nicht zu beanstanden; eine über
die Ausschließlichkeitsbindung im Sinne des § 18 Abs. 1 Nr. 2 2. Alt.
GWB hinausgehende Wettbewerbsbeschränkung ist damit nicht verbunden."[37]

„Die in diesem Zusammenhang übernommene Verpflichtung, die Sole
nicht auch an Wettbewerber des Vaters des Klägers zu liefern, diente
dessen weiterer wirtschaftlicher Absicherung und sollte das nach Dar-
stellung des Klägers erhebliche wirtschaftliche Risiko mildern. Dabei
geht diese Verpflichtung über die üblicherweise anläßlich der Überlas-
sung eines Geschäftes vereinbarten Wettbewerbsverbote hinaus...
Maßgebend dafür ist die Überlegung, dass sich eine derartige Beschränkung regelmäßig auch ohne ausdrückliche Vereinbarung als
Nebenpflicht aus dem Erwerbsgeschäft ergibt. Mit dessen Sinn und
Zweck wäre nicht zu vereinbaren, wenn der Veräußerer den Erfolg des
Verkaufsgeschäfts dadurch in Frage stellen könnte, dass er mit einer
zeitnahen Eröffnung von Wettbewerb die Kunden von dem veräußerten
Unternehmen abziehen könnte. Auf eine derartige Regelung beschrän-

---

37 BGH WuW/E BGH 3121, 3125 f. – Bedside-Testkarten.

ken sich die hier vorliegenden Vereinbarungen nicht. Sie betreffen nicht allein den Beklagten zu 1 als Anbieter von Sole. Nach ihrem Inhalt haben sie auch nicht lediglich ein Zusammenwirken der Vertragsparteien bei deren Absatz und in diesem Zusammenhang und zu dessen Umsetzung getroffene Ausschließlichkeitsbindungen zum Gegenstand, wie sie bei der arbeitsteiligen Gestaltung eines Vertriebs nicht ungewöhnlich sind und auch vom Kartellrecht grundsätzlich hingenommen werden. Nach ihrem Wortlaut und der von den Parteien geschilderten Vorgeschichte dienten beide Verträge vielmehr auch und gerade dem Zweck, im Gemeindegebiet des Beklagten zu 1 andere Anbieter von Badeleistungen, wie sie der Kläger auf den Markt brachte, vom Bezug der Sole auszuschließen und so die Eröffnung eines im Wettbewerb zum Betrieb des Klägers bzw. dessen Vaters stehenden Unternehmens unmöglich zu machen. Eine derartige Absprache ist grundsätzlich schon wegen der Erschwerung des Marktzutritts für Dritte als potenzielle Wettbewerber im Hinblick auf die Zielsetzung des Gesetzes gegen Wettbewerbsbeschränkungen nicht zu rechtfertigen."[38]

III. Die Diskussion um die Neufassung des § 1 GWB

Da die Druckgussteile-Rechtsprechung des BGH vor dem Hintergrund der Novellierungsbemühungen des Gesetzgebers erging, musste sie die einsetzende Diskussion um die Frage verschärfen, unter welchen Voraussetzungen die vom Wortlaut des § 16 GWB erfassten Ausschließlichkeitsbindungen in Vertriebsverträgen zwischen Herstellern und Händlern und in Lieferverträgen zwischen Erzeugern und Verarbeitern (nur oder auch) als Vereinbarungen zwischen miteinander im Wettbewerb stehenden Unternehmen in den Anwendungsbereich des § 1 GWB fallen. Und daher kann es gar nicht überraschen, dass bis zum heutigen Tage lebhaft darüber gestritten wird, ob das den Anwendungsbereich des § 1 GWB bestimmende Tatbestandsmerkmal „zwischen miteinander im Wettbewerb stehenden Unternehmen" im Sinne einer wertenden Betrachtungsweise oder im Lichte der Lehre von der horizontalen Wettbewerbsbeschränkung zu konkretisieren ist.[39] Die Brandbreite

---

38 BGH WuW/E BGH 3137, 3139 – Sole.
39 Zimmer in I/M-GWB 2001 § 1 Rdn. 164 ff., 173 ff., 271 ff., 293 ff.; Emmerich in I/M-GWB 2001 § 16 Rdn. 18 ff., 45 und Fälle, S. 40 f., 65 ff., 73 sowie Kartellrecht,

der in der Lehre vertretenen Ansichten belegen etwa die folgenden Äußerungen von Karsten Schmidt und Theodor Baums.

„Nach der Regierungsbegründung wollte der Gesetzgeber die strenge Unterscheidung zwischen horizontalen, ipso iure verbotenen, und vertikalen, in den wichtigsten Fällen nach § 16 (bisher § 18) nur verbietbaren, Wettbewerbsbeschränkungen beibehalten, und was schließlich die im Vorfeld der Novelle kritisch kommentierte Verzahnung von Judikatur und Gesetzgebung anlangt, so ist nicht eine Vernachlässigung der jüngsten Rechtsprechung durch den Gesetzgeber, sondern eine Besinnung der Rechtsprechung auf den neu – und nach der hier vertretenen Auffassung richtig! – formulierten Kartellverbotstatbestand festzustellen."[40]

„Es ist nun aber so, dass nicht nur das EG-Recht, sondern auch das deutsche Kartellrecht eine Unterscheidung zwischen horizontalen und vertikalen Wettbewerbsbeschränkungen nicht kennt, jedenfalls nicht in dem vom Entwurf gemeinten Sinne, dass § 1 GWB ausschließlich horizontale, die §§ 15 ff. GWB dagegen ausschließlich vertikale Wettbewerbsbeschränkungen beträfen… Jedenfalls nach dem Wortlaut des § 1 GWB würden zahlreiche typische Fälle des § 18 GWB (= § 16

S. 29 ff., 53 ff., 135 und JuS 1998, 272, 272; Bunte in L/B § 1 Rdn. 86 ff., 96 ff., 105 f., 107 f., 114 f., 117 ff., 131, 137 ff., 140 ff., 149 f., 193 ff. und bereits WuW 1997, 857, 857 ff.; Hootz in GK § 1 Rdn. 59 ff., 133 ff.; Bahr WuW 2000, 954, 955 ff.; Schwintowski/Klaue BB 2000, 1901, 1901 ff.; Rittner WuW 2000, 696, 696 ff. und WuW 2000, 1204, 1204 f. sowie Wettbewerbs- und Kartellrecht, § 7 Rdn. 14 ff., 23 ff.; Bornkamm, FS Geiß, S. 539, 545 ff., 554 ff.; Karsten Schmidt WuW 2000, 1199, 1199 ff. und FS Sandrock, S. 833, 843 ff. sowie bereits AG 1998, 551, 552 f., 558 ff.; Keul, Kartellverbot, S. 222 ff.; Kühne, FS Sandrock, S. 537, 537 ff.; Huber in FK § 1 n. F. Rdn. 12 ff., 33, 47 ff., 50 f., 70 ff., 86 ff.; Bechtold § 1 Rdn. 20, 22 und bereits BB 1997, 1853, 1854 sowie NJW 1997, 1959, 1961; Raabe ET 2000, 770, 770 ff.; Markert EuZW 2000, 427, 430 f.; Baur, FS Sandrock, S. 35, 37 ff.; Büdenbender ET 2000, 359, 363 ff., 368 ff.; Lückenbach RdE 2000, 101, 105 f.; Wellenhofer-Klein WuW 1999, 557, 561 ff., 563 ff.; Köhler WuW 1999, 445, 448 f.; Lukes BB 1999, Beilage 8, S. 8; Salje ET 1999, 768, 769 f.; Rottnauer BB 1999, 2145, 2147; Scholz RdE 1998, 209, 214 f.; Kahlenberg BB 1998, 1593, 1594; Traugott BB 1998, 1556, 1556; Immenga BB 1998, Heft 32, „Die erste Seite"; Ebel WuW 1998, 448, 449 ff.; Baums ZIP 1998, 233, 233 ff.; Kühne BB 1997, Beilage 19, S. 6 f.; Bechtold WuB V A. § 1 GWB 1.97; vgl. auch die kontroverse Diskussion um die Thesen von Karsten Schmidt AG 1998, 551, 557 f., 559 f., auf dem Vierten Symposion zu aktuellen Fragen des Kartell- und Energierechts AG 1998, 578, 580 f.

40 Karsten Schmidt AG 1998, 551, 559, 561.

GWB n. F.) zugleich gegen das Kartellverbot verstoßen. Da nicht anzunehmen ist, dass dies wirklich der Konzeption des Entwurfs und dem Willen der Entwurfsverfasser entspricht, sollte der Gesetzgeber von dem Versuch abrücken, die bisherige Abgrenzung beider Vorschriften zugunsten einer nur vermeintlich besseren aufzugeben... In der Sache ist die Abgrenzung wirksamer von unwirksamen vertraglichen Wettbewerbsbeschränkungen ... schon seit längerem nicht mehr umstritten. Was die Formulierung angeht, hat die höchstrichterliche Rechtsprechung nach mehrfachem Schwanken (wo auch einmal die irreführende Redeweise von der horizontalen Wettbewerbsbeschränkung auftaucht) inzwischen gleichfalls zu einer zufriedenstellenden flexiblen Formel gefunden... Diese neueren Entscheidungen sind bei der Abfassung des Entwurfs offenbar noch nicht berücksichtigt worden."[41]

1. Die wertende Betrachtungsweise

Mit Blick auf die Frage, ob das den Anwendungsbereich des § 1 GWB bestimmende Tatbestandsmerkmal „zwischen miteinander im Wettbewerb stehenden Unternehmen" im Sinne einer wertenden Betrachtungsweise oder im Lichte der Lehre von der horizontalen Wettbewerbsbeschränkung zu konkretisieren ist, schien es zunächst, als habe der BGH in den Entscheidungen aus dem Jahr 1997 mit der wertenden Betrachtungsweise den Weg in die Zukunft weisen und damit zu einem durch die Lehre von der horizontalen Wettbewerbsbeschränkung überwunden geglaubten Erkenntnisstand[42] zurückkehren wollen. Nach der überzeugenden Kritik von Karsten Schmidt[43] hat der BGH die insoweit anfänglich vorherrschende Unsicherheit inzwischen beseitigt. Wie es sich in der Carpartnerentscheidung vom 13. Januar 1998[44] und in der Subun-

---

41 Baums ZIP 1998, 233, 234, 235; vgl. auch Huber in FK § 1 n. F. Rdn. 16.
42 Karsten Schmidt, ZHR 149 (1985), S. 1, 5 ff., 7 ff., 10 ff.; Fritzsche, Auslegung, S. 52 f.
43 Karsten Schmidt AG 1998, 551, 557 f., 559 f., 560.
44 BGH ZIP 1998, 876, 877 – Carpartner (und zwar unter ausdrücklichem Bezug auf BGH WuW/E BGH 2285, 2287 – Spielkarten): „Im Anwendungsbereich dieses Gesetzes wird das Merkmal des gemeinsamen Zwecks maßgeblich durch seine Verknüpfung mit der wettbewerbsbeschränkenden Wirkung der nach § 1 untersagten Vereinbarung geprägt. Es liegt danach insbesondere vor, wenn die Vereinbarung nach der Zielsetzung der Parteien dazu dienen soll, zwischen ihnen bestehenden oder potentiellen Wettbewerb zu beschränken."

ternehmervertragentscheidung vom 12. Mai 1998[45] bereits ange-
deutet hatte,[46] gab der BGH in der Lottospielgemeinschaftentscheidung vom 9. März 1999 die wertende Interpretation des den
Anwendungsbereich des § 1 GWB a. F. bestimmenden Tatbestandsmerkmals „zu einem gemeinsamen Zweck" auf und kehrte
ausdrücklich zu den Grundsätzen der Spielkartenentscheidung
vom 27. Mai 1986 zurück.[47] Er stellte klar, dass die den Anwendungsbereich des § 1 GWB a. F. und des § 1 GWB bestimmenden
Tatbestandsmerkmale „zu einem gemeinsamen Zweck" und „zwischen miteinander im Wettbewerb stehenden Unternehmen" sachlich übereinstimmen und „insbesondere bei solchen Vereinbarungen vorliegen, die nach der Zielsetzung der Beteiligten den zwischen ihnen bestehenden potenziellen oder tatsächlichen Wettbewerb beschränken", und nahm überdies einen den Tatbestand des
Kartellverbots einschränkenden ungeschriebenen Freistellungstatbestand an.[48]

---

45 BGH ZIP 1998, 1159, 1161 – Subunternehmervertrag: „Nach der Rechtsprechung
   verstößt ein in einem Austauschvertrag als Nebenabrede vereinbartes Wettbewerbsverbot dann gegen § 1 GWB, wenn für die Wettbewerbsbeschränkung bei wertender
   Betrachtungsweise im Hinblick auf die Freiheit des Wettbewerbs ein anzuerkennendes Interesse nicht besteht."
46 So für BGH ZIP 1998, 1159, 1161 – Subunternehmervertrag vor allem Karsten
   Schmidt WuW 2000, 1199, 1202 und AG 1998, 551, 558, 559 f., 561; siehe auch
   Huber in FK § 1 Rdn. 17 Fn. 2 und Bornkamm, FS Geiß, S. 539, 551 sowie Zimmer
   in I/M-GWB 2001 § 1 Rdn. 171. So für BGH ZIP 1998, 876, 877 – Carpartner etwa
   Bunte in L/B § 1 Rdn. 91 und – zumindest im Ausgangspunkt – wohl auch Emmerich in I/M-GWB 2001 § 16 Rdn. 19 und Kartellrecht, S. 34.
47 BGH WuW/E DE-R 289, 294 – Lottospielgemeinschaft (und zwar unter ausdrücklichem Bezug auf BGH WuW/E BGH 2285, 2287 – Spielkarten): „Im Anwendungsbereich des Gesetzes gegen Wettbewerbsbeschränkungen wird dieses Merkmal vielmehr maßgeblich durch seine Verknüpfung mit der wettbewerbsbeschränkenden Wirkung der getroffenen Absprachen bestimmt. Es liegt danach insbesondere bei solchen Vereinbarungen vor, die nach der Zielsetzung der Beteiligten den
   zwischen ihnen bestehenden potentiellen oder tatsächlichen Wettbewerb beschränken". Es ist allerdings anzumerken, dass zum Teil bestritten wird, diese Entscheidung sei für das hier interessierende Problem relevant; bejahend wohl Bunte in L/B
   § 1 Rdn. 102; verneinend Raabe ET 2000, 770, 771 und Busche/Keul ZIP 1999,
   1027, 1027; vorsichtig wohl auch Zimmer in I/M-GWB 2001 § 1 Rdn. 169 f.
48 BGH WuW/E DE-R 289, 294, 295 f. – Lottospielgemeinschaft; siehe dazu Raabe
   ET 2000, 770, 771; Busche/Keul ZIP 1999, 1027, 1027 f.; Zimmer in I/M-GWB

„Beizupflichten ist dem Kammergericht auch darin, dass der Beschluss vom 30. Mai 1995 eine Vereinbarung zu einem gemeinsamen Zweck im Sinne des § 1 GWB a.F. enthält. Daraus ergibt sich zugleich, dass insoweit auch die Voraussetzungen des § 1 GWB n.F. erfüllt sind, der auf die Beschränkung des Wettbewerbs unter den Vertragspartnern gerichtete Absprachen untersagt… Im Anwendungsbereich des Gesetzes gegen Wettbewerbsbeschränkungen wird dieses Merkmal vielmehr maßgeblich durch seine Verknüpfung mit der wettbewerbsbeschränkenden Wirkung der getroffenen Absprachen bestimmt. Es liegt danach insbesondere bei solchen Vereinbarungen vor, die nach der Zielsetzung der Beteiligten den zwischen ihnen bestehenden potenziellen oder tatsächlichen Wettbewerb beschränken. Diesen Gedanken greift die Neufassung des § 1 GWB auf, die insoweit daher trotz des unterschiedlichen Wortlauts eine sachlich andere Regelung nicht enthält. Beschränkungen dieser Art hat das KG zu Recht dem Beschluss des Deutschen Lotto- und Totoblocks entnommen… Damit verhindert die beabsichtigte und beschlossene Regelung ein unterschiedliches Auftreten der Blockgesellschafter gegenüber gewerblich organisierten Spielgemeinschaften und schließt damit zugleich einen insoweit bestehenden Wettbewerb aus. In diesem mit einer Durchführung des Beschlusses des Deutschen Lotto- und Totoblocks vom 30. 5. 1995 verbundenen vollständigen Ausschluss gewerblich organisierter Spielgemeinschaften von der Teilnahme an den Ausspielungen bei Lotto und Toto hat das KG rechtsfehlerfrei eine spürbare Beeinträchtigung des Wettbewerbs gesehen… Eine Rechtfertigung der Wettbewerbsbeschränkungen im Hinblick auf den Zweck des dem Deutschen Lotto- und Totoblock zugrundeliegenden Gesellschaftsvertrages hat das KG zu Recht verneint. Dabei hat es zutreffend darauf hingewiesen, dass der – unterstellt kartellrechtsneutrale – Zweck dieser Vereinbarung, eine einheitliche Ausspielung im gesamten Bundesgebiet zu schaffen, die Durchführung der im Beschluss vom 30. 5. 1995 vorgesehenen Beschränkungen nicht erfordert."[49]

Der BGH bestätigte diesen Ansatz in den Verbundnetzentscheidungen vom 29. September 1999 und in der Subunternehmervertragentscheidung II vom 14. März 2000.

2001 § 1 Rdn. 169 f.; Emmerich in I/M-GWB 2001 § 16 Rdn. 19 und Fälle, S. 40; Bunte in L/B § 1 Rdn. 102.
49 BGH WuW/E DE-R 289, 294, 295, 295 f. – Lottospielgemeinschaft.

„Zugleich ist davon auszugehen, dass die Vertragspartner zunächst vor Abschluss des hier in Frage stehenden" Vertrages „auch in einem aktuellen Wettbewerb standen und diesen ohne den Vertrag auch hätten fortsetzen können. Nach den Feststellungen des Bundeskartellamtes hat WINGAS unmittelbar oder mittelbar über die WIEH auch Endverbraucher mit Gas beliefert und sich zumindest insoweit auch auf der gleichen Handelsstufe wie VNG bzw. EVG mit dem Absatz der auch von dieser angebotenen Ware befasst. Dabei ist WINGAS auch in das Versorgungsgebiet der VNG bzw. EVG eingedrungen". Die Gebietsschutzabrede zu Lasten von WINGAS „dient dazu, die gewerblichen Tätigkeitsbereiche der Betroffenen voneinander abzugrenzen und jeweils im Interessengebiet des einen Vertragspartners eine werbende Tätigkeit des anderen um Kunden und Abnehmer auszuschließen." Durch die Gebietsschutzabrede zu Lasten von WINGAS „wird mithin ein zwischen den Betroffenen ursprünglich vorhandener Wettbewerb jedenfalls eingeschränkt und weiterer Wettbewerb insbesondere durch die Werbung von neuen Kunden durch WINGAS ausgeschlossen, wobei nach Lage der Dinge alles dafür spricht, dass diese Beschränkung schon im Hinblick auf die Länge der durch das Gebiet der VNG bzw. EVG führenden Leitung der WINGAS einen spürbaren Umfang erreicht. Gründe, die diese Beschränkung des Wettbewerbs aus dem Verbot des § 1 GWB herausnehmen könnten, sind bislang nicht festgestellt. Insbesondere ist angesichts der insoweit gebotenen wertenden Betrachtung nach dem im Rechtsbeschwerdeverfahren zugrundezulegenden Sachverhalt nicht abschließend zu beurteilen, ob die Anwendung des § 1 GWB mit Blick auf die vertikale Lieferbeziehung zwischen den Parteien ausgeschlossen sein kann."[50]

„Die Klägerin und die Beklagte führen Kanalreinigungsarbeiten aus. Im März des Jahres 1990 erhielt die Beklagte den Auftrag... zur Reinigung und zur Fernsehuntersuchung der Kanäle des Abwasserverbandes M. Da sie damals über keinen eigenen TV-Wagen für die erforderlichen Kanaluntersuchungen verfügte, wollte sie die Klägerin, die entsprechend ausgerüstet war, als Subunternehmerin einschalten. Der Abwasserverband... hielt es deswegen für erforderlich, dass die Parteien ihre Zusammenarbeit vertraglich regelten. Deren Verhandlungen führten zu dem genannten Kooperationsvertrag..., in dem es u. a.

---

50 BGH KVR 28/96, S. 2 f., 11 ff. und BGH KVR 29/96, S. 2 ff., 13 ff. – Verbundnetz (nicht vollständig abgedruckt unter BGH WuW/E DE-R 399 ff. – Verbundnetz); siehe dazu Raabe ET 2000, 770, 771.

heißt: ‚3. Die Fa... (Klägerin) führt insbesondere Kanaluntersuchungen für die Fa... (Beklagte) durch. 4. Die Fa... (Beklagte) verpflichtet sich, in diesem Bereich weder die offen gelegten Preise zu unterbieten, noch selbst in die Durchführung der unter 3. genannten Arbeiten einzutreten oder diese Dritten zu überlassen' ... Von der Revision nicht angegriffen hat das Berufungsgericht im Ergebnis zutreffend angenommen, dass der Kooperationsvertrag, soweit er die Ausführung des von vom Abwasserverband M erteilten Kanalreinigungs- und Untersuchungsauftrages betrifft, nicht gegen § 1 GWB a. F. verstoßen hat. Bei wertender Betrachtungsweise im Hinblick auf die Freiheit des Wettbewerbs bestand ein anzuerkennendes Interesse für die vereinbarte Wettbewerbsbeschränkung. Da nur durch das arbeitsteilige Zusammenwirken beider Parteien bei der mit einem Spezialfahrzeug durchzuführenden Untersuchung und bei der Reinigung der Kanäle der ausdrücklich mit dieser Aufgabenverteilung vergebene Auftrag durchgeführt werden konnte, diente das die Beklagte treffende Verbot, auf dem Arbeitsgebiet der Klägerin selbständig tätig zu werden, allein der Erreichung des kartellrechtsneutralen Hauptzwecks dieses Vertrages."[51]

In der Lehre wird allerdings vereinzelt bis heute die Auffassung vertreten, dass das den Anwendungsbereich des § 1 GWB bestimmende Tatbestandsmerkmal „zwischen miteinander im Wettbewerb stehenden Unternehmen" (nur oder auch) im Sinne einer wertenden Betrachtungsweise zu konkretisieren ist.[52]

---

51 BGH KZR 8/99, S. 3, 5 (nicht vollständig abgedruckt unter BGH WuW/E DE-R 505 ff. – Subunternehmervertrag II).

52 So etwa Emmerich, Fälle, S. 40 f., 65 ff. (S. 67: „in erster Linie marktregelnder Zweck") und Kartellrecht, S. 33 f. („Entscheidend ist letztlich weiterhin, ob mit der fraglichen Abrede von den Parteien wettbewerbsbeschränkende Zwecke verfolgt werden, vorausgesetzt, dass sie zumindest potenzielle Konkurrenten sind und nicht eine der unter dem Stichwort Immanenztheorie diskutierten Ausnahmen eingreift."); Rittner WuW 2000, 696, 698 f. und Wettbewerbs- und Kartellrecht, § 7 Rdn. 14 ff., 23 ff. („Freilich darf man die Wettbewerbsklausel nicht in einem formalen Sinne wortwörtlich nehmen. Sie nötigt keineswegs etwa in casu exakt festzustellen, ob die beteiligten Unternehmen konkret (oder auch nur potentiell) im Wettbewerb miteinander stehen. Vielmehr kommt es darauf an, dass die Vereinbarung den Wettbewerb zwischen ihnen kartellmäßig reguliert."); Bechtold § 1 Rdn. 18 ff. und bereits BB 1997, 1853, 1854 („... dass § 1 auch künftig nicht schon dann anwendbar ist, wenn in einem Vertrag zwischen Unternehmen, die auch Wettbewerber sind, irgendeine Wettbewerbsbeschränkung vereinbart ist, sondern dass sich die Beschränkung einerseits gerade auf das gegenseitige Wettbewerbsverhältnis beziehen muss und andererseits nicht immanenter Bestandteil einer Austausch-

2. Die Lehre von der horizontalen Wettbewerbsbeschränkung

Mit Blick auf die Frage, ob das den Anwendungsbereich des § 1
GWB bestimmende Tatbestandsmerkmal „zwischen miteinander
im Wettbewerb stehenden Unternehmen" im Sinne einer wertenden Betrachtungsweise oder im Lichte der Lehre von der horizontalen Wettbewerbsbeschränkung zu konkretisieren ist, ist des weiteren darüber gestritten worden, ob der BGH in den Entscheidungen aus dem Jahr 1997 der Lehre von der horizontalen Wettbewerbsbeschränkung den Weg ebnen wollte. Dies war in der Tat
zweifelhaft. Obwohl in der Lehre diskutiert wurde, ob die vom
Wortlaut des § 18 GWB a. F. erfaßten Ausschließlichkeitsbindungen in Vertriebsverträgen zwischen Herstellern und Händlern und
in Lieferverträgen zwischen Erzeugern und Verarbeitern (nur oder
auch) als Verträge zu einem gemeinsamen Zweck in den Anwendungsbereich des § 1 GWB a. F. fallen, wenn durch sie ein zwischen den Parteien bestehender Wettbewerb beschränkt wird und
sie in diesem Sinne horizontalen Charakter haben, und, wenn man
diese Frage bejaht, unter welchen Voraussetzungen dies angenommen werden kann,[53] ergriff der BGH die Gelegenheit zur Klarstellung nicht. Dabei hätten die Fälle dazu durchaus Anlaß geboten.
Denn das besondere Kennzeichen der drei Sachverhalte bestand
darin, dass der Hersteller in den Fällen Druckgussteile und Bedside-Testkarten den/ die dem Händler zugewiesenen Endabnehmer (ARRI bzw. die Neukunden in dem Vertragsgebiet) jederzeit
im Wege des Eigen- oder Fremdvertriebs hätte beliefern können
und dass der Erzeuger im Fall Sole das Quellengrundstück besaß
und deshalb jedenfalls im Zusammenwirken mit anderen einen
Solebadebetrieb hätte aufziehen können; er eröffnete dann auch
später – nach Rückerwerb eines Grundstücksteils und Einbringung beider Grundstücke in eine Tochtergesellschaft – einen eige-

---

beziehung sein darf".); Kahlenberg BB 1998, 1593, 1594; Bechtold WuB V A. § 1
GWB 1.97.

53 Karsten Schmidt, Kartellverbot, S. 55–63, 64, 79—87, 118 und ZHR 149 (1985), 1,
5 ff., 7 ff., 10 ff. sowie BB 1979, 1173, 1174; Emmerich in I/M-GWB 1992 § 18
Rdn. 33 ff.; Immenga in I/M-GWB 1992 § 1 Rdn. 144, 152 ff., 162 ff., 368 ff.;
Huber/Baums in FK § 1 Rdn. 452 ff.; Fuchs, Kartellvertrag, S. 21 ff.; Leip WuW
1986, 455, 456 ff.; Fritzsche, Auslegung, S. 50 ff.

nen Solebadebetrieb.[54] Der BGH ging jedoch mit keinem Wort auf die in der Lehre diskutierte Formel ein und maß darüber hinaus dem Umstand, dass er die einzelne Ausschließlichkeitsbindung als „ausschließlich das Vertikalverhältnis zwischen den Parteien betreffend" oder als „auch horizontal wirkend" ansah,[55] keine Bedeutung zu. Er führte zwar in der Druckgussteileentscheidung aus, von der „ausschließlich das Vertikalverhältnis zwischen den Parteien betreffenden" Bezugsbindung des Händlers unterscheide sich die Kundenschutzzusage des Herstellers „dadurch, dass sich die Parteien in Bezug auf den Handel mit Druckgussteilen auf demselben Markt als potenzielle Wettbewerber gegenüberstehen" und „die Beschränkung der wirtschaftlichen Freiheit" des Herstellers „mithin – unbeschadet des Unterschiedes der Marktstufen – auch horizontale Wirkung" habe.[56] Er zog daraus aber keine Konsequenzen für die Anwendbarkeit des Kartellverbots. Er meinte vielmehr, dass „die hier vereinbarte Kundenschutzzusage jedoch ebenso wie die vertikale Bezugsbindung der Klägerin im Wesentlichen auf die Sicherung des – kartellrechtneutralen – Leistungsaustausch gerichtet"[57] und deshalb ebenfalls nicht an § 1 GWB a. F., sondern ausschließlich an § 18 GWB a. F. zu messen sei.[58] Vor diesem Hintergrund sprach in der Tat nicht viel dafür, dass der BGH in den Entscheidungen aus dem Jahr 1997 mit Blick auf das den Anwendungsbereich des § 1 GWB bestimmende Tatbestandsmerkmal „zwischen miteinander im Wettbewerb stehenden Unternehmen" der Lehre von der horizontalen Wettbewerbsbeschränkung den Weg bereiten wollte.[59]

---

54 Vgl. zum Sachverhalt des Solefalles Karsten Schmidt AG 1998, 551, 555 und FS Sandrock, S. 833, 840 f. sowie Bunte in L/B § 1 Rdn. 139. Auch Huber in FK § 1 n. F. Rdn. 16 betont: „... in allen ... Fällen bestand ein Wettbewerbsverhältnis".
55 BGH WuW/E BGH 3115, 3118 – Druckgussteile.
56 BGH WuW/E BGH 3115, 3118 – Druckgussteile.
57 BGH WuW/E 3115, 3118 – Druckgussteile; vgl. auch BGH WuW/E BGH 3121, 3125 f. – Bedside-Testkarten.
58 So ausdrücklich nur Karsten Schmidt AG 1998, 551, 554 f. und Bunte in L/B § 1 Rdn. 92.
59 Huber in FK § 1 n. F. Rdn. 16, der der Ansicht ist, der BGH habe hier „klargestellt, dass begleitende wettbewerbsbeschränkende Abreden in Austauschverträgen ... unabhängig davon beurteilt werden müssen, ob zwischen den Parteien ein Wettbe-

Der BGH hat sich allerdings in der Folgezeit vorsichtig der Auffassung genähert, dass das den Anwendungsbereich des § 1 GWB bestimmende Tatbestandsmerkmal „zwischen miteinander im Wettbewerb stehenden Unternehmen" im Lichte der Lehre von der horizontalen Wettbewerbsbeschränkung zu konkretisieren ist.[60] Dies zeigt sich in der Carpartnerentscheidung vom 13. Januar 1999, der Subunternehmervertragentscheidung vom 12. Mai 1998, der Lottospielgemeinschaftentscheidung vom 9. März 1999, den Verbundnetzentscheidungen vom 28. September 1999 und der Subunternehmervertragentscheidung II vom 14. März 2000, weil in diesen Fällen – jedenfalls nach Ansicht des BGH – die Vereinbarungen von Angehörigen derselben Wirtschaftsstufe zur Regelung ihres aktuellen Wettbewerbsverhältnisses auf dieser Wirtschaftsstufe abgeschlossen worden waren.[61] Allerdings hat

---

werbsverhältnis besteht"; Wellenhofer-Klein WuW 1999, 557, 563; anders aber Karsten Schmidt AG 1998, 551, 558 f., 560 f. und Bunte in L/B § 1 Rdn. 98, der allerdings in L/B § 1 Rdn. 92, 95, 117 ff., 131, 139 und bereits WuW 1997, 857, 861 f. vorsichtiger formuliert.

60 So ausdrücklich nur Bunte in L/B § 1 Rdn. 92, 102.

61 Im Fall Carpartner nahm der BGH eine Vereinbarung zu einem gemeinsamen Zweck an, da die Haftpflichtversicherer nach dem mit dem Gesellschaftsvertrag verbundenen Konzept das Ziel verfolgten, über die Gesellschaft unter Beschränkung des Wettbewerbs untereinander die Verhältnisse auf dem Markt für die gewerbliche Vermietung von Unfallersatzkraftfahrzeugen zu ihren Gunsten zu beeinflussen (BGH ZIP 1998, 877, 878 – Carpartner; siehe dazu Huber in FK § 1 n. F. Rdn. 51; Zimmer in I/M-GWB 2001 § 1 Rdn. 180, 183 ff.; Bahr WuW 2000, 954, 957 f.; Bunte in L/B § 1 Rdn. 92, 94, 95, 117, 133 und NJW 1999, 93, 94 f.; Kahlenberg BB 1998, 1593, 1594; Emmerich in I/M-GWB 2001 § 16 Rdn. 19 und Kartellrecht, S. 34); im Fall Subunternehmervertrag handelte es sich um einen Vertrag zwischen zwei Gebäudereinigern, wonach der eine die Kunden akquirieren und der andere die Reinigungsarbeiten durchführen sollte. Ihm war es untersagt, die Kunden, mit denen er zwangsläufig in Kontakt kam, abzuwerben und unmittelbare Vertragsbeziehungen mit den Kunden zu knüpfen, und der BGH sah darin ein Wettbewerbsverbot (BGH ZIP 1998, 1159, 1161 – Subunternehmervertrag; siehe dazu Karsten Schmidt WuW 2000, 1199, 1202 und AG 1998, 551, 554 f., 557 f., 559 f., 561; Bornkamm, FS Geiß, S. 539, 551; Huber in FK § 1 n. F. Rdn. 17; Zimmer in I/M-GWB 2001 § 1 Rdn. 171; Bunte in L/B § 1 Rdn. 92, 94, 110, 194; siehe auch BGH KZR 8/99, S. 3, 5 – nicht vollständig abgedruckt unter BGH WuW/E DE-R 505 ff. – Subunternehmervertrag II); im Fall Lottospielgemeinschaft nahm der BGH an, dass mit dem Beschluss des Deutschen Lotto- und Totoblocks die Teilnahme gewerblich organisierter Spielgemeinschaften im gesamten Bundesgebiet unterbunden werden sollte und dass zu diesem Zweck mit dem Beschluss eine Verpflichtung zur Koordi-

der BGH in der Lottospielgemeinschaftentscheidung vom 9. März 1999 formuliert, eine Vereinbarung zu einem gemeinsamen Zweck liege nur „insbesondere" bei solchen Vereinbarungen vor, die nach der Zielsetzung der Beteiligten den zwischen ihnen bestehenden Wettbewerb beschränkten, und die Neufassung des § 1 GWB enthalte nur „insoweit" trotz des unterschiedlichen Wortlauts keine sachlich andere Regelung.[62] Der BGH hat es mithin nicht ausgeschlossen, seine Rechtsprechung aus dem Jahr 1997 fortzuführen und die vom Wortlaut des § 16 GWB erfassten Ausschließlichkeitsbindungen in Vertriebsverträgen zwischen Herstellern und Händlern und in Lieferverträgen zwischen Erzeugern und Verarbeitern bereits dann als Vereinbarungen zwischen miteinander im Wettbewerb stehenden Unternehmen einzuordnen, wenn er die Beteiligten auf der Wirtschaftsstufe des Händlers als potenzielle Wettbewerber ansieht,[63] und damit auch weiterhin un-

---

nierung des Verhaltens aller Blockgesellschafter gegenüber solchen Organisatoren verbindlich vorgeschrieben wurde mit der Folge, dass insoweit die bisher bestehende Freiheit der Blockgesellschafter zum Vertragsschluss mit solchen Spielgemeinschaften beseitigt wurde (BGH WuW/E DE-R 289, 294 – Lottospielgemeinschaft; siehe dazu Zimmer in I/M-GWB 2001 § 1 Rdn. 169 f.; Emmerich in I/M-GWB 2001 § 16 Rdn. 19 und Fälle, S. 40; Bunte in L/B § 1 Rdn. 102; Busche/Keul ZIP 1999, 1027, 1027 f.; Raabe ET 2000, 770, 771); im Fall Verbundnetz nahm der BGH an, dass die Vertragspartner zunächst vor Abschluss des hier in Frage stehenden Vertrages in einem aktuellen Wettbewerb gestanden hätten und diesen ohne den Vertrag auch hätten fortsetzen können, denn WINGAS habe unmittelbar oder mittelbar über die WIEH auch Endverbraucher mit Gas beliefert und sich zumindest insoweit auch auf der gleichen Handelsstufe wie VNG bzw. EVG mit dem Absatz der auch von dieser angebotenen Ware befasst. Die Gebietsschutzabrede zu Lasten von WINGAS habe dazu gedient, die gewerblichen Tätigkeitsbereiche der Betroffenen voneinander abzugrenzen und jeweils im Interessengebiet des einen Vertragspartners eine werbende Tätigkeit des anderen um Kunden und Abnehmer auszuschließen, und deshalb werde durch die Gebietsschutzabrede ein zwischen den Betroffenen ursprünglich vorhandener Wettbewerb jedenfalls eingeschränkt und weiterer Wettbewerb insbesondere durch die Werbung von neuen Kunden durch WINGAS ausgeschlossen (BGH KVR 28/96, S. 2 f., 11 ff. und BGH KVR 29/96, S. 2 ff., 13 ff. – Verbundnetz – nicht vollständig abgedruckt unter BGH WuW/E DE-R 399 ff. – Verbundnetz; siehe dazu Raabe ET 2000, 770, 771).

62 BGH WuW/E DE-R 289, 294 – Lottospielgemeinschaft; dies betont auch Zimmer in I/M-GWB 2001 § 1 Rdn. 169 f.

63 Vorsichtig beurteilen die Tragweite dieser Entscheidung Busche/Keul ZIP 1999, 1027, 1027; Raabe ET 2000, 770, 771; Zimmer in I/M-GWB 2001 § 1 Rdn. 169 f.

abhängig davon, ob er die einzelne Ausschließlichkeitsbindung als „ausschließlich das Vertikalverhältnis zwischen den Parteien betreffend" oder als „auch horizontal wirkend" einstuft.[64] Und ganz auf dieser Linie liegt die Entscheidung des LG Mannheim vom 16. April 1999, das in den Kundenschutzzusagen und in der Gesamtbedarfsdeckungsverpflichtung, die ein Stromerzeuger und ein Weiterverteiler im Rahmen eines Liefervertrages vereinbart hatten, Verstöße gegen § 1 GWB sah.[65]

In der Lehre dagegen setzt sich zunehmend die Auffassung durch, dass die vom Wortlaut des § 16 GWB erfassten Ausschließlichkeitsbindungen in Vertriebsverträgen zwischen Herstellern und Händlern und in Lieferverträgen zwischen Erzeugern und Verarbeitern nur dann als Vereinbarungen zwischen miteinander im Wettbewerb stehenden Unternehmen in den Anwendungsbereich des § 1 GWB fallen, wenn die einzelne Ausschließlichkeitsbindung nach der Zielsetzung der Beteiligten einen zwischen ihnen bestehenden Wettbewerb beschränkt und in diesem Sinne horizontalen Charakter hat.[66] Dahinter steht zunächst die schlichte Tatsa-

---

64 BGH WuW/E BGH 3115, 3118 – Druckgussteile.
65 LG Mannheim 7 O 372/98 (Kart.), S. 3, 8 f. – Stromversorgung (nicht vollständig abgedruckt unter LG Mannheim WuW/E DE-R 298 ff. – Stromversorgung); zustimmend Börner ET 1999, 405, 405 ff. und Markert EuZW 2000, 427, 428, 430; ablehnend Bunte in L/B § 1 Rdn. 117, 139, 143 sowie Rottnauer BB 1999, 2145, 2147 ff. und Salje ET 1999, 768, 770 ff. sowie Raabe ET 2000, 770, 772; kritisch auch Baur, FS Sandrock, S. 35, 37 ff. und Lückenbach RdE 2000, 101, 105 f. sowie Zimmer in I/M-GWB 2001 § 1 Rdn. 181 Fn. 463.
66 Karsten Schmidt WuW 2000, 1199, 1201, 1203 f. und AG 1998, 551, 559 f. sowie FS Sandrock, S. 833, 844 ff.; Bornkamm, FS Geiß, S. 539, 555, 556; Köhler WuW 1999, 445, 448 f.; Huber in FK § 1 n. F. Rdn. 17, 19, 33, 48 f., 70 ff., 86 ff., der das Abgrenzungsproblem zwar vorrangig am Tatbestandsmerkmal „Wettbewerbsbeschränkung" festmacht, aber für das Tatbestandsmerkmal „zwischen miteinander im Wettbewerb stehenden Unternehmen" darauf abstellt, ob „ein zwischen den Parteien der wettbewerbsbeschränkenden Vereinbarung bestehender Wettbewerb beschränkt wird"; Bunte WuW 1997, 857, 861 f., 862 f., 863 f., der in L/B § 1 Rdn. 88, 98, 100, 102, 105 f., 108, 193 ff. allerdings ebenfalls das Abgrenzungsproblem vorrangig am Tatbestandsmerkmal „Wettbewerbsbeschränkung" festmacht, aber für das Tatbestandsmerkmal „zwischen miteinander im Wettbewerb stehenden Unternehmen" dennoch auf „die Beschränkung des zwischen Unternehmen aktuell oder potentiell bestehenden Wettbewerbs" abstellt; Hootz in GK § 1 Rdn. 64 f., 68, der das Abgrenzungsproblem zwar vorrangig am Tatbestandsmerkmal „Wettbewerbs-

che, dass die Parteien ausweislich des Wortlauts des § 1 GWB miteinander in einem Wettbewerbsverhältnis stehen müssen. Hinzukommt die Erkenntnis, dass es mit dem Wortlaut des § 1 GWB allenfalls vereinbar wäre, § 1 GWB so zu verstehen, „dass die Parteien auf irgendeinem beliebigen Markt im Wettbewerb stehen müssen und dass es ihnen in diesem Fall verboten ist, eine Vereinbarung zu treffen, durch die der Wettbewerb auf irgendeinem be-

---

beschränkung" festmacht, aber für das Tatbestandsmerkmal „zwischen miteinander im Wettbewerb stehenden Unternehmen" darauf abstellt, ob die Beteiligten „durch die Vereinbarung das zwischen ihnen bestehende Wettbewerbsverhältnis unter sich (horizontal) regeln;" Zimmer in I/M-GWB 2001 § 1 Rdn. 164, 176 f., 271, 293, der das Abgrenzungsproblem zwar vorrangig an einem den Tatbestand des Kartellverbots einschränkenden ungeschriebenen Freistellungstatbestand festmacht, aber für das Tatbestandsmerkmal „zwischen miteinander im Wettbewerb stehenden Unternehmen" darauf abstellt, ob die Vereinbarung eine Regelung enthält, „die gerade das Wettbewerbsverhältnis der beteiligten Unternehmen betrifft"; siehe auch Bahr WuW 2000, 954, 955, 957 f. und Wellenhofer-Klein WuW 1999, 557, 565 f. sowie Markert EuZW 2000, 427, 430 f. und Lukes BB 1999, Beilage 8, S. 8 f. Anzumerken ist, dass die Frage, ob man die Anwendbarkeit des § 1 GWB nur von dem Tatbestandsmerkmal „zwischen miteinander im Wettbewerb stehenden Unternehmen" (so etwa Bornkamm aaO, Köhler aaO und wohl auch Karsten Schmidt aaO) oder auch von den Gesichtspunkten, die unter dem Stichwort des „anzuerkennenden Interesses" diskutiert werden und eine Abrede als kartellrechtsneutral erscheinen lassen sollen (so Huber aaO, Bunte aaO, Hootz aaO, Zimmer aaO), abhängig macht, nur terminologischer Art sein dürfte. Dies wird bei Karsten Schmidt WuW 2000, 1 1999, 1203 f. besonders deutlich, der zunächst davon spricht, bestehe ein aktuelles oder potentielles Wettbewerbsverhältnis unter den Parteien, so sei „§ 1 GWB neben § 16 GWB anzuwenden, wenn für die Wettbewerbsbeschränkungen bei wertender Betrachtungsweise im Hinblick auf die Freiheit des Wettbewerbs ein anzuerkennendes Interesse nicht besteht", wenige Sätze später jedoch ausführt, die „liberalisierte und selbstverständlich auf den Normzweck des Kartellverbots bezogene Immanenzformel" entscheide darüber, „unter welchen Voraussetzungen eine (vertikale) Ausschließlichkeits- oder Vertriebsbindung mit horizontal wettbewerbsbeschränkender Wirkung dem Verdikt des § 1 GWB verfällt oder ihm entgeht". Vor diesem Hintergrund läßt sich auch Bechtold § 1 Rdn. 18 ff. und bereits BB 1997, 1853, 1854 („… dass § 1 auch künftig nicht schon dann anwendbar ist, wenn in einem Vertrag zwischen Unternehmen, die auch Wettbewerber sind, irgendeine Wettbewerbsbeschränkung vereinbart ist, sondern dass sich die Beschränkung einerseits gerade auf das gegenseitige Wettbewerbsverhältnis beziehen muss und andererseits nicht immanenter Bestandteil einer Austauschbeziehung sein darf") für die Auffassung in Anspruch nehmen, dass das den Anwendungsbereich des § 1 GWB bestimmende Tatbestandsmerkmal „zwischen miteinander im Wettbewerb stehenden Unternehmen" im Lichte der Lehre von der horizontalen Wettbewerbsbeschränkung zu konkretisieren ist.

liebigen anderen Markt, auf dem sie nicht im Wettbewerb stehen, beschränkt wird", eine solche Interpretation jedoch ohne Sinn wäre. Denn wenn man das Verbot so weit fasse, könne es keinen Unterschied machen, ob die an der Vereinbarung beteiligten Unternehmen miteinander im Wettbewerb stünden oder nicht. Beschränke man dagegen, wie es in § 1 GWB geschehen sei, das Verbot auf Vereinbarungen zwischen Unternehmen, die miteinander im Wettbewerb stünden, so habe diese Beschränkung nur dann einen Sinn, wenn man den Parteien gerade verbieten wolle, den zwischen ihnen bestehenden Wettbewerb durch Vereinbarung zu koordinieren.[67] Außerdem lasse sich nur auf diese Weise „eine gewisse Konturierung des Kartelltatbestandes erreichen und die sichere Abgrenzung zu den Wettbewerbsbeschränkungen des § 16 GWB zumindest für den überwiegenden Teil der Fälle gewährleisten", was nicht zuletzt deshalb geboten sei, weil der Gesetzgeber dem Tatbestandsmerkmal „zwischen miteinander im Wettbewerb stehenden Unternehmen" eine Abgrenzungsfunktion habe zuweisen wollen.[68] Und ganz pointiert formuliert es Bunte:

> „Mit dem neuen Tatbestandsmerkmal ‚zwischen miteinander im Wettbewerb stehenden Unternehmen', das die Abgrenzung zwischen horizontalen und vertikalen Wettbewerbsbeschränkungen zutreffender zum Ausdruck bringen soll, hat der Gesetzgeber die bisherige Lehre zu den ‚horizontalen Wettbewerbsbeschränkungen' gesetzlich festgeschrieben, die auch in der Rspr. zum Ausdruck gekommen war. Danach wurde allein darauf abgestellt, ob aktueller oder potenzieller Wettbewerb einseitig oder wechselseitig zwischen den Parteien beschränkt wird. Die Lehre war einer Ausuferung des Kartellverbots mit der teleologisch restriktiven Anwendung des § 1 auf der Grundlage der Immanenztheorie begegnet; dabei wurde der horizontale Charakter des von § 1 sanktionierten Kartellvertrags in den Vordergrund gerückt und konsequent auf eine Beschränkung von aktuellem oder potenziellem Wettbewerb zwischen den Parteien abgestellt."[69]

---

67 Huber in FK § 1 n. F. Rdn. 48; Bahr WuW 2000, 954, 957 f.; Bornkamm, FS Geiß, S. 539, 556; Zimmer in I/M-GWB 2001 § 1 Rdn. 175 ff.; Bunte in L/B § 1 Rdn. 102, 106; Hootz in GK § 1 Rdn. 64; siehe auch Bechtold § 1 Rdn. 22 und bereits BB 1997, 1853, 1854.
68 Zimmer in I/M-GWB 2001 § 1 Rdn. 176.
69 Bunte in L/B § 1 Rdn. 98.

Nach alledem darf es zum heutigen Zeitpunkt als einigermaßen gesichert gelten, dass die vom Wortlaut des § 16 GWB erfassten Ausschließlichkeitsbindungen in Vertriebsverträgen zwischen Herstellern und Händlern und in Lieferverträgen zwischen Erzeugern und Verarbeitern (jedenfalls) dann als Vereinbarungen zwischen miteinander im Wettbewerb stehenden Unternehmen in den Anwendungsbereich des § 1 GWB fallen, wenn die einzelne Ausschließlichkeitsbindung nach der Zielsetzung der Beteiligten einen zwischen ihnen bestehenden Wettbewerb beschränkt und in diesem Sinne horizontalen Charakter hat. Allerdings löst auch eine Konkretisierung des den Anwendungsbereich des § 1 GWB bestimmende Tatbestandsmerkmals „zwischen miteinander im Wettbewerb stehenden Unternehmen" im Lichte der Lehre von der horizontalen Wettbewerbsbeschränkung die sich um die Interpretation des § 1 GWB rankenden Probleme nur scheinbar.[70] Denn der Anwendungsbereich des § 1 GWB hängt dann entscheidend davon ab, unter welchen Voraussetzungen man ein Wettbewerbsverhältnis im Sinne des § 1 GWB annimmt[71] und eine Beschränkung des Wettbewerbsverhältnisses durch die einzelne Ausschließlichkeitsbindung im Sinne des § 1 GWB bejaht.[72] Und das damit in einem engen Zusammenhang stehende Problem der Interpretation des § 16 GWB ist mit dem genannten Ansatz ebenfalls noch nicht geklärt. Der Wortlaut des § 16 Nr. 2 GWB greift sehr weit. Er erfasst bestimmte Abreden in Austauschvereinbarungen, die einen Beteiligten im geschäftlichen Verkehr mit Dritten in einem Umfang beschränken,

---

70 Keul, Kartellverbot, S. 222 ff.; Salje ET 1999, 768, 769 f.; Rottnauer BB 1999, 2145, 2147; Bunte in L/B § 1 Rdn. 96 ff., 105 ff. Siehe insbesondere die Auseinandersetzung zwischen Karsten Schmidt, FS Sandrock, S. 833, 833 ff. und WuW 2000, 1199, 1199 ff. einerseits und Rittner WuW 2000, 696, 696 ff. und WuW 2000, 1204, 1204 f. andererseits.

71 Keul, Kartellverbot, S. 139 ff. Vgl. auch Wellenhofer-Klein WuW 1999, 557, 565; Salje ET 1999, 768, 770 f.; Rottnauer BB 1999, 2145, 2148, 2148 ff.; Zimmer in I/M-GWB 2001 § 1 Rdn. 174; Huber in FK § 1 n. F. Rdn. 34; Bunte in L/B § 1 Rdn. 97, 114, 140.

72 Fuchs, Kartellvertrag, S. 21 ff.; Fritzsche, Auslegung, S. 50 ff.; Keul, Kartellverbot, S. 222 ff. Vgl. auch Wellenhofer-Klein WuW 1999, 557, 565; Markert EuZW 2000, 427, 430 f.; Lukes BB 1999, Beilage 8, S. 9; Köhler WuW 1999, 445, 453; Scholz RdE 1998, 209, 215; Rottnauer BB 1999, 2145, 2149; Salje ET 1999, 768, 770 f.; Raabe ET 2000, 770, 772; Bunte in L/B § 1 Rdn. 98, 115, 117 ff., 133, 138, 143.

der über die aus dem Absatz oder Bezug folgenden Beschränkungen hinausgeht,[73] und zwar völlig unabhängig davon, ob die Beteiligten auf verschiedenen Wirtschaftsstufen und/oder auf derselben Wirtschaftsstufe tätig sind und ob durch die wettbewerbsbeschränkende Abrede der Marktzutritt für dritte Unternehmen beschränkt wird.[74] Es fallen zwar in erster Linie die für Absatzverhältnisse zwischen Angehörigen verschiedener Wirtschaftsstufen typischen Verbote, Geschäftsbeziehungen mit dritten Unternehmen aufzunehmen, unter den Wortlaut des § 16 Nr. 2 GWB, aber auch Verbote, andere Waren an Verbraucher abzugeben,[75] und damit Bindungen, die ausschließlich dem Schutz des bindenden Teils vor Wettbewerb durch den gebundenen Teil oder einer Marktaufteilung zwischen den Beteiligten dienen.[76] Daher hängt der Anwendungsbereich des § 16 GWB entscheidend davon ab, ob und gegebenenfalls welche einschränkenden Anforderungen über den Wortlaut hinaus an das Vorliegen einer tatbestandsmäßigen Wettbewerbsbeschränkung im Sinne des § 16 GWB gestellt werden.

Es sind einige Versuche gemacht worden, die Wettbewerbsbeschränkungen, die den Tatbestand des § 1 GWB erfüllen, und die Wettbewerbsbeschränkungen, die den Tatbestand des § 16 GWB erfüllen, so zu konkretisieren, dass die Tatbestände sich wechselseitig ausschließen. Eine Bindung beschränkt nach einem Ansatz nur dann einen zwischen den Beteiligten bestehenden Wettbewerb im Sinne des § 1 GWB, wenn „bezogen auf die konkrete Verpflichtung" oder „hinsichtlich des Objekts der konkreten Verpflichtung" ein Wettbewerbsverhältnis zwischen den Beteiligten gegeben ist und geregelt wird; die Bindung muss „wirtschaftlich sinnlos" sein, wenn sie einem Angehörigen einer anderen Marktstufe, der kein Wettbewerber ist, obliegen würde, und in diesem engen Sinne im „Horizontalverhältnis auftreten". Eine Bindung ist danach nur dann eine tatbestandsmäßige Wettbewerbsbe-

---

73 Wolter in FK § 18 Rdn. 44.

74 Veelken in I/M-EG 2001 GFVO Rdn. 66; siehe auch Emmerich in I/M-GWB 1992 § 18 Rdn. 33 ff. und Rdn. 195 ff., 26 ff., 6 ff.

75 Emmerich in I/M-GWB 1992 § 18 Rdn. 77 ff., 121.

76 Vgl. Emmerich in I/M-GWB 1992 § 18 Rdn. 79 und Karsten Schmidt, Kartellverbot, S. 90 f., 99 ff.

schränkung im Sinne des § 16 GWB, wenn sich die Beteiligten „bezogen auf die konkrete Verpflichtung" oder „hinsichtlich des Objekts der konkreten Verpflichtung" wie Angehörige verschiedener Wirtschaftsstufen gegenüberstehen; die Bindung muss auch dann „kaufmännisch sinnvoll sein", wenn sie einem Angehörigen einer anderen Marktstufe, der kein Wettbewerber ist, obliegen würde und in diesem engen Sinne im „Vertikalverhältnis auftreten".[77] Mit anderen Ansätzen ist zumindest versucht worden, einschränkende Anforderungen an das Vorliegen einer tatbestandsmäßigen Wettbewerbsbeschränkung im Sinne des § 16 GWB zu stellen. Man kann etwa verlangen, dass die Beteiligten keine Wettbewerber sein dürfen und auf verschiedenen Wirtschaftsstufen tätig sein müssen und die Ausschließlichkeitsbindung lediglich auf der Wirtschaftsstufe „des Begünstigten zu einer Wettbewerbsbeschränkung führt, etwa weil der Verpflichtete ihm dort die Konkurrenz fernhält",[78] oder die Ausschließlichkeitsbindung ausschließlich den Marktzutritt für dritte Unternehmen beschränkt.

Die überwiegende Ansicht ist diesen Ansätzen bisher nicht gefolgt. Sie hat das Tatbestandsmerkmal „zu einem gemeinsamen Zweck" sehr weit interpretiert[79] und keine einschränkenden Anforderungen an das Vorliegen einer tatbestandsmäßigen Wettbewerbsbeschränkung im Sinne des § 18 GWB a.F. gestellt; sie hat allerdings einen Anwendungsvorrang des § 1 GWB angenommen und deshalb § 18 GWB a.F. nur für anwendbar gehalten, wenn die Beteiligten mit der Bindung keine „gemeinsamen Zwecke" im Sinne des § 1 GWB a.F. verfolgten.[80] Wenn das Tatbestandsmerkmal „zwischen miteinander im Wettbewerb stehenden Unterneh-

77 Fuchs, Kartellvertrag, S. 24ff; Fritzsche, Auslegung, S. 50f.
78 Vgl. Wolter in FK § 18 Rdn. 25 und auch Huber/Baums in FK § 1 Rdn. 484a: „... ob die Parteien sich, sei es als aktuelle, sei es als potentielle Wettbewerber auf derselben Marktstufe gegenüberstehen und diesen Wettbewerb horizontal beschränken oder ob sie sich im Vertikalverhältniss auf verschiedenen Marktstufen gegenüberstehen und ihr Wettbewerbsverhalten auf der jeweiligen Marktstufe, sei es einseitig, sei es wechselseitig beschränken".
79 Siehe nur Huber/Baums in FK § 1 Rdn. 426ff., 435ff., 442ff., 452ff., 490ff.
80 Siehe nur Emmerich in I/M-GWB 1992 § 18 Rdn. 33ff., 79, 121 und auch noch BGH WuW/E BGH 3115, 3117 – Druckgussteile; BGH WuW/E BGH 3121, 3124 – Bedside-Testkarten; BGH WuW/E BGH 3137, 3137 – Sole.

men" ebenfalls weit interpretiert wird und auch weiterhin keine einschränkenden Anforderungen an das Vorliegen einer tatbestandsmäßigen Wettbewerbsbeschränkung im Sinne des § 16 GWB gestellt werden, liegen die Konsequenzen auf der Hand: Es werden alle oder zumindest einige der vom Wortlaut des § 16 GWB erfassten Ausschließlichkeitsbindungen in Vertriebsverträgen zwischen Herstellern und Händlern und in Lieferverträgen zwischen Erzeugern und Verarbeitern als Vereinbarungen zwischen miteinander im Wettbewerb stehenden Unternehmen in den Anwendungsbereich des § 1 GWB fallen und in diesem Sinne „auch horizontale Wirkungen"[81] haben. Und es muss über eine Doppelkontrolle dieser Ausschließlichkeitsbindungen nach Maßgabe des § 1 GWB und des § 16 GWB diskutiert werden.[82]

---

81 So die Formulierung in BGH WuW/E BGH 3115, 3118 – Druckgussteile.
82 Für einen Anwendungsvorrang des § 1 GWB etwa Zimmer in I/M-GWB 2001 § 1 Rdn. 164, 271, 293; Emmerich in I/M-GWB 2001 § 16 Rdn. 18, 45 und Fälle, S. 40., 65 ff., 73 sowie Kartellrecht, S. 33 f., 135; Bunte in L/B § 1 Rdn. 98; Hootz in GK § 1 Rdn. 65; Keul, Kartellverbot, S. 233 f.; Rittner WuW 2000, 1204, 1205 und WuW 2000, 696, 698 f., 704 sowie Wettbewerbs- und Kartellrecht, § 7 Rdn. 23, wo er allerdings von einer „sukzessiven Doppelkontrolle" spricht. Dafür, dass § 1 GWB und § 16 GWB uneingeschränkt nebeneinander anwendbar sind, ist wohl nur Karsten Schmidt, FS Sandrock, S. 833, 845 ff. und WuW 2000, 1199, 1202 ff. sowie AG 1998, 551, 559 f.; zustimmend nunmehr Schwintowski/Klaue BB 2000, 1901, 1901; ähnlich aber auch Huber in FK § 1 n. F. Rdn. 86 ff., der ausführt, selbstverständlich hänge die Anwendbarkeit der Bestimmungen nur davon ab, dass der gesetzliche Tatbestand der einzelnen Vorschriften erfüllt sei, und es sei gleichgültig, ob zwischen den Beteiligten eine Vertikalbeziehung bestehe oder nicht, allerdings sei in erster Linie zu prüfen, ob § 1 GWB anzuwenden sei, bestehe dann ein „anzuerkennendes Interesse", habe es bei der Anwendbarkeit des § 16 GWB sein Bewenden, und der betont, dass in den Ausnahmefällen, in denen eine Untersagung nach § 16 GWB gerechtfertigt sei, ein „anzuerkennendes Interesse", das die Anwendbarkeit des § 1 GWB ausschließe, niemals bejaht werden könne. Siehe insbesondere die Auseinandersetzung zwischen Karsten Schmidt, FS Sandrock, S. 833, 833 ff. und WuW 2000, 1199, 1199 ff. einerseits und Rittner WuW 2000, 696, 696 ff. und WuW 2000, 1204, 1204 f. andererseits.

C. Die kartellrechtliche Einordnung von Alleinvertriebsvereinbarungen

Die Tragweite der Diskussion um die Interpretation des § 1 GWB lässt sich am Beispiel der praktisch bedeutsamen Alleinvertriebsvereinbarungen[83] verdeutlichen. Wenn man mit der sich allmählich durchsetzenden Auffassung verlangt, die einzelne Ausschließlichkeitsbindung müsse nach der Zielsetzung der Beteiligten einen zwischen ihnen bestehenden Wettbewerb beschränken und in diesem Sinne horizontalen Charakter haben, um als Vereinbarung zwischen miteinander im Wettbewerb stehenden Unternehmen in den Anwendungsbereich des § 1 GWB zu fallen, kann man die Voraussetzungen, unter denen man ein Wettbewerbsverhältnis im Sinne des § 1 GWB annimmt und eine Beschränkung des Wettbewerbsverhältnisses durch die einzelne Ausschließlichkeitsbindung im Sinne des § 1 GWB bejaht, so weit fassen, dass alle typischen vom Wortlaut des § 16 GWB erfassten Ausschließlichkeitsbindungen in Alleinvertriebsvereinbarungen zwischen Herstellern und Händlern in allen problematischen Fallkonstellationen in den Anwendungsbereich des § 1 GWB fallen. Die kartellrechtliche Einordnung der Alleinvertriebsvereinbarungen auf der Grundlage einer solchen extensiven Interpretation des § 1 GWB begegnet allerdings gewichtigen Einwänden und widerspricht darüber hinaus der neuen Rechtsauffassung der Kommission.

---

83 Bunte in L/B § 1 Rdn. 114 f., 140 ff., 149 f., 196 und bereits WuW 1997, 857, 861 f.; Wellenhofer-Klein WuW 2000, 557, 565 f.; Bornkamm, FS Geiß, S. 539, 549 f.; Baums ZIP 1998, 233, 234; Karsten Schmidt AG 1998, 551, 559; Markert EuZW 2000, 427, 431; Baur, FS Sandrock, S. 35, 39; Lückenbach RdE 2000, 101, 106; Köhler WuW 1999, 445, 446; Bayreuther EWS 2000, 106, 108.

I. Die problematischen Fallkonstellationen und die typischen Ausschließlichkeitsbindungen

Den drei Fallkonstellationen, die mit Blick auf § 1 GWB problematisch erscheinen, ist zunächst gemeinsam, dass der Hersteller
und der Händler zwecks Durchführung der Alleinvertriebsvereinbarung auf unterschiedlichen Wirtschaftsstufen tätig sind.[84] Der
Händler ist insoweit auf einem anderen sachlich relevanten Markt
tätig als der Hersteller, nämlich auf einem Handelsmarkt.[85] Ein
Handelsmarkt ist dadurch gekennzeichnet, dass neben möglicherweise vertikal integrierten Unternehmen auch Unternehmen vor-
handen sind, die sich auf den Verkauf und Vertrieb von Produkten
beschränken und nicht vertikal integriert sind, unterschiedliche
Lieferquellen für die betreffenden Erzeugnisse zur Verfügung stehen und besondere Investitionen etwa für Verkaufsräume, Lager-
bestände und Verkaufspersonal erforderlich sind.[86] Den drei prob-

---

84 Siehe zum Begriff der vertikalen Vereinbarung Art 2 Abs. 1 Schirm-GVO und
   Tz. 24 der Leitlinien für vertikale Beschränkungen und dazu ausführlich Veelken in
   I/M-EG 2001 GFVO Rdn. 60 f., 64 ff., 68, der – auch – davon ausgeht, dass „Gegenstand der in der Art. 2 Abs. 1 Unterabs. 1 genannten Vereinbarung... zunächst ein Austausch von Waren oder Dienstleistungen" ist und „darüber hinaus... die Vereinbarung die in der Vorschrift genannten ... (als Wettbewerbsbeschränkungen möglicherweise dem Art. 81 Abs. 1 EGV unterfallenden und dann von Art. 2 Abs. 1 Unterabs. 2 der GFVO 2790/1999 freigestellten)... Bedingungen betreffen" muss und
   dass „die aufeinanderfolgenden Funktionen im Rahmen der auf den Gegenstand
   des zugrunde liegenden Austauschvertrages bezogenen Wertschöpfungskette" entscheidend sind und „die Positionierung von Lieferant und Käufer im Rahmen einer
   Wertschöpfungskette ... zu einem engeren Anwendungsbereich des Art. 2 Abs. 1
   Unterabs. 1 im Verhältnis etwa zu den §§ 14, 16 GWB" führt; ein ähnliches Verständnis legt wohl auch Bunte in L/B § 1 Rdn. 88, 98 zugrunde.
85 Hier wird unter Handelsmarkt der Absatzmarkt des Handels (mit den Verbrauchern
   als Marktgegenseite) und unter Herstellermarkt der Absatzmarkt der Industrie (mit
   dem Handel als Marktgegenseite) verstanden; siehe zur Terminologie mit Blick auf
   die Vertikalbeziehungen zwischen Industrie und Handel (aus Sicht des Handels als
   Nachfragemarkt des Handels und aus Sicht der Industrie als Absatzmarkt oder auch
   als Beschaffungsmarkt des Handels) und die Vertikalbeziehungen zwischen Handel
   und Verbrauchern (aus Sicht des Handels als Absatzmarkt des Handels und aus
   Sicht der Industrie als nachgelagerter Absatzmarkt): Möschel in I/M-GWB 2001
   § 19 Rdn. 40 und Köhler, Nachfragemacht, S. 9, 35 f.
86 Mitteilung der Kommission über den Begriff des Vollfunktionsgemeinschaftsunter-
   nehmens nach der Verordnung (EWG) Nr. 4064/89 des Rates über die Kontrolle

lematischen Fallgruppen ist weiter gemeinsam, dass der Hersteller die Vertragswaren über ein eigenes Vertriebssystem direkt vertreibt oder vertreiben kann und damit ebenso auf dem Handelsmarkt tätig ist wie die seine Waren vertreibenden Händler (Dualdistributionsfälle). Das zusätzliche Merkmal, das die zweite und dritte problematische Fallgruppe von der ersten problematischen Fallgruppe unterscheidet, liegt darin, dass der Händler (und ggfs. sogar der Hersteller) Konkurrenzerzeugnisse herstellt und absetzt oder herstellen und absetzen kann (konkurrierende Hersteller) und/oder fremde Konkurrenzerzeugnisse vertreibt oder vertreiben kann (fremdvertreibender Händler). Die erste Fallgruppe ist mithin durch Markenexklusivität, die zweite und die dritte Fallgruppe sind durch das Fehlen von Markenexklusivität geprägt. Der hier als typisch angesehene Fall des Alleinvertriebs ist dadurch gekennzeichnet, dass der Hersteller nur eine bestimmte Markenware absetzen will und sich dazu der in sein Vertriebssystem eingegliederten Händler bedient, die – schon angesichts der für den Vertrieb gerade dieser Markenware erforderlichen Investitionen – nicht in der Lage sind, ein Konkurrenzerzeugnis herzustellen oder ihren Geschäftsbetrieb auf eine bestimmte Markenware eines weiteren Herstellers auszurichten. Daher wird die erste Fallkonstellation als typischer Dualdistributionsfall und werden die zweite und dritte Fallkonstellation als atypische Dualdistributionsfälle bezeichnet.[87]

---

von Unternehmenszusammenschlüssen vom 2. 3. 1998, ABl. EG 1998 Nr. C 66, S. 1 ff. – Tz. 14.

87 Art. 2 Abs. 4 lit. a und lit. b Schirm-GVO; Tz. 24, 26 f. der Leitlinien für vertikale Beschränkungen; Tz. 11, 140, 144, 147, 151, 156 ff. der Leitlinien über horizontale Zusammenarbeit. Die Regelung des Art. 2 Abs. 4 Schirm-GVO ist wenig geglückt. Wie aus dem Wortlaut (Eingangsformulierung und lit. a) und den beiden Leitlinien (aaO) hervorgeht, wird mit ihr in erster Linie die bisher gültige Ausnahme vom grundsätzlichen Freistellungsausschluss für den Sonderfall der Alleinvertriebsvereinbarung zwischen konkurrierenden Herstellern weitergeführt; siehe dazu Veelken in I/M-EG 2001 GFVO Rdn. 114, 118. Nach Art. 3 lit. b der Verordnung (EWG) Nr. 1983/83 der Kommission vom 22. Juni 1983 über die Anwendung von Art. 85 Abs. 3 des Vertrages auf Gruppen von Alleinvertriebsvereinbarungen (im weiteren GVO 1983/83), ABl. EG 1983 Nr. L 173, S. 1 ff., durften konkurrierende Hersteller eine nicht wechselseitige Alleinvertriebsvereinbarung schließen, wenn zumindest einer von ihnen einen jährlichen Gesamtumsatz von nicht mehr als 100 Mio ECU

erzielte. Außerdem war anerkannt, dass konkurrierende Hersteller sich zur Ergänzung ihrer Produktpalette den Vertrieb solcher Erzeugnisse übertragen durften, die der jeweils andere nicht herstellte, die also einem anderen sachlichen Markt angehörten als dem, auf dem die Vertragspartner konkurrierten. Siehe dazu Tz. 21 ff. der Bekanntmachung zu den Verordnungen (EWG) Nr. 1983/83 und Nr. 1984/83 der Kommission vom 22. Juni 1983 über die Anwendung von Art. 85 Abs. 3 des Vertrages auf Gruppen von Alleinvertriebsvereinbarungen beziehungsweise Alleinbezugsvereinbarungen (im folgenden Bekanntmachung zur GVO 1983/83), ABl. EG 1984 Nr. C 101, S. 2 ff.; Veelken in I/M-EG 1997 GFVO Rdn. B 60 ff.; Wiedemann, GVO, Einl GVO 1983/83 Rdn. 8, Art. 1 GVO 1983/83 Rdn. 6, Art. 3 GVO 1983/83 Rdn. 4 ff.; Bunte/Sauter, GVO, VO Nr. 1983/83 Rdn. 7, 9, 32. Wie aus dem Wortlaut (lit. b) und den Leitlinien für vertikale Beschränkungen (Tz. 27) jedoch hervorgeht, ist mit der Regelung des Art. 2 Abs. 4 Schirm-GVO auch an den Fall gedacht, in dem der Hersteller im Wege des Direktvertriebs ebenso auf dem Handelsmarkt tätig ist wie die seine Waren vertreibenden Händler (Dualdistribution), und zwar, da der Fall der Alleinvertriebsvereinbarung zwischen konkurrierenden Herstellern gesondert erfasst ist, an den Fall, in dem eine typische Dualdistribution gegeben ist; siehe dazu Veelken in I/M-EG 2001 GFVO Rdn. 121 f., 114, 123, der ausführt, dass „vertikale Vereinbarungen zwischen Konkurrenten im interbrand-Wettbewerb... über die lit. b nicht zugelassen" werden, sondern nur vertikale Vereinbarungen in den Fällen, in denen „der Hersteller im intrabrand-Wettbewerb auch auf der Handelsstufe tätig ist", diesen Fall im Anschluss an die Leitlinien für vertikale Beschränkungen als Dualdistribution bezeichnet und die Frage als irrelevant ansieht, ob der Händler „als Händler für mehrere konkurrierende Hersteller tätig ist". Darin liegt ebenfalls eine Fortführung der bisher gültigen GVO 1983/83, da es nach Art. 2 Abs. 1 GVO 1983/83 zulässig war, dem Lieferanten die Verpflichtung aufzuerlegen, im Vertragsgebiet Verbraucher nicht mit Vertragswaren zu beliefern, und es anerkannt war, dass Klauseln, die den Hersteller berechtigten, alle oder bestimmte Verbraucher im Vertragsgebiet mit Vertragswaren zu beliefern, mit der GVO 1983/ 83 vereinbar waren. Dem Hersteller konnte die Direktbelieferung von Verbrauchern im Vertragsgebiet mithin untersagt, aber auch ganz oder teilweise gestattet werden – und all dies wäre ohne Sinn gewesen, wenn der Hersteller nicht zumindest in der Lage hätte sein dürfen, den Direktvertrieb aufzunehmen. Siehe dazu Tz. 30 der Bekanntmachung zur GVO 1983/83; Wiedemann, GVO, Art. 2 GVO 1983/83 Rdn. 4 ff.; Bunte/Sauter, GVO, VO Nr. 1983/83 Rdn. 25; Veelken in I/M-EG 1997 Rdn. B 39. Und es ist zu betonen, dass in diesen Fällen die Gruppenfreistellung heute wie damals (Art. 2 Abs. 4 lit. b Schirm-GVO; Art. 2 Abs. 1 GVO 1983/83) im Gegensatz zu den Fällen der Alleinvertriebsvereinbarungen zwischen konkurrierenden Herstellern (Art. 2 Abs. 4 lit. a Schirm-GVO; Art. 3 lit. b GVO 1983/83) ohne Einschränkung durch eine Höchstgrenze für den jährlichen Gesamtumsatz gilt.

Zur Terminologie ist Folgendes anzumerken: Nach deutschem – auf dem Handelsrecht gründenden – Verständnis ist ein Händler ein Vertragshändler, wenn er fest in das Vertriebssystem des Herstellers eingegliedert ist und insbesondere Weisungen befolgen (§§ 675, 665 BGB) sowie Auskünfte erteilen (§§ 675, 666 BGB) muss;

Den Kern der Alleinvertriebsvereinbarung bildet eine Vertriebsbeschränkung des Herstellers, und zwar typischerweise eine Gebietsschutzzusage des Herstellers. Er ist verpflichtet, die vom ihm hergestellten Waren (Vertragswaren) zum Zwecke des Weiterverkaufs in einem bestimmten Gebiet (Vertragsgebiet) nur an den Händler zu liefern (Alleinvertriebsrecht) und in diesem Gebiet die Verbraucher nicht im Wege des Direktvertriebs mit den von ihm hergestellten Waren zu beliefern (Direktvertriebsverbot).[88] Diese beiden Verpflichtungen ergänzen sich wechselseitig. Das Alleinvertriebsrecht führt dazu, dass der Hersteller keine anderen Wiederverkäufer beliefern darf, und das Direktvertriebsverbot bedeutet, dass er nicht an Verbraucher verkaufen darf. Da als Verbraucher alle Abnehmer angesehen werden, die keine Wiederverkäufer sind, ist der Hersteller im Ergebnis verpflichtet, in dem Vertragsgebiet die Verbraucher weder selbst noch vermittels anderer Wiederverkäufer zu beliefern. Die Gebietsschutzzusage ist eine gebietsbezogen definierte Alleinbelieferungspflicht des Herstel-

---

siehe dazu Karsten Schmidt, Handelsrecht, § 28 II 2. Die Kommission dagegen spricht im Falle des Alleinvertriebs vom Vertriebshändler, im Falle des selektiven Vertriebs vom Vertragshändler und im Falle einer Kombination dieser Vertriebsformen („ein Händler in einem bestimmten Gebiet") und damit in dem hier als typisch angesehenen Fall des Alleinvertriebs vom Händler; siehe dazu die Tz. 53, 161 ff., 184 ff. der Leitlinien für vertikale Beschränkungen. Es sei bereits an dieser Stelle darauf hingewiesen, dass die Weiterverteiler in den Energiefällen typischerweise keine Vertragshändler im Sinne der deutschen Terminologie sind, weil Energie ein homogenes Gut ist, also keine „Marke" hat, und weil die Weiterverteiler (derzeit noch) nicht in die Absatzorganisation eines Erzeugers eingebunden sind, ihre wettbewerblichen Anstrengungen nicht im Interesse eines bestimmten Erzeugers unternehmen, „ihren" Erzeuger ohne Inkaufnahme gewichtiger Wettbewerbsnachteile wechseln können und im Falle einer Durchleitung „ihres" Erzeugers keine empfindlichen Umsatzeinbußen erleiden, denn sie erhalten für die Netznutzung Durchleitungsgebühren, so dass sich ihre Netzkosten in jedem Fall amortisieren; siehe zu diesem Problemkreis: Köhler WuW 1999, 445, 446; Rottnauer BB 1999, 2145, 2149; Markert EuZW 2000, 427, 431; Baur, FS Sandrock, S. 35, 39; Börner ET 1999, 405, 408 f.; Lückenbach RdE 2000, 101, 106.

88 Art. 1 und 2 Abs. 1 GVO 1983/83; Emmerich in I/M-GWB 1992 § 18 Rdn. 88 ff. und in I/M-EG 1997 Art. 85 Abs. 1 Rdn. B 157 ff.; Veelken in I/M-EG 1997 GFVO Rdn. B 29 ff., 37 ff.; Wiedemann, GVO, Art. 1 GVO 1983/83 Rdn. 1, 6, 9, 11, 17, Art. 2 GVO 1983/83 Rdn. 4 ff., 42; Bunte/Sauter, GVO, VO Nr. 1983/83 Rdn. 19, 21, 25.

lers.[89] Von daher überrascht es auch nicht, dass die Kommission in den Leitlinien für vertikale Beschränkungen nicht mehr durchgängig zwischen den beiden Verpflichtungen unterscheidet, sondern den Alleinvertrieb als Vertriebsbeschränkung begreift, weil der Hersteller nur an einen Käufer in einem bestimmten Gebiet verkauft bzw. seine Verkäufe auf einen Käufer für ein bestimmtes Gebiet beschränkt.[90] Die Kunden- und Objektschutzzusagen unter-

---

89 Emmerich in I/M-GWB 1992 § 18 Rdn. 89 und in I/M-EG 1997 Art. 85 Abs. 1 Rdn. B 161; Veelken in I/M-EG 1997 GFVO Rdn. B 29, 37; Wiedemann, GVO, Art. 2 GVO 1983/83 Rdn. 4; Bunte/Sauter, GVO, VO Nr. 1983/83 Rdn. 25. Beispiele aus der Rechtsprechung: BGH WuW/E BGH 1871, 1872, 1877 – Transportbeton-Vertrieb: „§ 1 Die Zentrale... verkauft den ihr angebotenen Transportbeton zum Absatz und Einbau in dem auf der beigefügten Karte rot umrandeten Gebiet ausschließlich an den Vertrieb... Das bedeutet, dass die" Zentrale „Transportbeton im Vertragsgebiet auch dann nicht absetzen darf (und insoweit keinen Handel im Sinne der Ausführungen des OLG betreiben darf), wenn und soweit sie Transportbeton von dritten Herstellern (Hersteller, die nicht ihre Gesellschafter sind) bezieht…" – wenn und soweit man unterstellt, dass aufgrund der Bindungen die Zentrale im Vertragsgebiet den selbst hergestellten „Vertragsbeton" nicht absetzen durfte; BGH WuW/E BGH 1458, 1459 – Fertigbeton: „Der Kläger verpflichtete sich, den Sand jederzeit in den von der Beklagten gewünschten Mengen anzuliefern und für die Dauer des Vertrages in dem Verkaufsgebiet der Beklagten keinen Fertigbeton herzustellen und zu verkaufen"; BGH WuW/E BGH 3137, 3138, 3139 – Sole: „Die in diesem Zusammenhang übernommene Verpflichtung, die Sole nicht auch an Wettbewerber des Vaters des Klägers ... im Gemeindegebiet…"; BGH WuW/E BGH 2088, 2088, 2089 – Korkschrot: „Die Beklagte verpflichtete sich, die jährlich festzusetzende Menge zu beschaffen und ausschließlich an die Klägerin zu liefern. Die Beklagte sagte ferner zu, keine Wettbewerber der Klägerin zu beliefern …bezieht sich auf den deutschen Markt… der Fußbodendämmung aus Korkschrot…"

90 Tz. 109 der Leitlinien für vertikale Beschränkungen, siehe aber auch Tz. 161: „Bei einer Alleinvertriebsvereinbarung verpflichtet sich der Lieferant, seine Produkte zum Zwecke des Weiterverkaufs in einem bestimmten Gebiet nur an einen Vertriebshändler zu verkaufen." Nach Art. 2 Abs. 1 Schirm-GVO ist diese Vertriebsbeschränkung wie bisher nach der GVO 1983/83 für die gesamte Vertragslaufzeit freigestellt; siehe dazu auch Veelken in I/M-EG 2001 GFVO Rdn. 74, 183, der betont, dass die Beschränkungen sowohl den Lieferanten wie den Käufer betreffen können, und der die Alleinvertriebsverpflichtung und „die häufig in Alleinvertriebsverträgen enthaltenen Beschränkungen von Lieferungen des Lieferanten in das Vertragsgebiet (vgl. Art. 2 Abs. 1 der GFVO 1983/83)" ausdrücklich erwähnt und dann feststellt: „Art. 4 lit. b lässt Vertriebsbindungen des Lieferanten ohne Einschränkung, auch über die in den vorgenannten GFVO insoweit enthaltenen Begrenzungen hinaus, zu," sowie Bechtold EWS 2001, 49, 52.

scheiden sich von den Gebietsschutzzusagen lediglich dadurch, dass dem Händler nicht ein bestimmtes Gebiet, sondern ein bestimmter Verbraucher bzw. Geschäftsvorfall oder ein bestimmter Kreis von Verbrauchern bzw. Geschäftsvorfällen zugewiesen wird.[91] Die in den Gebiets- und Kundenschutzzusagen enthaltenen Direktvertriebsverbote kommen auch in eingeschränkter Form einher, dann nämlich, wenn der Hersteller bestimmte Verbraucher innerhalb des dem Händler zugewiesenen Gebietes oder Kreises im Wege des Direktvertriebs mit Vertragswaren beliefern will. Dann wird die Gebiets- oder Kundenschutzzusage entsprechend beschränkt (eingeschränktes Direktvertriebsverbot) und häufig dem Händler eine damit korrespondierende Bindung auferlegt: Er wird verpflichtet, die dem Hersteller vorbehaltenen Verbraucher nicht mit den von ihm bezogenen Vertragswaren zu beliefern (eingeschränktes Vertriebsverbot).[92] Diese Bindung tritt auch unab-

---

91 Emmerich in I/M-GWB 1992 § 18 Rdn. 92; Tz. 109, 178 der Leitlinien für vertikale Beschränkungen. Nach Art. 2 Abs. 1 Schirm-GVO ist diese Vertriebsbeschränkung für die gesamte Vertragslaufzeit freigestellt; siehe dazu auch Veelken in I/M-EG 2001 GFVO Rdn. 74, 183, der betont, dass die Beschränkungen sowohl den Lieferanten wie den Käufer betreffen können, und dann feststellt: „Art. 4 lit. b läßt Vertriebsbindungen des Lieferanten ohne Einschränkung, auch über die in den vorgenannten GFVO insoweit enthaltenen Begrenzungen hinaus, zu," sowie Bechtold EWS 2001, 49, 52. Beispiel aus der Rechtsprechung: BGH WuW/E BGH 3115, 3115 – Druckgußteile: „Danach durften die Beklagten den Kunden ARRI weder direkt noch indirekt ohne Zustimmung der Klägerin beliefern, sondern mußten sämtliche Lieferungen über die Klägerin abwickeln."

92 Veelken in I/M-EG 2001 GFVO Rdn. 183, 190 f.; Semler/Bauer DB 2000, 193, 198; Tz. 30 der Bekanntmachung zur GVO 1983/83; Wiedemann, GVO, Art. 2 GVO 1983/83 Rdn. 4 ff.; Bunte/Sauter, GVO, VO Nr. 1983/83 Rdn. 25; Veelken in I/M-EG 1997 Rdn. B 39. Beispiele aus der Rechtsprechung: OLG Karlsruhe WuW/E OLG 5478, 5478 – Bedside-Testkarten: „§ 1 Alleinvertrieb, Vertragsgebiet: M betraut G mit dem Alleinvertrieb... Das Alleinvertriebsrecht erstreckt sich auf folgende Länder... M wird im Vertragsgebiet keine weiteren Vertragshändler einsetzen und Dritte mit Geschäfts- oder Wohnsitz im Vertragsgebiet nur bei Zustimmung von G ... beliefern. Hiervon ausgenommen ist die Belieferung der in Anlage 1 zu diesem Vertrag aufgeführten Kunden der M, die das Produkt bis zum 31. 12. 1982 bezogen haben"; BGH WuW/E BGH 2285, 2285 f., 2287 f. – Spielkarten: „BSM ... liefert ... ausschließlich an P, es sei denn, es handelt sich um die ... Lieferung ... über BSK an Buchklubs und Werbemittelkunden. ... Herr L. steht dafür ein, dass weder BSK ... noch BSM ... auch nicht über Dritte ... vertreibt, es sei denn ... im Rahmen dieses Vertrages." Der BGH ließ offen, ob P „von der Belieferung der

hängig von einem (eingeschränkten) Direktvertriebsverbot auf, und zwar dann, wenn der Händler Verbraucher außerhalb des ihm zugewiesenen Gebiets oder Kreises mit Vertragswaren beliefern kann.[93] Diese Fälle hat die Kommission in Art. 4 lit. b Fall 1 Schirm-GVO nun insoweit ausdrücklich erfasst, als es um Beschränkungen des aktiven Verkaufs in Gebiete und/oder an Gruppen von Kunden, die der Lieferant sich selbst vorbehalten oder ausschließlich einem anderen Käufer zugewiesen hat, geht.[94]

Buchklubs und Werbemittelkunden ausgeschlossen wurde"; LG Mannheim WuW/ E DE-R 298, 299 – Stromversorgung: „In § 1 Abs. 3 verpflichtet sich" der Stromerzeuger, ohne ausdrückliche Zustimmung des Weiterverteilers, „außer den ausdrücklich genannten – keine Kunden im Versorgungsgebiet" des Weiterverteilers zu beliefern – wenn und soweit man unterstellt, dass diese Bindung sich auf den von dem Stromerzeuger selbst erzeugten „Vertragsstrom" bezieht; siehe auch BGH KVR 28/96, S. 3 und BGH KVR 29/96, S. 3 f. – Verbundnetz (nicht vollständig abgedruckt unter BGH WuW/E DE-R 399 ff. – Verbundnetz): „Ferner enthält die Vereinbarung eine sogenannte Gebietsschutzregelung, nach der die WIEH verpflichtet ist, die Belieferung von Kunden in einem näher bezeichneten Gebiet zu unterlassen und ferner sicherzustellen, dass die Gebietsschutzabrede auch von mit ihr verbundenen Unternehmen beachtet wird. Von dieser Abrede ausgenommen sind einzelne näher bezeichnete Abnehmer der WIEH, deren Belieferung dieser auch weiterhin freistehen soll. Das in dem Vertrag als geschützt gekennzeichnete Gebiet stimmt im Wesentlichen mit dem bis dahin von der VNG versorgten Gebiet überein." bzw. „Die Regelung in § 3 Abs. 3 des Vertrages untersagt WINGAS die direkte oder indirekte Belieferung Dritter in diesem Vertragsgebiet. Ausgenommen sind lediglich einzelne, im Vertrag namentlich aufgeführte Abnehmer."

93 Veelken in I/M-EG 2001 GFVO Rdn. 199 ff.; Semler/Bauer DB 2000, 193, 197 f.; Metzlaff BB 2000, 1201, 1206 f.; Wiedemann, GVO, Art. 2 GVO 1983/83 Rdn. 16 ff.; Bunte/Sauter, GVO, VO Nr. 1983/83 Rdn. 28; Veelken in I/M-EG 1997 Rdn. B 45 ff. Beispiel aus der Rechtsprechung für ein eingeschränktes Vertriebsverbot: LG Mannheim WuW/E DE-R 298, 299 – Stromversorgung: „In § 1 Abs. 4 verpflichtet sich" der Weiterverteiler, „ohne ausdrückliche Zustimmung" des Stromerzeugers „mit Ausnahme der ausdrücklich genannten, keine Kunden außerhalb ihres Versorgungsgebiets zu beliefern" – wenn und soweit man unterstellt, dass diese Bindung sich auf den von dem Stromerzeuger bezogenen „Vertragsstrom" bezieht; siehe auch BGH KVR 29/96, S. 3 f. – Verbundnetz (nicht vollständig abgedruckt unter BGH WuW/E DE-R 399 ff. – Verbundnetz): „Nach § 3 Abs. 2 des Vertrages war" EVG „weiter verpflichtet, das bezogene Gas nur in dem in § 3 Abs. 1 festgelegten und erläuterten Vertragsgebiet abzusetzen. Dieses Gebiet entspricht im Wesentlichen ihrem Versorgungsgebiet."

94 Nach Art. 4 lit. b Fall 1 Schirm-GVO sind derartige Bindungen unter der Bedingung, dass Verkäufe seitens der Kunden des Händlers nicht beschränkt werden, für die gesamte Vertragslaufzeit freigestellt; siehe dazu Tz. 50, 161, 178 der Leitlinien

für vertikale Beschränkungen. Siehe zum eingeschränkten Direktvertriebsverbot nur Veelken in I/M-EG 2001 GFVO Rdn. 74, 183, der betont, dass die Beschränkungen sowohl den Lieferanten wie den Käufer betreffen können, und der „die häufig in Alleinvertriebsverträgen enthaltenen Beschränkungen von Lieferungen des Lieferanten in das Vertragsgebiet (vgl. Art. 2 Abs. 1 der GFVO 1983/83)" ausdrücklich erwähnt und dann feststellt: „Art. 4 lit. b läßt Vertriebsbindungen des Lieferanten ohne Einschränkung, auch über die in den vorgenannten GFVO insoweit enthaltenen Begrenzungen hinaus, zu." Darin liegt ebenfalls eine Fortführung der bisher gültigen GVO 1983/83, da es nach Art. 2 Abs. 1 GVO 1983/83 zulässig war, dem Lieferanten die Verpflichtung aufzuerlegen, im Vertragsgebiet Verbraucher nicht mit Vertragswaren zu beliefern, und es anerkannt war, dass Klauseln, die den Hersteller berechtigten, alle oder bestimmte Verbraucher im Vertragsgebiet mit Vertragswaren zu beliefern, mit der GVO 1983/83 vereinbar waren. Siehe dazu Tz. 30 der Bekanntmachung zur GVO 1983/83; Wiedemann, GVO, Art. 2 GVO 1983/83 Rdn. 6 f.; Bunte/Sauter, GVO, VO Nr. 1983/83 Rdn. 25; Veelken in I/M-EG 1997 Rdn. B 39. Siehe zum eingeschränkten Vertriebsverbot Veelken in I/M-EG 2001 GFVO Rdn. 190 f., 199 ff.; Semler/Bauer DB 2000, 193, 197 f.; Metzlaff BB 2000, 1201, 1206 f.; Subiotto/Amato, World Competition, Volume 23, June 2000, p. 1, 17 f. Sie weisen daraufhin, dass die Freistellung nach Art. 4 lit. b weiter greift als die nach den abgelösten GVO. Zum einen ist es nun gestattet, dem Händler die Verpflichtung aufzuerlegen, in seinem Gebiet bestimmte (dem Hersteller vorbehaltene) Kundengruppen oder Kunden nicht zu beliefern, was nach Maßgabe der GVO 193/83 sehr umstritten war; siehe dazu Veelken in I/M-EG 2001 GFVO Rdn. 190 f. und bereits in I/M-EG 1997 Rdn. B 39; Semler/Bauer DB 2000, 193, 198; Wiedemann, GVO, Art. 2 GVO 1983/83 Rdn. 8; Bunte/Sauter, GVO, VO Nr. 1983/83 Rdn. 25. Zum anderen kann eine generelle Untersagung des aktiven Weiterverkaufs außerhalb des dem Abnehmer zugewiesenen Vertragsgebiets nicht mehr vereinbart werden. Gebiete, in denen der Lieferant alle oder bestimmte Abnehmer beliefert, sind weder einem anderen Käufer ausschließlich zugewiesen noch dem Lieferanten vorbehalten, oder wie es Metzlaff BB 2000, 1201, 1207 formuliert: „Zukünftig kann es Franchisenehmern nicht verboten werden, die Vertragswaren oder Dienstleistungen in ‚freie', also anderen Franchisenehmern nicht exklusiv zugewiesene Gebiete zu verkaufen". Diese Einschränkung galt nach Maßgabe der GVO 1983/83 nicht. Siehe dazu Veelken in I/M-EG 2001 GFVO Rdn. 199 ff.; Semler/Bauer DB 2000, 193, 197 f.; Metzlaff BB 2000, 1201, 1206 f.; Art. 2 Abs. 2 lit. c GVO 1983/83; Wiedemann, GVO, Art. 2 GVO 1983/83 Rdn. 16 ff.; Bunte/Sauter, GVO, VO Nr. 1983/83 Rdn. 28; Veelken in I/M-EG 1997 Rdn. B 45 ff.; Subiotto/Amato, World Competition, Volume 23, June 2000, p. 1, 17 f. Die Lösung der Schirm-GVO überzeugt, weil die Differenzierung zwischen „innerhalb und außerhalb des Ausschließlichkeitsbereichs" und – bezogen auf den Ausschließlichkeitsbereich zwischen „Ausschließlichkeit mit oder ohne absoluten Charakter" (siehe etwa Veelken in I/M-EG 2001 GFVO Rdn. 201 und in I/M-EG 1997 GFVO Rdn. B 39) wenig Sinn macht: Behält sich der Lieferant eine bestimmte Kundengruppe in einem bestimmten Gebiet vor, kann man – bezogen auf das Gebiet – von einer nicht absoluten Ausschließlichkeit, aber auch – bezogen auf die übrigen Kundengruppen

Daneben enthalten Alleinvertriebsvereinbarungen häufig die Verpflichtungen des Händlers, mit den Vertragswaren in Wettbewerb stehende Waren nicht herzustellen oder zu vertreiben (Herstellungs- und Handelsverbot) und Vertragswaren zum Zwecke des Weiterverkaufs nur von dem Hersteller zu beziehen (Alleinbezugspflicht).[95] Diese Verpflichtungen ergänzen sich wechselseitig. Das Herstellungs- und Handelsverbot bedeutet, dass der Händler keine selbst hergestellten oder von Dritten bezogenen Konkurrenzerzeugnisse vertreiben darf, und die Alleinbezugspflicht führt dazu, dass er keine von anderen systemangehörigen Händlern bezogenen Vertragswaren verkaufen kann. Da als Konkurrenzerzeugnisse alle Waren angesehen werden, die dem Absatz der

---

in dem Gebiet – von einer absoluten Ausschließlichkeit sprechen, und je nachdem ist der Händler verpflichtet, bestimmte Kundengruppen innerhalb oder außerhalb seines Ausschließlichkeitsbereichs nicht zu beliefern. Das bringt die Tz. 50 der Leitlinien für vertikale Beschränkungen zum Ausdruck: „Der Lieferant darf die mit einem Ausschließlichkeitsrecht verbundene Zuweisung eines Gebiets und einer Kundengruppe beispielsweise dadurch miteinander verknüpfen, dass er einem Händler den Alleinvertrieb an eine bestimmte Kundengruppe in einem bestimmten Gebiet zuweist." Die Freistellung nach Art. 4 lit. b Fall 1 Schirm-GVO unterliegt allerdings einer wichtigen Einschränkung. Nach den Tz. 53, 162, 186 der Leitlinien für vertikale Beschränkungen folgt aus Art. 4 lit. c Schirm-GVO, dass bei einer Verbindung von Alleinvertrieb und selektivem Vertrieb keine Beschränkungen des aktiven Verkaufs an Endverbraucher freigestellt sind, und zwar insbesondere keine Beschränkungen des aktiven Verkaufs in Gebiete, die der Lieferant sich selbst vorbehalten oder ausschließlich einem anderen Käufer zugewiesen hat; siehe dazu Veelken in I/M-EG 2001 GFVO Rdn. 230, 219 f.; Metzlaff BB 2000, 1201, 1207; Subiotto/Amato, World Competition, Volume 23, June 2000, p. 1, 19, 21. Nach Tz. 20 der Bekanntmachung zur GVO 1983/83 war es beim Alleinvertrieb dagegen zulässig, den Händlern als vertriebsfördernde Maßnahme nach Art. 2 Abs. 3 lit. c GVO 1983/83 aufzugeben, die Vertragswaren nicht an ungeeignete Händler zu liefern, und damit das Verbot aktiver Verkaufspolitik außerhalb des Vertragsgebiets nach Art. 2 Abs. 2 lit. c GVO 1983/83 mit einem qualitativen selektiven Vertrieb zu verbinden; siehe dazu Subiotto/Amato, World Competition, Volume 23, June 2000, p. 1, 19; Veelken in I/M-EG 2001 GFVO Rdn. 219 f. und in I/M-EG 1997 GFVO Rdn. B 54; Wiedemann, GVO, Art. 2 GVO 1983/83 Rdn. 27; Bunte/Sauter, GVO, VO Nr. 1983/83 Rdn. 30.

95 Art. 2 Abs. 2 lit. a und lit. b GVO 1983/83; Emmerich in I/M-GWB 1992 § 18 Rdn. 88 ff. und in I/M-EG 1997 Art. 85 Abs. 1 Rdn. B 157 ff.; Veelken in I/M-EG 2001 GFVO Rdn. 265 ff. und in I/M-EG 1997 GFVO Rdn. B 23, 40 ff., 44; Wiedemann, GVO Art. 2 GVO 1983/83 Rdn. 12 ff., 15; Bunte/Sauter, GVO VO Nr. 1983/83 Rdn. 26 f.

durch Angabe der Marke oder der sonstigen Benennung spezifizierten Vertragswaren Abbruch tun könnten, ist der Händler im Ergebnis verpflichtet, keine anderen Waren als die vom Hersteller gelieferten Vertragswaren zu vertreiben. Das Herstellungs- und Handelsverbot und die Alleinbezugspflicht verschmelzen zu einer Alleinvertriebspflicht des Händlers.[96] Diese Verpflichtungen werden oft nicht voneinander getrennt, sondern in einer (ggfs. gebiets-/kundenbezogenen) Gesamtbedarfsdeckungsverpflichtung verschmolzen: Wenn der Händler verpflichtet wird, seinen gesamten (ggfs. konkretisierten) Bedarf an Waren einer bestimmten Art bei dem Hersteller zu decken, so beinhaltet dies die Verpflichtung, (ggfs. bestimmte) Verbraucher weder mit eigenen oder fremden Konkurrenzerzeugnissen noch von anderen systemangehörigen Händlern bezogenen Vertragswaren zu beliefern.[97] Die Kommission behält dennoch die bisherige Differenzierung bei. Sie versteht nach Art. 1 lit. b Schirm-GVO und den Tz. 58, 106, 113, 138, 152, 162, 179 der Leitlinien für vertikale Beschränkungen unter einem Wettbewerbsverbot die Verpflichtung des Händlers, keine Waren herzustellen, zu beziehen, zu verkaufen oder weiterzuverkaufen,

---

96 Veelken in I/M-EG 1997 GFVO Rdn. B 23, 40 ff., 44; Emmerich in I/M-GWB 1992 § 18 Rdn. 90; Huber/Baums in FK § 1 Rdn. 450.

97 Vgl. auch Emmerich in I/M-GWB 1992 § 18 Rdn. 79 und Huber/Baums in FK § 1 Rdn. 536, 541 f., 483, 507. Beispiele aus der Rechtsprechung: BGH WuW/E BGH 1871, 1872, 1877 – Transportbeton-Vertrieb: „§ 2 Der Vertrieb verpflichtet sich, seinen gesamten Bedarf an Transportbeton in dem unter § 1 näher beschriebenen Gebiet ausschließlich von den von der Zentrale vertretenen Werken zu beziehen... Hieraus folgt, dass der Vertrieb innerhalb des Vertragsgebiets weder Transportbeton anderer Hersteller vertreiben darf noch solchen, den sie etwa selbst herstellt"; BGH WuW/E BGH 3115, 3115, 3118 – Druckgussteile: „Umgekehrt verpflichtete sich die Klägerin, alle von ARRI erteilten Aufträge bei marktüblichen Preisen und Lieferzeiten an die Beklagten weiterzugeben ... Verpflichtung zum Bezug sämtlicher von ARRI bestellter Druckgussteile von den Beklagten"; BGH WuW/E BGH 1458, 1459 – Fertigbeton: „Vertrag, in dem sich die Beklagte verpflichtete, den in ihrem Werk Venhaus zur Herstellung von Fertigbeton benötigten Sand des Körnungsbereichs 0–3 ausschließlich bei der Klägerin zu beziehen"; BGH WuW/E BGH 2088, 2088 – Korkschrot: „Danach verpflichtete sich die Klägerin, ihren gesamten Korkbedarf ausschließlich von der Beklagten zu beziehen"; BGH WuW/E BGH 2285, 2285, 2287 – Spielkarten: „P läßt den Vertragsgegenstand in der von ihr gewünschten Ausstattung ausschließlich bei B. S. M. fertigen... gehindert, die Vertragsgegenstände bei anderen Lieferanten zu beziehen."

die mit den Vertragswaren in Wettbewerb stehen (vgl. Art. 2 Abs. 2 lit. a GVO 1983/83), unter einer Mengenvorgabe die Verpflichtung des Händlers, mehr als 80% des Gesamtbedarfs an Vertragswaren und Waren, die mit den Vertragswaren in Wettbewerb stehen, von einem einzigen Hersteller zu beziehen (vgl. Art. 2 Abs. 3 lit. a GVO 1983/83), und unter einer Alleinbezugspflicht die Verpflichtung des Händlers, den Bedarf an einer bestimmten Ware ausschließlich bei ihrem Hersteller zu beziehen (vgl. Art. 2 Abs. 2 lit. b GVO 1983/83). Die Kommission fasst lediglich in Art. 1 lit. b Schirm-GVO und in den Tz. 58, 106, 138, 152 der Leitlinien für vertikale Beschränkungen die Wettbewerbsverbote und die Mengenvorgaben zusammen. Sie sieht darin Regelungen über Markenzwang, da in beiden Fällen der Händler veranlasst wird, seine Käufe weitgehend bei einem Lieferanten zu konzentrieren.[98]

---

[98] Siehe dazu Veelken in I/M-EG 2001 GFVO Rdn. 257 ff.; Metzlaff BB 2000, 1201, 1208; Semler/Bauer DB 2000, 193, 199. Das Wettbewerbsverbot und die Mengenvorgabe sind nach Art. 5 lit. a Schirm-GVO für eine Zeit von fünf Jahren freigestellt; siehe dazu Veelken in I/M-EG 2001 GFVO Rdn. 260, 265 ff., 270, 273 ff.; Metzlaff BB 2000, 1201, 1208; Semler/Bauer DB 2000, 193, 199. Der Alleinbezug ist, wie sich etwa aus Tz. 162 der Leitlinien für vertikale Beschränkungen ergibt, für die gesamte Vertragslaufzeit freigestellt. Siehe dazu Veelken in I/M-EG 2001 GFVO Rdn. 260, 267, 270, der in Rdn. 261 und Fn. 854 – wie Metzlaff BB 2000, 1201, 1208 und Semler/Bauer DB 2000, 193, 199 – auf die Abgrenzungsfragen hinweist. In der Tat kann im Einzelfall der Alleinbezug eine Mengenvorgabe im Sinne von Art. 1 lit. b Schirm-GVO sein. Da das Wettbewerbsverbot und die Mengenvorgabe nach der GVO 1983/83 für die gesamte Vertragslaufzeit freigestellt waren – siehe dazu Veelken in I/M-EG 1997 GFVO Rdn. B 43; Wiedemann, GVO, Art. 2 GVO 1983/83 Rdn. 14 – gewinnt nun die Frage an Bedeutung, ob diese Wettbewerbsbeschränkungen für das Funktionieren des Vertriebssystems notwendig sind und deshalb nicht unter Art. 81 Abs. 1 EG fallen, so dass sich die Frage nach einer Freistellung gar nicht stellt; siehe dazu Tz. 200 der Leitlinien für vertikale Beschränkungen; Emmerich in I/M-EG 1997 Art. 85 Abs. 1 Rdn. A 195; EuGH NJW 1986, 1415, 1416 – Pronuptia. Und die Freistellung des Alleinbezugs unterliegt einer wichtigen Einschränkung. Nach Tz. 55 der Leitlinien für vertikale Beschränkungen folgt aus Art. 4 lit. d Schirm-GVO, dass ein Alleinbezug bei einer Verbindung von Alleinvertrieb und selektivem Vertrieb nicht freigestellt ist; siehe dazu Veelken in I/M-EG 2001 GFVO Rdn. 236, 219 f.; Subiotto/Amato, World Competition, Volume 23, June 2000, p. 1, 19. Nach Tz. 20 der Bekanntmachung zur GVO 1983/83 war es beim Alleinvertrieb dagegen zulässig, den Händlern als vertriebsfördernde Maßnahme nach Art. 2 Abs. 3 lit. c GVO 1983/83 aufzugeben, die Vertragswaren nicht an ungeeignete Händler zu liefern, und damit die Alleinbezugsverpflichtung nach Art. 2 Abs. 2 lit. b GVO 1983/83

Das Herstellungs- und Handelsverbot wird in räumlicher Hinsicht bzw. mit Blick auf die infrage kommenden Verbraucher zumeist unbeschränkt vereinbart.[99] Wenn indes der Händler bestimmte Verbraucher außerhalb des ihm zugewiesenen Gebiets oder Kreises mit eigenen und/oder fremden Konkurrenzprodukten beliefern will, wird das Herstellungs- oder Handelsverbot entsprechend beschränkt; es wird dann dem Händler typischerweise nur die Belieferung der Verbraucher in dem ihm zugewiesenen Gebiet oder aus dem ihm zugewiesenen Kreis untersagt (eingeschränktes Herstellungs- oder Handelsverbot).[100] Wenn sowohl der Hersteller als auch der Händler eigene und/oder fremde Konkurrenzprodukte herstellen und/oder vertreiben (können), sind überdies wechselseitige Bindungen denkbar: Der Hersteller und der Händler werden verpflichtet, keine mit den Vertragswaren im Wettbewerb stehenden Waren herzustellen und/oder zu vertreiben oder zumindest bestimmte Abnehmer nicht mit eigenen und/oder fremden Konkurrenzerzeugnissen zu beliefern.[101]

---

mit einem qualitativen selektiven Vertrieb zu verbinden; siehe dazu Subiotto/Amato, World Competition, Volume 23, June 2000, p. 1, 19; Veelken in I/M-EG 2001 GFVO Rdn. 219 f. und in I/M-EG 1997 GFVO Rdn. B 44; Wiedemann, GVO, Art. 2 GVO 1983/83 Rdn. 27; Bunte/Sauter, GVO, VO Nr. 1983/83 Rdn. 30.

99 Beispiele aus der Rechtsprechung: BGH WuW/E BGH 2088, 2088 – Korkschrot: „Danach verpflichtete sich die Klägerin, ihren gesamten Korkbedarf ausschließlich von der Beklagten zu beziehen"; BGH WuW/E BGH 2285, 2285, 2287 – Spielkarten: „P läßt den Vertragsgegenstand in der von ihr gewünschten Ausstattung ausschließlich bei B. S. M. fertigen... gehindert, die Vertragsgegenstände bei anderen Lieferanten zu beziehen."

100 Beispiele aus der Rechtsprechung: BGH WuW/E BGH 3115, 3115, 3118 – Druckgussteile: „Umgekehrt verpflichtete sich die Klägerin, alle von ARRI erteilten Aufträge bei marktüblichen Preisen und Lieferzeiten an die Beklagten weiterzugeben ... Verpflichtung zum Bezug sämtlicher von ARRI bestellter Druckgussteile von den Beklagten"; BGH WuW/E BGH 1458, 1459 – Fertigbeton: „Vertrag, in dem sich die Beklagte verpflichtete, den in ihrem Werk Venhaus zur Herstellung von Fertigbeton benötigten Sand des Körnungsbereichs 0–3 ausschließlich bei der Klägerin zu beziehen."

101 Nach Art. 2 Abs. 1 Schirm-GVO sind Vertriebsbeschränkungen zu Lasten des Herstellers für die gesamte Vertragslaufzeit freigestellt; siehe dazu Veelken in I/M-EG 2001 GFVO Rdn. 74, 183, der betont, dass die Beschränkungen sowohl den Lieferanten wie den Käufer betreffen können, und der dann feststellt: „Art. 4 lit. b läßt Vertriebsbindungen des Lieferanten ohne Einschränkung, auch über die

in den vorgenannten GFVO insoweit enthaltenen Begrenzungen hinaus, zu." Das eingeschränkte Herstellungs- und Handelsverbot sollte in entsprechender Anwendung des Art. 5 lit. a Schirm-GVO für eine Zeit von fünf Jahren freigestellt sein, weil es um eine auf Konkurrenzprodukte bezogene Verpflichtung geht, so dass eine Anwendung des Art. 4 lit. b Schirm-GVO nicht in Betracht kommt (Vertragswaren). Dagegen spricht allerdings, dass die eingeschränkten Herstellungs- und Handelsverbote weniger wettbewerbsschädlich sind, so dass ein „ad maiore ad minus"-Schluss bei Art. 5 lit. a Schirm-GVO – anders als bei Art. 2 Abs. 2 lit. a GVO 1983/83 – nicht möglich ist. Beispiele aus der Rechtsprechung: OLG Karlsruhe WuW/E OLG 5479, 5479 – Bedside-Testkarten: „§ 9 Während der Dauer dieses Vertrages werden die Parteien weder eigene noch Erzeugnisse Dritter vertreiben, verkaufen oder bewerben, die als Konkurrenzerzeugnisse zum Produkt anzusehen sind ... Dies gilt nicht für Konkurrenzerzeugnisse und Modifikationen solcher Erzeugnisse, welche die Vertragsparteien bereits zum Zeitpunkt des Inkrafttretens dieses Vertrages vertreiben"; BGH WuW/E BGH 1871, 1872, 1877 – Transportbeton-Vertrieb: „§ 1 Die Zentrale... verkauft den ihr angebotenen Transportbeton zum Absatz und Einbau in dem auf der beigefügten Karte rot umrandeten Gebiet ausschließlich an den Vertrieb. § 2 Der Vertrieb verpflichtet sich, seinen gesamten Bedarf an Transportbeton in dem unter § 1 näher beschriebenen Gebiet ausschließlich von den von der Zentrale vertretenen Werken zu beziehen... Das bedeutet, dass die" Zentrale „Transportbeton im Vertragsgebiet auch dann nicht absetzen darf (und insoweit keinen Handel im Sinne der Ausführungen des OLG betreiben darf), wenn und soweit sie Transportbeton von dritten Herstellern (Hersteller, die nicht ihre Gesellschafter sind) bezieht. Umgekehrt ist der Vertrieb verpflichtet, seinen gesamten Bedarf an Transportbeton in dem vorstehend bezeichneten Vertragsgebiet ausschließlich von den Werken zu beziehen, die dem Vertrieb angeschlossen sind. Hieraus folgt, dass der Vertrieb innerhalb des Vertragsgebiets weder Transportbeton anderer Hersteller vertreiben darf noch solchen, den sie etwa selbst herstellt..." – wenn und soweit man unterstellt, dass aufgrund der Bindungen weder die Zentrale noch der Vertrieb im Vertragsgebiet selbst hergestellten und von dritten Herstellern bezogenen „Konkurrenzbeton" absetzen durften; LG Mannheim WuW/E DE-R S. 298, 299 – Stromversorgung: „Gemäß § 1 Abs. 2 dieser Verträge hat" der Weiterverteiler „den gesamten Bedarf an elektrischer Energie für ihr in § 1 Abs. 1 Nr. 1.1 näher beschriebenes Versorgungsgebiet ausschließlich aus Anlagen" des Stromerzeugers „zu beziehen... In § 1 Abs. 3 verpflichtet sich" der Stromerzeuger, ohne ausdrückliche Zustimmung des Weiterverteilers, „außer den ausdrücklich genannten – keine Kunden im Versorgungsgebiet" des Weiterverteilers zu beliefern. In § 1 Abs. 4 verpflichtet sich" der Weiterverteiler, „ohne ausdrückliche Zustimmung" des Stromerzeugers „mit Ausnahme der ausdrücklich genannten, keine Kunden außerhalb ihres Versorgungsgebiets zu beliefern... " – wenn und soweit man – mit BGH WuW/E BGH 2247, 2249 – Wegenutzungsrecht – unterstellt, dass diese Bindungen den Stromerzeuger und den Weiterverteiler daran hindern, die gesperrten Kunden mit selbst erzeugtem „Konkurrenzstrom" oder mit von dritten Stromerzeugern bezogenem „Konkurrenzstrom" zu beliefern; siehe auch BGH KVR 28/96, S. 3 und BGH

II. Die extensive Interpretation des § 1 GWB

1. Alleinvertriebsrecht

Die Gebiets- oder Kundenschutzzusage des Herstellers verpflichtet ihn zunächst dazu, die dem Händler zugewiesenen Verbraucher nicht vermittels anderer Wiederverkäufer mit Vertragswaren zu beliefern. Der Wortlaut des § 16 Nr. 2 GWB erfasst diese Verpflichtung als Absatzbindung, weil sie den Hersteller als den gebundenen Teil darin beschränkt, die Vertragswaren an andere Wiederverkäufer und damit andere Waren an Dritte abzugeben. Diese Absatzbindung fällt in den Anwendungsbereich des § 1 GWB, wenn sie nach der Zielsetzung der Vertragsparteien einen zwischen ihnen bestehenden Wettbewerb beschränkt und in diesem Sinne horizontalen Charakter hat. Dies scheint auf den ersten Blick in den typischen Dualdistributionsfällen bereits mangels Vorliegens eines Wettbewerbsverhältnisses von vornherein ausgeschlossen. Der Hersteller vertreibt zwar die Vertragswaren direkt oder könnte dies tun und ist deshalb möglicherweise als ein aktueller oder potenzieller Wettbewerber des Händlers auf dem räumlich relevanten Handelsmarkt anzusehen, aber das Alleinvertriebsrecht regelt nicht die Beziehungen des Herstellers zu den Verbrauchern und kann insoweit kein Wettbewerbsverhältnis zwischen dem Hersteller und dem Händler beschränken.[102] Es regelt vielmehr die

---

KVR 29/96, S. 3 f. – Verbundnetz (nicht vollständig abgedruckt unter BGH WuW/E DE-R 399 ff. – Verbundnetz): „Ferner enthält die Vereinbarung eine sogenannte Gebietsschutzregelung, nach der WIEH verpflichtet ist, die Belieferung von Kunden in einem näher bezeichneten Gebiet zu unterlassen und ferner sicherzustellen, dass die Gebietsschutzabrede auch von mit ihr verbundenen Unternehmen beachtet wird. Von dieser Abrede ausgenommen sind einzelne näher bezeichnete Abnehmer der WIEH, deren Belieferung dieser auch weiterhin freistehen soll. Das in dem Vertrag als geschützt gekennzeichnete Gebiet stimmt im Wesentlichen mit dem bis dahin von der VNG versorgten Gebiet überein." bzw. „Die Regelung in § 3 Abs. 3 des Vertrages untersagt WINGAS die direkte oder indirekte Belieferung Dritter in diesem Vertragsgebiet. Ausgenommen sind lediglich einzelne, im Vertrag namentlich aufgeführte Abnehmer."

102 Es betrifft auch nicht das Verhältnis des Herstellers zu etwaigen Händlern auf einer der Marktstufe des Händlers nachgelagerten Marktstufe und damit ein möglicherweise insoweit anzunehmendes Wettbewerbsverhältnis zwischen dem Hersteller und dem Händler. Vgl. dazu auch Keul, Kartellverbot, S. 230 f., der meint,

Beziehungen des Herstellers zu den Wiederverkäufern, die bei Herstellern Waren nachfragen, um sie an Verbraucher abzusetzen. Es beschränkt den Hersteller beim Absatz der von ihm hergestellten Waren zum Zwecke des Weiterverkaufs an Verbraucher oder – vice versa – bei der Nachfrage nach Fremdvertriebsleistungen. Vor diesem Hintergrund drängt sich der Eindruck auf, dass das Alleinvertriebsrecht keine horizontale Wettbewerbsbeschränkung ist: Es scheint den Händler nicht vor Wettbewerb durch den Hersteller, sondern vor Wettbewerb durch andere Händler zu schützen.[103]

Allerdings stellt sich die Frage, ob eine solche Interpretation des § 1 GWB sachgerecht ist. Man könnte bei der Annahme eines Wettbewerbsverhältnisses im Sinne des § 1 GWB großzügiger verfahren. Wenn der Fremdvertrieb als ein Wettbewerbsparameter anzusehen ist, den der Hersteller gegen den Händler im Wettbewerb einsetzen kann, und damit ein Auftreten im Wege des Fremdvertriebs dem Hersteller als eigenes Wettbewerbsverhalten zuzurechnen ist,[104] könnte auf diese Weise ein aktuelles oder potenziel-

---

eine horizontale Wettbewerbsbeschränkung, liege deshalb vor, weil der Händler im Gegensatz zum Hersteller (wohl im Vertragsgebiet) andere (wohl nicht systemangehörige) Händler mit den Vertragswaren beliefern dürfe, übersieht dabei allerdings, dass regelmäßig weder der Hersteller noch der Händler ein Interesse daran haben, anderen Händlern das Eindringen in den dem Händler zugewiesenen Kreis von Verbrauchern zu ermöglichen, so dass es an einem potentiellen Wettbewerbsverhältnis fehlt; siehe dazu sogleich.

103 Vgl. zu diesem Ausgangspunkt auch Keul, Kartellverbot, S. 229 f.

104 Auf dieser Linie liegt zumindest gelegentlich auch die Rechtsprechung, wobei anzumerken ist, dass es sich nicht durchgängig um Fälle handelte, in denen – wie stets in den typischen Dualdistributionsfällen – der Hersteller/Erzeuger die Vertragswaren direkt vertrieb oder vertreiben konnte: BGH WuW/E BGH 3121, 3126 – Bedside-Testkarten: „Verpflichtung der Klägerin, weder einen weiteren Vertragshändler einzusetzen noch selbst Abnehmer in dem diesem zugewiesenen Gebiet zu beliefern… eine Klausel, die es dem Hersteller untersagt, im Gebiet des eingesetzten Händlers weder direkt noch indirekt als Wettbewerber aufzutreten, grundsätzlich nicht zu beanstanden." Siehe auch BGH WuW/E BGH 3115, 3115, 3118 – Druckgussteile und BGH WuW/E BGH 2285, 2286, 2287 f. – Spielkarten, wo der BGH mit Blick auf die Kundenschutzzusagen nicht zwischen dem Alleinvertriebsrecht und dem Direktvertriebsverbot differenzierte; BGH WuW/E BGH 2247, 2249 – Wegenutzungsrecht: „Die Vertragsparteien konnten und wollten ihr gemeinsames Ziel, die Versorgung mit elektrischer Energie im Stadtgebiet durch

les Wettbewerbsverhältnis auf dem räumlich relevanten Handelsmarkt zwischen dem Hersteller und dem Händler begründet werden. Es wird in der Tat die Ansicht vertreten, dass eine Beschränkung eines zwischen den beteiligten Unternehmen bestehenden „mittelbaren Wettbewerbsverhältnisses" von § 1 GWB erfasst wird. Es müsse genügen, dass das gebundene Unternehmen die Fähigkeit besitze und ein Interesse daran habe, dem begünstigten Unternehmen durch Einschalten von Konkurrenten dieses Unternehmens Wettbewerb zu bereiten, und auf diese Möglichkeit verzichte. Und gerade im Fall der Alleinvertriebsvereinbarung bestehe zwischen dem Hersteller und dem Händler, zumindest potenziell, stets ein mittelbares Wettbewerbsverhältnis, denn der Hersteller sei immer imstande, mit Hilfe dritter Unternehmen zu dem Händler in Wettbewerb zu treten.[105]

Diese Betrachtung setzt sich allerdings über zwei gewichtige Einwände hinweg. Gegen die Anerkennung eines mittelbaren Wettbe-

---

ein Versorgungsmonopol der Betroffenen sicherzustellen, dadurch erreichen, dass sie die Stadt als mögliche Wettbewerberin von der Aufnahme der Versorgung ausschlossen. Sie hätte sonst allein oder im Zusammenwirken mit anderen eine Versorgungstätigkeit aufnehmen können"; BGH WuW/E BGH 3137, 3139 – Sole: „Insoweit hat der Senat es allerdings als im Einzelfall auch im Hinblick auf § 1 GWB hinnehmbar angesehen, wenn der Veräußerer eines Unternehmen selbst für einen begrenzten Zeitraum ein Wettbewerbsverbot übernimmt ... wenn der Veräußerer den Erfolg des Verkaufsgeschäfts dadurch in Frage stellen könnte, dass er mit einer zeitnahen Eröffnung von Wettbewerb die Kunden von dem veräußerten Unternehmen abziehen könnte ... beide Verträge vielmehr auch und gerade dem Zweck, im Gemeindegebiet des Beklagten zu 1) andere Anbieter von Badeleistungen, wie sie der Kläger auf den Markt brachte, vom Bezug der Sole auszuschließen und so die Eröffnung eines im Wettbewerb zum Betrieb des Klägers bzw. dessen Vaters stehenden Unternehmen unmöglich zu machen. Eine derartige Absprache ist schon wegen der Erschwerung des Marktzutritts für Dritte als potentielle Wettbewerber ... nicht zu rechtfertigen"; BGH WuW/E BGH 2088, 2088 – Korkschrot: „Durch ihre Vereinbarungen sollte allein ein potentieller Wettbewerb auf dem Spezialmarkt für Fußbödendämmung aus Korkschrot ausgeschaltet, zumindest erschwert werden."

105 So etwa Bunte in L/B § 1 Rdn. 97 f., 114 f. und Huber/Baums in FK § 1 Rdn. 455–458b, 459–461, 552, 553–554a; anderer Ansicht Huber in FK § 1 n. F. Rdn. 34 („Ließe man dies ausreichen, um Wettbewerb zwischen dem Hersteller und dem Händler anzunehmen, so wäre das einschränkende Tatbestandsmerkmal praktisch gegenstandslos.") und Zimmer in I/M-GWB 2001 § 1 Rdn. 174.

werbsverhältnisses spricht, dass der Händler im eigenen Namen und auf eigenes unternehmerisches Risiko tätig wird und die Vertriebsleistung aus eigener wirtschaftlicher Kraft heraus erbringt; dem Hersteller wird unter Zugriff auf die Ressourcen der Händler der Aufbau eines leistungsfähigen Vertriebssystems ermöglicht. Vor diesem Hintergrund ist der Händler (und nicht der Hersteller) ein autonom handelnder Wettbewerber auf dem Handelsmarkt und schützt das Alleinvertriebsrecht den Händler in der Tat vor Wettbewerb durch weitere Händler und nicht vor Wettbewerb durch den Hersteller; das Alleinvertriebsrecht verbietet dem Hersteller die Beteiligung an fremdem Wettbewerb. Demgemäß wird für die Annahme eines potenziellen Wettbewerbsverhältnisses üblicherweise verlangt, dass das als potenzieller Wettbewerber in Rede stehende Unternehmen selbst zu einem Markteintritt in organisatorischer, technischer und finanzieller Hinsicht in der Lage ist und insbesondere über ausreichende Mittel für Investitionen in dem fraglichen Bereich verfügt.[106]

Des Weiteren spricht gegen die Annahme eines potenziellen mittelbaren Wettbewerbsverhältnisses gerade im Fall der Alleinvertriebsvereinbarung, dass es dafür nicht ausreicht, dass der Hersteller grundsätzlich in der Lage ist, mit Hilfe dritter Unternehmen zu dem Händler in Wettbewerb zu treten. Ein solches Vorgehen muss zudem in absehbarer Zeit wahrscheinlich sein, weil andernfalls die auf dem fraglichen Markt bereits tätigen Unternehmen nicht mit dem Marktzutritt rechnen und sich demgemäß auch nicht darauf einstellen. Daher muss der individuelle Marktzutritt nicht nur möglich erscheinen, sondern darüber hinaus im Licht aller objek-

---

106 Tz. 26 der Leitlinien für vertikale Beschränkungen und Tz. 9 (Fn. 8 f.) der Leitlinien über horizontale Zusammenarbeit, wonach der Marktzutritt zumindest in der Regel binnen eines Jahres erfolgen muss; Bekanntmachung der Kommission über Konzentrations- und Kooperationstatbestände nach der Verordnung (EWG) Nr. 4064/89 des Rates vom 21. Dezember 1989 über die Kontrolle von Unternehmenszusammenschlüssen vom 14. 8. 1990, ABl. EG 1990 Nr. C 203, S. 10 ff. – Tz. 25, 31 und Bekanntmachung der Kommission über die Beurteilung kooperativer Gemeinschaftsunternehmen nach Artikel 85 des EWG-Vertrags vom 16. 2. 1993, ABl. EG 1993 Nr. C 43, S. 2 ff. – Tz. 18–20; Emmerich in I/M-EG 1997 Art. 85 Abs. 1 Rdn. A 172 ff.; Zimmer in I/M-GWB 2001 § 1 Rdn. 141 ff., 366 ff.; Salje ET 1999, 768, 770 f.; Rottnauer BB 1999, 2145, 2148 ff.

tiven Umstände einen wirtschaftlich vernünftigen Weg darstellen und deshalb hinreichend wahrscheinlich sein.[107] Diese Voraussetzungen sind in den Fällen der Alleinvertriebsvereinbarung jedoch typischerweise nicht gegeben. Der Hersteller hat ein Interesse daran, dass der Händler sich um den Vertrieb der Vertragswaren bemüht, kann allerdings nicht erwarten, dass der Händler die nicht unerheblichen Aufwendungen für verkaufs- und imagefördernde Maßnahmen zugunsten der Vertragsware erbringt und das damit verbundene Risiko übernimmt, wenn nicht sichergestellt ist, dass er diese Kosten wieder erwirtschaften kann.[108] Und es ist für den Hersteller zumeist ohne Sinn, anderen Händlern das Eindringen in den seinem Händler zugewiesenen Kreis von Verbrauchern zu ermöglichen, weil es ihm letztlich gleichgültig ist, wie viele Händler seine Vertragswaren in einem bestimmten Gebiet bzw. an einen bestimmten Kundenkreis vertreiben – zusätzliche Absatzmöglichkeiten lassen sich auf diese Weise nicht erschließen. Vor diesem Hintergrund mag der Hersteller zwar grundsätzlich imstande sein, mit Hilfe dritter Unternehmen zu dem Händler in Wettbewerb zu

---

107 Tz. 26 der Leitlinien für vertikale Beschränkungen und Tz. 9 (Fn. 8 f.) der Leitlinien über horizontale Zusammenarbeit, wonach der Marktzutritt zumindest in der Regel binnen eines Jahres erfolgen muss; Bekanntmachung der Kommission über Konzentrations- und Kooperationstatbestände nach der Verordnung (EWG) Nr. 4064/89 des Rates vom 21. Dezember 1989 über die Kontrolle von Unternehmenszusammenschlüssen vom 14. 8. 1990, ABl. EG 1990 Nr. C 203, S. 10 ff. – Tz. 25, 31 und Bekanntmachung der Kommission über die Beurteilung kooperativer Gemeinschaftsunternehmen nach Artikel 85 des EWG-Vertrags vom 16. 2. 1993, ABl. EG 1993 Nr. C 43, S. 2 ff. – Tz. 18–20; Emmerich in I/M-EG 1997 Art. 85 Abs. 1 Rdn. A 172 ff.; Zimmer in I/M-GWB 2001 § 1 Rdn. 141 ff., 366 ff.

108 BGH WuW/E BGH 3121, 3124 f. – Bedside-Testkarten. Dieser Umstand ist in den Energiefällen typischerweise nicht gegeben, weil Energie ein homogenes Gut ist, also keine „Marke" hat, und weil die Weiterverteiler (derzeit noch) nicht in die Absatzorganisation eines Erzeugers eingebunden sind, ihre wettbewerblichen Anstrengungen nicht im Interesse eines bestimmten Erzeugers unternehmen, „ihren" Erzeuger ohne Inkaufnahme gewichtiger Wettbewerbsnachteile wechseln können und im Falle einer Durchleitung „ihres" Erzeugers keine empfindlichen Umsatzeinbußen erleiden, denn sie erhalten für die Netznutzung Durchleitungsgebühren, so dass sich ihre Netzkosten in jedem Fall amortisieren; siehe zu diesem Problemkreis: Köhler WuW 1999, 445, 446; Rottnauer BB 1999, 2145, 2149; Markert EuZW 2000, 427, 431; Baur, FS Sandrock, S. 35, 39; Börner ET 1999, 405, 408 f.; Lückenbach RdE 2000, 101, 106.

treten, eine wirtschaftlich vernünftige Vorgehensweise dürfte dies jedoch nur in den seltensten Fällen sein.[109]

Ganz anders stellt sich die Lage in den atypischen Dualdistributionsfällen dar, in denen der Händler (und ggfs. sogar der Hersteller) Konkurrenzerzeugnisse herstellt oder herstellen kann und sie zum Zwecke des Weiterverkaufs an Verbraucher absetzt oder absetzen kann (Fremdvertriebsleistungen nachfragt oder nachfragen kann). Dann dient das Alleinvertriebsrecht unter Umständen nicht nur mit Blick auf die Vertragswaren einem Schutz des Händlers vor weiteren Händlern (Absicherung der Position des Händlers im intra brand Wettbewerb auf dem räumlich relevanten Handelsmarkt). Es kann vielmehr zugleich ein zwischen den Vertragsparteien auf demselben sachlich und räumlich relevanten Markt bestehendes inter brand Wettbewerbsverhältnis beim Absatz von Waren zum Zwecke des Weiterverkaufs an Verbraucher (bei der Nachfrage nach Fremdvertriebsleistungen) beschränken. Setzt der Hersteller die Vertragswaren (und ggfs. selbst hergestellte Konkurrenzerzeugnisse) und der Händler selbst hergestellte Konkurrenzerzeugnisse auf demselben räumlich relevanten Herstellermarkt zum Zwecke des Weiterverkaufs an Verbraucher ab (fragen sie auf demselben räumlich relevanten Absatzmittlermarkt Fremdvertriebsleistungen nach), oder können sie dies tun, so beschränkt das Alleinvertriebsrecht dieses Wettbewerbsverhältnis zu Lasten des Herstellers; es schützt den Händler mit Blick auf die von ihm selbst hergestellten Konkurrenzerzeugnisse vor dem Hersteller (Absicherung der inter brand Wettbewerbsposition bzw. Erleichterung des Marktzutritts des Händlers auf dem räumlich relevanten Herstellermarkt). Denkbar ist nicht nur ein den gesamten räumlich relevanten Markt betreffendes Verbot zu Lasten des Herstellers, die Vertragswaren an andere Wiederverkäufer zu liefern (Wettbewerbsverzicht). In Betracht kommt auch lediglich eine Verpflichtung des Herstellers, die Vertragswaren nicht in be-

---

109 Vgl. auch Bunte in L/B § 1 Rdn. 97 f., 114 f., und zwar unter ausdrücklicher Bezugnahme auf die typischen Dualdistributionsfälle und auf BGH WuW/E BGH 3115 ff. – Druckgussteile – und BGH WuW/E BGH 3121 ff. – Bedside-Testkarten, sowie Rdn. 149.

stimmten Gebieten an Wiederverkäufer und/oder an bestimmte Wiederverkäufer zu liefern und damit eine einseitige oder – in Verbindung mit einer korrespondierenden Absatzbindung zu Lasten des Händlers – wechselseitige Aufteilung der Wiederverkäufer nach räumlichen und/oder sachlichen Kriterien (Marktaufteilung).

2. Direktvertriebsverbot

Die Gebiets- oder Kundenschutzzusage des Herstellers verpflichtet ihn auch dazu, die dem Händler zugewiesenen Verbraucher nicht (oder zum Teil nicht) im Wege des Direktvertriebs mit Vertragswaren zu beliefern. § 16 Nr. 2 GWB erfasst diese Verpflichtung als Absatzbindung, weil sie den Hersteller als den gebundenen Teil darin beschränkt, die Vertragswaren an (bestimmte) Verbraucher und damit andere Waren an Dritte abzugeben. Die damit gegebenenfalls korrespondierende Bindung des Händlers, die dem Hersteller vorbehaltenen Verbraucher nicht mit den von ihm bezogenen Vertragswaren zu beliefern, fällt unter den Wortlaut des § 16 Nr. 3 GWB, weil sie den Händler als den gebundenen Teil darin beschränkt, die bezogenen Vertragswaren an bestimmte Verbraucher und damit die gelieferten Waren an Dritte abzugeben; das eingeschränkte Vertriebsverbot stellt sich mithin als Vertriebsbindung dar. Die Absatzbindung des Herstellers (ebenso wie die damit gegebenenfalls korrespondierende Vertriebsbindung des Händlers) fällt in den Anwendungsbereich des § 1 GWB, wenn sie nach der Zielsetzung der Vertragsparteien einen zwischen ihnen bestehenden Wettbewerb beschränkt und in diesem Sinne horizontalen Charakter hat. Dies scheint auf den ersten Blick in den typischen Dualdistributionsfällen unproblematisch der Fall zu sein. Der Hersteller vertreibt die Vertragswaren direkt oder könnte dies tun, und das (eingeschränkte) Direktvertriebsverbot (ebenso wie das eingeschränkte Vertriebsverbot) regelt die Beziehungen des Herstellers (des Händlers) zu den Verbrauchern. Daher ist die Annahme nahe liegend, dass der Hersteller und der Händler auf demselben räumlich relevanten Handelsmarkt denselben Verbrauchern gegenüberstehen und sie deshalb auf diesem Markt im Verhältnis zueinander als aktuelle oder potenzielle Wettbewerber anzusehen sind. Dann scheint auch die Schlussfolgerung zulässig, dass das (eingeschränkte) Direktvertriebsverbot (das eingeschränkte Vertriebsverbot) den Hersteller (den Händler) in seiner Stellung als aktueller oder potenzieller Wettbewerber des Händlers (des Herstellers) auf diesem Markt trifft, weil er die betroffenen Verbraucher nicht beliefern darf, obwohl er es könnte.[110] Das (eingeschränkte) Direktvertriebsverbot des Herstellers (das eingeschränkte Vertriebsverbot des Händlers) könnte mit Blick auf die Vertragswaren einem Schutz des fremdvertreibenden Händlers (des direktvertreibenden Herstellers) vor dem direktvertreibenden Hersteller (dem fremdvertreibenden Händler) dienen (Absicherung der Position des Händlers [des Herstellers] im intra brand Wettbewerb auf dem räumlich relevanten Handelsmarkt). Betrifft das Direktvertriebsverbot den gesamten räumlich relevanten Handelsmarkt, scheint es sich um einen Verzicht auf Marktzutritt oder einen vollständigen Rückzug vom Markt durch den Hersteller zu handeln (Marktzutrittsverbot). Beinhaltet das (eingeschränkte) Direktvertriebsverbot dagegen nur die Verpflichtung, die Vertragswaren im Wege des Direktvertriebs nicht in bestimmte Gebiete an Verbraucher und/oder an bestimmte Verbraucher zu liefern, scheint eine einseitige oder – in Verbindung mit einem korrespondierenden eingeschränkten Vertriebsverbot des Händlers – wechselseitige Aufteilung der Kundenkreise nach räumlichen und/ oder sachlichen Kriterien vorzuliegen (Marktaufteilung).[111]

---

110 Es kann auch das Verhältnis des Herstellers zu etwaigen Händlern auf einer der Marktstufe des Händlers nachgelagerten Marktstufe und damit ein insoweit möglicherweise anzunehmendes Wettbewerbsverhältnis zwischen dem Hersteller und Händler betreffen; dann stellen sich dieselben Fragen wie hier.

111 Siehe dazu nur Karsten Schmidt, Kartellverbot, S. 47, 57, 60, 61, 64, 71 ff., 73 ff., 86 und ZHR 149 (1985), 1, 6, 8. Beispiele aus der Rechtsprechung: BGH WuW/E BGH 1458, 1460 – Fertigbeton: „... trifft den Erzeuger das Wettbewerbsverbot ... die Verpflichtung, im Verkaufsgebiet der Verarbeiterin keinen Fertigbeton herzustellen und zu verkaufen, ... in seiner Stellung als potenzieller Wettbewerber der Verarbeiterin... ". Siehe dazu Karsten Schmidt, Kartellverbot, S. 68 f. sowie Bunte in L/B § 1 Rdn. 91, 107; BGH WuW/E BGH 1871, 1872, 1877 f. – Transportbeton-Vertrieb: „§ 1 Die Zentrale... verkauft den ihr angebotenen Transportbeton zum Absatz und Einbau in dem auf der beigefügten Karte rot umrandeten Gebiet ausschließlich an den Vertrieb... Das bedeutet, dass die" Zentrale „Transportbeton im Vertragsgebiet auch dann nicht absetzen darf (und insoweit keinen Handel

im Sinne der Ausführungen des OLG betreiben darf), wenn und soweit sie Transportbeton von dritten Herstellern (Hersteller, die nicht ihre Gesellschafter sind) bezieht… Selbst wenn mit dem OLG angenommen wird, dass einerseits die" Zentrale „berechtigt war, Beton von Drittherstellern (Beton, der nicht von ihren beiden Gesellschaftern stammt) zu beziehen und zu vertreiben, und andererseits der Vertrieb die Befugnis hatte, einen eigenen Produktionsbetrieb zu errichten, läge ein Vertrag zu einem gemeinsamen Zweck vor. Denn, wie dargelegt, waren beide Partner jedenfalls gehindert, diesen Beton im Vertragsgebiet zu vertreiben. Beide Beteiligte standen auch in einem – zumindest potenziellen – Wettbewerb um die Endabnehmer. Mit dem völligen Ausschluss des zwischen ihnen bestehenden oder möglichen Wettbewerbs im Vertragsgebiet…" – wenn und soweit man unterstellt, dass aufgrund der Bindungen die Zentrale im Vertragsgebiet den selbst hergestellten „Vertragsbeton" nicht absetzen durfte; BGH WuW/BGH 3115, 3118 – Druckgussteile: „… unterscheidet sich die Kundenschutzzusage der Beklagten dadurch, dass sich die Parteien in Bezug auf den Handel mit Druckgussteilen auf demselben Markt als potentielle Wettbewerber gegenüberstehen; die Beschränkung der wirtschaftlichen Freiheit der Beklagten hat mithin – unbeschadet des Unterschiedes der Marktstufen – auch horizontale Wirkung"; OLG Karlsruhe WuW/E OLG 5478, 5483 – Bedside-Testkarten: „Durch den Vertrag verpflichtete sich die Klägerin, neben G keine anderen Abnehmer zu beliefern; von diesem Verbot sollten jedoch die bisherigen Abnehmer der Klägerin ausgenommen sein… Hieraus wird deutlich, dass es sich bei der Klägerin nicht nur um eine der G-AG vorgelagerte Lieferantin der fraglichen Testkarten, sondern um eine Wettbewerberin handelte, die wie sie selbst derartige Testkarten an vergleichbare Abnehmer veräußerte. Der Kooperationsvertrag sah also insofern eine Marktaufteilung vor, als die Klägerin ihre bisherigen Kunden weiterbeliefern durfte, ihr aber eine Erstreckung des Absatzes auf neue Kunden versagt war".; BGH WuW/E BGH 2285, 2287 – Spielkarten: „Derartige Produktions-, Bezugs- und Vertriebsbindungen und das damit verbundene Wettbewerbsverbot in Form einer Aufteilung der in Frage kommenden Kundenkreise stellen sich jedenfalls dann als wettbewerbsbeschränkende Vereinbarung im Sinne des § 1 GWB dar, wenn sie die wettbewerbsrelevante Handlungsfreiheit von aktuellen oder potentiellen Wettbewerbern untereinander beschränken und somit zu horizontalen Wettbewerbsbeschränkungen führen… Dabei ist ohne ausschlaggebende Bedeutung, ob das Vertriebsunternehmen von der Belieferung der Buchklubs und Werbemittelkunden ausgeschlossen wurde… Es genügt insoweit, dass der Wettbewerb zwischen den Vertragsschließenden einseitig beschränkt wird"; LG Mannheim 7 O 372/98 (Kart.), S. 3, 8 f., 14 – Stromversorgung (nicht vollständig abgedruckt unter LG Mannheim WuW/E DE-R S. 298 ff. – Stromversorgung): „Gemäß § 1 Abs. 2 dieser Verträge hat" der Weiterverteiler „den gesamten Bedarf an elektrischer Energie für ihr in § 1 Abs. 1 Nr. 1.1 näher beschriebenes Versorgungsgebiet ausschließlich aus Anlagen" des Stromerzeugers „ zu beziehen… In § 1 Abs. 3 verpflichtet sich „der Stromerzeuger, ohne ausdrückliche Zustimmung des Weiterverteilers, „außer den ausdrücklich genannten – keine Kunden im Versorgungsgebiet" des Weiterverteilers zu beliefern. „In § 1 Abs. 4 verpflichtet sich" der Weiterverteiler „ohne aus-

Allerdings vernachlässigt diese weit verbreitete Betrachtung[112] einige bedeutsame Aspekte, die das Vorliegen eines Wettbewerbsverhältnisses zwischen den Vertragsparteien betreffen. Im Ausgangspunkt ist der zunächst auf einem vorgelagerten Markt tätige Hersteller allenfalls dann als aktueller oder potenzieller Wettbewerber des auf dem nachgelagerten Markt tätigen Händlers anzusehen, wenn er auf dem fraglichen räumlich relevanten Handels-

---

drückliche Zustimmung" des Stromerzeugers „mit Ausnahme der ausdrücklich genannten, keine Kunden außerhalb ihres Versorgungsgebietes zu beliefern… Die… exklusive Aufteilung der Belieferung einzelner Kunden als Letztverbraucher, sowie die Aufteilung der Versorgung ausdrücklich genannter Gebiete ausschließlich durch eine Vertragspartei… die vollständige Aufteilung des Marktes nach sachlichen und räumlichen Kriterien…" – wenn und soweit unterstellt, dass diese Bindungen den Stromerzeuger und den Weiterverteiler daran hindern, die gesperrten Kunden mit dem von dem Stromerzeuger erzeugten „Vertragsstrom" zu beliefern; siehe auch BGH KVR 28/96, S. 3, 12 und BGH KVR 29/96, S. 3 f., 14 – Verbundnetz (nicht vollständig abgedruckt unter BGH WuW/E DE-R 399 ff. – Verbundnetz): „Ferner enthält die Vereinbarung eine sogenannte Gebietsschutzregelung, nach der WIEH verpflichtet ist, die Belieferung von Kunden in einem näher bezeichneten Gebiet zu unterlassen und ferner sicherzustellen, dass die Gebietsschutzabrede auch von mit ihr verbundenen Unternehmen beachtet wird. Von dieser Abrede ausgenommen sind einzelne näher bezeichnete Abnehmer der WIEH, deren Belieferung dieser auch weiterhin freistehen soll. Das in dem Vertrag als geschützt gekennzeichnete Gebiet stimmt im Wesentlichen mit dem bis dahin von der VNG versorgten Gebiet überein" bzw. „Nach § 3 Abs. 2 des Vertrages war" EVG „weiter verpflichtet, das bezogene Gas nur in dem in § 3 Abs. 1 festgelegten und erläuterten Vertragsgebiet abzusetzen. Dieses Gebiet entspricht im Wesentlichen ihrem Versorgungsgebiet… Die Regelung in § 3 Abs. 3 des Vertrages untersagt WINGAS die direkte oder indirekte Belieferung Dritter in diesem Vertragsgebiet. Ausgenommen sind lediglich einzelne, im Vertrag namentlich aufgeführte Abnehmer" und „Die Demarkation dient dazu, die gewerblichen Tätigkeitsbereiche der Betroffenen voneinander abzugrenzen und jeweils im Interessengebiet des einen Vertragspartners eine werbende Tätigkeit des anderen um Kunden und Abnehmer auszuschließen. Durch die Vereinbarung wird mithin ein zwischen den Betroffenen ursprünglich vorhandener Wettbewerb jedenfalls eingeschränkt und weiterer Wettbewerb, insbesondere durch die Werbung von neuen Kunden durch WINGAS ausgeschlossen."

112 Huber in FK § 1 n. F. Rdn. 35, 72; Zimmer in I/M-GWB 2001 § 1 Rdn. 293 ff.; Karsten Schmidt, Kartellverbot, S. 60, 63 f., 71 ff., 103, 118; Keul, Kartellverbot, S. 231 f.; Baums ZIP 1998, 233, 234; Kahlenberg BB 1998, 1593, 1594; siehe zu den Energiefällen: Markert EuZW 2000, 427, 430 – Fn. 39; Köhler WuW 1999, 445, 450 f.; Börner ET 1999, 405, 406; Salje ET 1999, 768, 770 f.; Baur, FS Sandrock, S. 35, 38 ff.; Lückenbach RdE 2000, 101, 105; Raabe ET 2000, 770, 772.

markt selbst auftritt oder in absehbarer Zeit auftreten wird, und Letzteres ist nur der Fall, wenn er in organisatorischer, technischer und finanzieller Hinsicht dazu in der Lage ist und eine zusätzliche eigene Tätigkeit auf dem fraglichen räumlich relevanten Handelsmarkt für ihn bei Berücksichtigung aller objektiven Umstände den Gründen wirtschaftlicher Vernunft entspricht.[113] Wie schwierig im Einzelfall bereits die Frage zu beurteilen ist, ob der Lieferant in organisatorischer, technischer und finanzieller Hinsicht zu einem Markteintritt in der Lage ist, belegt eindrucksvoll die Diskussion um die Entscheidung des LG Mannheim.[114] Einige weisen nachdrücklich daraufhin, dass EnBW auf dem relevanten Markt der Letztversorgung im Gemeindegebiet nicht tätig war, aufgrund des Konzessionsvertrags zugunsten der Stadtwerke Waldshut-Tiengen auch kein eigenes Versorgungsnetz aufbauen konnte und ein aufgrund eines einfachen Wegenutzungsrechts möglicher konkurrierender Leitungsbau ebensowenig praktikabel war wie eine mögliche Durchleitung.[115] Andere halten das Vorliegen eines Wettbe-

---

113 Tz. 26 der Leitlinien für vertikale Beschränkungen und Tz. 9 (Fn. 8 f.) der Leitlinien über horizontale Zusammenarbeit; Bekanntmachungen der Kommission über Konzentrations- und Kooperationstatbestände nach der Verordnung (EWG) Nr. 4064/89 des Rates vom 21. Dezember 1989 über die Kontrolle von Unternehmenszusammenschlüssen vom 14. 8. 1990, ABl. EG 1990 Nr. C 203, S. 10 ff. – Tz. 25, 31 und über die Beurteilung kooperativer Gemeinschaftsunternehmen nach Artikel 85 des EWG-Vertrags vom 16. 2. 1993, ABl. EG 1993 Nr. C 43, S. 2 ff. – Tz. 18–20; Emmerich in I/M-EG 1997 Art. 85 Abs. 1 Rdn. A 172 ff.; Zimmer in I/M-GWB 2001 § 1 Rdn. 141 ff., 366 ff.; Salje ET 1999, 768, 770 f.; Rottnauer BB 1999, 2145, 2148 ff.

114 Es sei aber darauf hingewiesen, dass in den Energiefällen keine typischen Dualdistributionsfälle gegeben sind, weil Energie ein homogenes Gut ist, also keine „Marke" hat, und weil die Weiterverteiler (derzeit noch) nicht in die Absatzorganisation eines Erzeugers eingebunden sind, ihre wettbewerblichen Anstrengungen nicht im Interesse eines bestimmten Erzeugers unternehmen, „ihren" Erzeuger ohne Inkaufnahme gewichtiger Wettbewerbsnachteile wechseln können und im Falle einer Durchleitung „ihres" Erzeugers keine empfindlichen Umsatzeinbußen erleiden, denn sie erhalten für die Netznutzung Durchleitungsgebühren, so dass sich ihre Netzkosten in jedem Fall amortisieren; siehe zu diesem Problemkreis: Köhler WuW 1999, 445, 446; Rottnauer BB 1999, 2145, 2149; Markert EuZW 2000, 427, 431; Baur, FS Sandrock, S. 35, 39; Börner ET 1999, 405, 408 f.; Lükkenbach RdE 2000, 101, 106.

115 Salje ET 1999, 768, 770 f.; Rottnauer BB 1999, 2145, 2148, 2148 f.

werbsverhältnisses für unproblematisch.[116] Aber selbst wenn sich diese Vorfrage bejahen lässt, wäre es eine reine Fiktion, ein potenzielles Wettbewerbsverhältnis des Herstellers zu allen Händlern auf allen räumlich relevanten Handelsmärkten bereits allein deshalb zu bejahen, weil er grundsätzlich in der Lage ist, auf einem oder mehreren der räumlich relevanten Handelsmärkte tätig zu werden.[117]

Die Annahme eines potenziellen Wettbewerbs des Herstellers ist vielmehr bestenfalls gerechtfertigt, wenn der Eintritt in einen bestimmten oder mehrere bestimmte der räumlich relevanten Handelsmärkte in absehbarer Zeit konkret wahrscheinlich ist, und dies kann wiederum nur davon abhängen, welches Vorgehen für den Hersteller einen wirtschaftlich vernünftigen Weg darstellt. Die Bereitschaft zum Markteintritt fehlt jedoch typischerweise, weil eine zusätzliche eigene Tätigkeit auf einem oder mehreren der räumlich relevanten Handelsmärkte für den Hersteller regelmäßig bei Berücksichtigung aller objektiven Umstände nicht den Gründen wirtschaftlicher Vernunft entspricht. Der Hersteller hat ein Interesse daran, dass der Händler sich um den Vertrieb der Vertragswaren bemüht, kann allerdings nicht erwarten, dass der Händler die nicht unerheblichen Aufwendungen für verkaufs- und imagefördernde Maßnahmen zugunsten der Vertragsware erbringt und das damit verbundene Risiko übernimmt, wenn nicht sichergestellt ist, dass er diese Kosten wieder erwirtschaften kann.[118] Und es ist für den Hersteller zumeist ohne Sinn, im Wege des Direktvertriebs in den seinem Händler zugewiesenen Kreis von Verbrauchern einzudringen, weil diese Verbraucher auf jedem Fall von ihm beliefert werden, sei es unmittelbar im Direktvertrieb und unter Inkaufnahme der zugehörigen Kosten, sei es mittelbar über den

---

116 Lukes BB 1999, S. 9; Köhler WuW 1999, 445, 450 f.; Markert EuZW 2000, 427, 430; Börner ET 1999, 405, 406; Lückenbach RdE 2000, 101, 105; Raabe ET 2000, 770, 772.

117 Bunte in L/B § 1 Rdn. 97 f., 114 f., 140 und bereits WuW 1997, 857, 861 f.; Wellenhofer-Klein WuW 1999, 557, 565 f.; Rottnauer BB 1999, 2145, 2148.

118 BGH WuW/E BGH 3121, 3124 f. – Bedside-Testkarten. Dieser Umstand ist in den Energiefällen typischerweise nicht gegeben, weil Energie ein homogenes Gut ist, also keine „Marke" hat (siehe dazu soeben Fn. 114).

Händler und unter Verzicht auf die Handelsspanne, und sich deshalb im Wege des Direktvertriebs keine zusätzlichen Absatzmöglichkeiten erschließen lassen. Vor diesem Hintergrund spricht das Landgericht Mannheim nicht zu Unrecht davon, die Abreden dienten in erster Linie dem Zweck, Dritte daran zu hindern „im Gebiet der Beklagten", des Weiterverteilers, „und damit mittelbar im Gebiet der Klägerin zu 1)", des Erzeugers, tätig zu werden.[119] Schließlich hat sich der Hersteller mit dem Abschluss der Alleinvertriebsvereinbarungen zumindest für bestimmte räumlich relevante Handelsmärkte für den Fremdvertrieb und damit für eine bestimmte Vertriebs- und Investitionsstrategie entschieden. Darin liegt regelmäßig eine Entscheidung gegen den Direktvertrieb auf bestimmten räumlich relevanten Handelsmärkten, die die Annahme ausschließt, ein zusätzlicher eigener Vertrieb des Herstellers sei bei Abschluss der Alleinvertriebsvereinbarung konkret wahrscheinlich gewesen. Vor diesem Hintergrund mag der Hersteller zwar grundsätzlich imstande sein, auf dem fraglichen räumlich relevanten Handelsmarkt tätig zu werden, eine wirtschaftlich vernünftige Vorgehensweise dürfte dies jedoch nur in den seltensten Fällen sein.[120]

Der beste Beleg für diese These lässt sich daraus ableiten, dass der Lieferant und der Abnehmer in den der Druckgussteile- und der Bedside-Testkartenentscheidung des BGH zugrunde liegenden Fällen in Streit geraten waren und einer von beiden sich von der Vereinbarung lossagen wollte. Die in diesem Zeitpunkt gegebene Bereitschaft des Herstellers zum Eintritt in den räumlich relevanten Markt gerade dieses Händlers richtet sich jedoch nicht darauf, eine zusätzliche eigene Tätigkeit zu entfalten, sondern darauf, anstelle des Fremdvertriebs künftig im Wege des Direktvertriebs tätig zu werden; die anfänglich nicht gegebene Bereitschaft zum Markteintritt ist nunmehr gegeben. Der Fall liegt mithin nicht viel

---

119 LG Mannheim 7 O 372/98 (Kart.), S. 13 f. – Stromversorgung (nicht vollständig abgedruckt unter LG Mannheim WuW/E DE-R 298 ff. – Stromversorgung).

120 Vgl. auch Bunte in L/B § 1 Rdn. 97 f., 114 f., und zwar unter ausdrücklicher Bezugnahme auf die typischen Dualdistributionsfälle und auf BGH WuW/E BGH 3115 ff. – Druckgussteile – und BGH WuW/E BGH 3121 ff. – Bedside-Testkarten, sowie Rdn. 149.

anders als die Fälle der Vollfunktionsgemeinschaftsunternehmen. Es wird üblicherweise davon ausgegangen, dass die Gründer, die auf einem bestimmten sachlich und räumlich relevanten Markt ein Vollfunktionsgemeinschaftsunternehmen errichten und selbst nicht (mehr) tätig sind, in absehbarer Zeit auf diesem Markt nicht (mehr) individuell auftreten werden. Der Grund hierfür ist die Annahme, dass sie jedenfalls „nach der Schaffung des Gemeinschaftsunternehmens nicht mehr über ausreichende Mittel für neue Investitionen im selben Bereich verfügen oder eine zusätzliche eigene Tätigkeit im Markt des Gemeinschaftsunternehmens den Grundsätzen wirtschaftlicher Vernunft widersprechen würde".[121] Im Fall des Gemeinschaftsunternehmens die Entscheidung für das gemeinsame Vorgehen auf einem bestimmten Markt eine Entscheidung gegen ein eigenes Vorgehen auf diesem Markt und im Fall der Alleinvertriebsvereinbarung ist die Entscheidung für den Fremdvertrieb auf einem bestimmten Markt eine Entscheidung gegen den Direktvertrieb auf diesem Markt. Daher lässt sich die Annahme der Wahrscheinlichkeit eines Marktzutritts der Gründer bzw. des Herstellers trotz Gründung des Gemeinschaftsunternehmens bzw. Einsatzes des Händlers ohne konkrete Anhaltspunkte im Einzelfall nicht rechtfertigen. Die im Zusammenhang mit Vollfunktionsgemeinschaftsunternehmen vereinbarten Wettbewerbsverbote gelten daher mit gutem Grund als lediglich klarstellend („faktischer Wettbewerbsverzicht").[122] In gleicher Weise dürften Direktvertriebsverbote in Alleinvertriebsvereinbarungen typischerweise „rein deklaratorisch" sein, weil „der Erklärende lediglich das artikuliert, was er ohnehin nicht vorhat" und was „bereits die Konsequenz einer temporären Vertragsbindung an sich" ist.[123] An dieser Betrachtung ändert auch der Umstand

---

121 Bekanntmachung der Kommission über Konzentrations- und Kooperationstatbestände nach der Verordnung (EWG) Nr. 4064/89 des Rates vom 21. Dezember 1989 über die Kontrolle von Unternehmenszusammenschlüssen vom 14. 8. 1990, ABl. EG 1990 Nr. C 203, S. 10 ff. – Tz. 31 und Bekanntmachung der Kommission über die Beurteilung kooperativer Gemeinschaftsunternehmen nach Artikel 85 des EWG-Vertrags vom 16. 2. 1993, ABl. EG 1993 Nr. C 43, S. 2 ff – Tz. 18–20.
122 Siehe nur Huber in Huber/Börner, Gemeinschaftsunternehmen, S. 1, 18 f., 25 ff., 77 f., 80 ff., 85 f., 99 ff.
123 Rottnauer BB 1999, 2145, 2148.

nichts, dass sich die Dinge in der Zukunft ändern können und die Gründer das Gemeinschaftsunternehmen zerschlagen und unter sich aufteilen bzw. der Hersteller dem Händler kündigt und den Vertrieb selbst übernimmt. Die Frage, ob ein Gemeinschaftsunternehmen oder eine Alleinvertriebsvereinbarung gegen § 1 GWB verstößt, muss bei Gründung bzw. Vertragsschluss abschließend beurteilt werden. Eine spätere Änderung der Verhältnisse vermag weder bereits zu dem relevanten Zeitpunkt der Gründung bzw. des Vertragsschlusses die Wahrscheinlichkeit eines Marktzutritts der Gründer bzw. des Herstellers zu begründen, weil sie zu ungewiss ist, noch zu einem nachträglichen Verstoß gegen § 1 GWB zu führen, weil diese Rechtsfolge nicht vorgesehen ist.[124]

Selbst wenn der Hersteller auf dem fraglichen räumlich relevanten Markt tätig oder in organisatorischer, technischer und finanzieller Hinsicht zu einem Markteintritt in der Lage ist und eine zusätzliche eigene Tätigkeit auf dem fraglichen räumlich relevanten Handelsmarkt für ihn bei Berücksichtigung aller objektiven Umstände den Gründen wirtschaftlicher Vernunft entspricht, bleibt die Frage, ob ein Wettbewerbsverhältnis im Sinne des § 1 GWB zwischen dem Herstellers und „seinen" Händlern gegeben ist. Denn dies kann nur angenommen werden, wenn die Vertragsparteien im Verhältnis zueinander über wirtschaftliche Handlungsfreiheiten verfügen und deshalb im Verhältnis zueinander gegenläufige Wirtschaftspläne und widerstreitende Eigeninteressen verfolgen können.[125] Die Händler sind jedoch unternehmensbedingt abhängig, weil sie ihren Geschäftsbetrieb im Rahmen der langfristigen Vertragsbeziehungen – schon angesichts der erforderlichen Investitionen – so stark auf „ihren" Hersteller ausrichten, dass sie nur unter Inkaufnahme gewichtiger Wettbewerbsnachteile auf einen ande-

---

124 Siehe nur Zimmer in I/M-GWB 2001 § 1 Rdn. 250, 155 und Huber in Huber/Börner, Gemeinschaftsunternehmen, S. 1, 83 f. sowie Wellenhofer-Klein WuW 1999, 557, 565 f.

125 Zimmer in I/M-GWB 2001 § 1 Rdn. 134 ff., 194 f., 199 ff., 16 ff. Diese Frage wird zumeist mit Blick auf den konzerninternen Wettbewerb diskutiert; siehe dazu Zimmer in I/M-GWB 2001 § 1 Rdn. 150 ff. und EuGH EuZW 1997, 84, 85, 87 – Viho Europe BV/Kommission.

ren Hersteller überwechseln können.[126] Sie sind fest in das Vertriebssystem „ihres" Herstellers eingegliedert und müssen insbesondere Weisungen befolgen (§§ 675, 665 BGB) sowie Auskünfte erteilen (§§ 675, 666 BGB).[127] Der Hersteller bestimmt das Wettbewerbsverhalten „seiner" Händler in einem nicht unerheblichen Umfang, weil er die Einheitlichkeit und das Ansehen „seines" Vertriebssystems wahrt und wahren muss. Er entscheidet insbesondere darüber, in welchem Umfang, zu welchen Preisen und zu welchen Bedingungen „seine" Händler die Vertragswaren erhalten. Er kann die Verbraucher deshalb regelmäßig zu günstigeren Preisen beliefern, als sie „seine" Händler gewähren könnten.[128] Diese Umstände vermögen zwar keine konzernrechtliche Beziehung zwi-

---

126 Siehe nur Markert in I/M-GWB 2001 § 20 Rdn. 71 ff. Dieser Umstand ist in den Energiefällen typischerweise nicht gegeben, weil Energie ein homogenes Gut ist, also keine „Marke" hat, und weil die Weiterverteiler (derzeit noch) nicht in die Absatzorganisation eines Erzeugers eingebunden sind, ihre wettbewerblichen Anstrengungen nicht im Interesse eines bestimmten Erzeugers unternehmen, „ihren" Erzeuger ohne Inkaufnahme gewichtiger Wettbewerbsnachteile wechseln können und im Falle einer Durchleitung „ihres" Erzeugers keine empfindlichen Umsatzeinbußen erleiden, denn sie erhalten für die Netznutzung Durchleitungsgebühren, so dass sich ihre Netzkosten in jedem Fall amortisieren; siehe zu diesem Problemkreis: Köhler WuW 1999, 445, 446; Rottnauer BB 1999, 2145, 2149; Markert EuZW 2000, 427, 431; Baur, FS Sandrock, S. 35, 39; Börner ET 1999, 405, 408 f.; Lückenbach RdE 2000, 101, 106.

127 Nach deutscher Terminologie ist ein Händler ein Vertragshändler, wenn er fest in das Vertriebssystem des Herstellers eingegliedert ist und insbesondere Weisungen befolgen (§§ 675, 665 BGB) sowie Auskünfte erteilen (§§ 675, 666 BGB) muss; siehe dazu Karsten Schmidt, Handelsrecht, § 28 II 2. Die Kommission dagegen spricht im Falle des Alleinvertriebs vom Vertriebshändler, im Falle des selektiven Vertriebs vom Vertragshändler und im Falle einer Kombination dieser Vertriebsformen („ein Händler in einem bestimmten Gebiet") und damit in dem hier als typisch angesehenen Fall des Alleinvertriebs vom Händler; siehe dazu die Tz. 53, 161 ff., 184 ff. der Leitlinien für vertikale Beschränkungen.

128 Dies zeigt sich gerade im Fall des eingeschränkten Direktvertriebsverbots. Denn hier behält sich der Lieferant üblicherweise die Belieferung von Großverbrauchern vor, die zu günstigeren Preisen beziehen, als sie der Alleinvertriebshändler gewähren könnte; siehe dazu Wiedemann, GVO, Art. 2 GVO 1983/83 Rdn. 8. Auch im Stromsektor verhält es sich typischerweise so, dass die ausgenommenen Kunden auf einer anderen, vom Ortsversorger technisch nicht vorgehaltenen Spannungsebene zu versorgen sind oder nicht in das für die Bezugspreisoptimierung geglättete Lastprofil des Ortsversorgers hineinpassen; siehe dazu Börner ET 1999, 405, 406.

schen ihnen zu begründen,[129] schließen aber die Annahme eines Wettbewerbsverhältnisses im Sinne des § 1 GWB zwischen dem Hersteller und „seinen" Händlern aus.

Vor diesem Hintergrund wird verständlich, warum der BGH es in der Bedside-Testkartenentscheidung abgelehnt hat, die Ansicht des OLG Karlsruhe zu übernehmen, das eingeschränkte Direktvertriebsverbot beinhalte eine nach § 1 GWB zu würdigende Marktaufteilung. Während das OLG Karlsruhe ausführte:

> „Durch den Vertrag verpflichtete sich die Klägerin, neben G keine anderen Abnehmer zu beliefern; von diesem Verbot sollten jedoch die bisherigen Abnehmer der Klägerin ausgenommen sein... Hieraus wird deutlich, dass es sich bei der Klägerin nicht nur um eine der G-AG vorgelagerte Lieferantin der fraglichen Testkarten, sondern um eine Wettbewerberin handelte, die wie sie selbst derartige Testkarten an vergleichbare Abnehmer veräußerte. Der Kooperationsvertrag sah also insofern eine Marktaufteilung vor, als die Klägerin ihre bisherigen Kunden weiterbeliefern durfte, ihr aber eine Erstreckung des Absatzes auf neue Kunden versagt war,"[130]

meinte der BGH:

> „Nach § 1 GWB unwirksam sind die getroffenen Absprachen auch nicht, wie das Berufungsgericht meint, wegen einer darin enthaltenen Marktaufteilung. Eine solche hat es darin gesehen, dass der Klägerin die bei Abschluss des Vertrages bereits vorhandenen Kunden exklusiv verbleiben sollten, während ihr die Aufnahme neuer Geschäftsbeziehungen verwehrt ist. Dieser Würdigung kann nicht beigetreten werden. Durch die Absprachen wird lediglich das kartellrechtlich unbedenkliche Alleinvertriebsrecht für den Vertragspartner der Klägerin modifiziert. Eine darüber hinausgehende Veränderung der Marktverhältnisse ist damit nicht verbunden."[131]

---

129 Denn für ein konzernrechtlich relevantes Abhängigkeitsverhältnis wird üblicherweise eine gesellschaftsrechtlich vermittelte Einflussmöglichkeit verlangt; siehe dazu nur Koppensteiner in Kölner Kommentar § 15 Rdn. 50 f.

130 OLG Karlsruhe WuW/E OLG 5478, 5483 – Bedside-Testkarten.

131 BGH WuW/E BGH 3121, 3126 – Bedside-Testkarten.

und war der Ansicht, mit dem Alleinvertriebsrecht und dem Direktvertriebsverbot sei

„eine über die Ausschließlichkeitsbindung im Sinne des § 18 Abs. 1 Nr. 2 2. Alt. GWB, der von der grundsätzlichen Zulässigkeit derartiger Beschränkungen ausgeht, hinausreichende Wettbewerbsbeschränkung nicht verbunden."[132]

Bunte stellt dazu fest, der BGH habe zutreffend darauf hingewiesen, dass es nicht um eine Marktaufteilung zwischen Wettbewerbern gehe, sondern dass dem Händler nur ein eingeschränktes Alleinvertriebsrecht eingeräumt worden sei, das eben nicht für die Kunden gelte, die der Hersteller sich selbst vorbehalten habe,[133] und führt des Weiteren mit Blick auf die typischen Dualdistributionsfälle und die Bedside-Testkartenentscheidung aus:

„Unternehmen, die auf gleicher Wirtschaftsstufe tätig sind, sind nicht zwangsläufig Wettbewerber, wenn sie nicht Konkurrenzprodukte herstellen... Mit Art. 2 Abs. 4 GVO 2790/1999 ist von einer vertikalen Vereinbarung auszugehen, wenn der Lieferant zugleich Hersteller und Händler von Waren ist, der Käufer dagegen nur ein Händler, der keine mit den Vertragswaren im Wettbewerb stehenden Waren herstellt...

Hier hätte es näher gelegen, die Unternehmen nicht als potenzielle Konkurrenten auf der Vertriebsstufe anzusehen, weil insoweit eine klare Aufteilung der Kundenkreise erfolgt war und das Eindringen in die Marktstellung des anderen keine erwägenswerte oder realistische Alternative war."[134]

Und so kann es nicht überraschen, dass sich in der Literatur auch die Ansicht findet, bezüglich der gelieferten Ware, die der Abnehmer aus Kapazitäts- oder Kostengründen nicht selbst herstelle, bestehe zwischen dem Lieferanten und dem Abnehmer kein Wettbewerbsverhältnis im Sinne des § 1 GWB, obwohl sie sich grundsätzlich (Absatz dieser Art von Waren) miteinander im Wettbe-

---

132 BGH WuW/E BGH 3121, 3126 – Bedside-Testkarten.
133 Bunte WuW 1997, 857, 862; vgl. auch Bunte in L/B § 1 Rdn. 97 f., 114 f., und zwar unter ausdrücklicher Bezugnahme auf die typischen Dualdistributionsfälle und auf BGH WuW/E BGH 3115 ff. – Druckgussteile – und BGH WuW/E BGH 3121 ff. – Bedside-Testkarten, sowie Rdn. 149.
134 Bunte in L/B § 1 Rdn. 98, 115.

werb befänden, und zwar mit der Konsequenz, dass den Absatz der gelieferten Ware betreffende Vertriebs- und Preisbindungen nicht in den Anwendungsbereich des § 1 GWB fallen.[135]

Ganz anders stellt sich die Lage in den atypischen Dualdistributionsfällen dar, in denen der Händler (und ggfs. sogar der Hersteller) Konkurrenzerzeugnisse herstellt oder herstellen kann und sie an Verbraucher absetzt oder absetzen kann und/oder fremde Konkurrenzerzeugnisse vertreibt oder vertreiben kann. Dann kann das (eingeschränkte) Direktvertriebsverbot ein zwischen den Vertragsparteien auf demselben sachlich und räumlich relevanten Markt bestehendes inter brand Wettbewerbsverhältnis beim Absatz von Waren an Verbraucher beschränken. Setzt der Hersteller die Vertragswaren (und ggfs. eigene und/oder fremde Konkurrenzerzeugnisse) und der Händler (die Vertragswaren und) eigene und/oder fremde Konkurrenzerzeugnisse auf demselben räumlich relevanten Handelsmarkt an Verbraucher ab, oder können sie dies tun, so beschränkt das (eingeschränkte) Direktvertriebsverbot dieses Wettbewerbsverhältnis zu Lasten des Herstellers; es schützt den Händler mit Blick auf die eigenen und/oder fremden Konkurrenzerzeugnisse vor dem Hersteller (Absicherung der inter brand Wettbewerbsposition des Händlers auf dem räumlich relevanten Handelsmarkt). Denkbar ist nicht nur ein den gesamten räumlichen Markt betreffendes Verbot zu Lasten des Herstellers, die Vertragswaren im Wege des Direktvertriebs an Verbraucher zu liefern (Marktzutrittsverbot; ggfs. Wettbewerbsverzicht). In Betracht kommt auch lediglich eine Verpflichtung des Herstellers, die Vertragswaren nicht in bestimmten Gebieten an Verbraucher und/oder an bestimmte Verbraucher zu liefern, und damit eine einseitige und/oder – in Verbindung mit einer korrespondierenden Absatzbindung des Händlers – wechselseitige Aufteilung der Verbraucher nach räumlichen und/oder sachlichen Kriterien (Marktaufteilung).

---

135 Fritzsche, Auslegung, S. 51, und Fuchs, Kartellvertrag, S. 25; siehe auch Karsten Schmidt, Kartellverbot, S. 90, der diese Fälle als Konfliktfälle zwischen den §§ 14 ff. GWB und dem § 1 GWB ansieht.

3. Herstellungsverbot

Das Herstellungs- und Handelsverbot des Händlers verpflichtet ihn zunächst dazu, keine mit den Vertragswaren im Wettbewerb stehenden Waren herzustellen (echtes Herstellungsverbot) oder zumindest bestimmte Verbraucher und/oder Wiederverkäufer nicht mit selbst hergestellten Konkurrenzerzeugnissen zu beliefern (eingeschränktes Herstellungsverbot). § 16 Nr. 2 GWB erfasst diese Verpflichtungen (ebenso wie die damit gegebenenfalls korrespondierenden Verpflichtungen des Herstellers) als Absatzbindungen, weil sie den Händler (den Hersteller) als den gebundenen Teil darin beschränken, die selbst hergestellten Konkurrenzerzeugnisse an (bestimmte) Verbraucher und/oder Wiederverkäufer und damit andere Waren an Dritte abzugeben. Die Absatzbindungen des Händlers (ebenso wie die damit gegebenenfalls korrespondierende Absatzbindungen des Herstellers), fallen in den Anwendungsbereich des § 1 GWB, wenn sie nach der Zielsetzung der Vertragsparteien einen zwischen ihnen bestehenden Wettbewerb beschränken und in diesem Sinne horizontalen Charakter haben. Diese Voraussetzungen sind allenfalls in den atypischen Dualdistributionsfällen gegeben, in denen der Händler (und ggfs. sogar der Hersteller) Konkurrenzerzeugnisse herstellt oder herstellen kann (und sie zum Zwecke des Weiterverkaufs an Verbraucher und/oder an Verbraucher absetzt oder absetzen kann) und ggfs. zudem fremde Konkurrenzerzeugnisse vertreibt oder vertreiben kann.

In diesen Fällen kann das Herstellungsverbot ein zwischen den Vertragsparteien auf demselben sachlich und räumlich relevanten Markt bestehendes inter brand Wettbewerbsverhältnis beim Absatz von Waren zum Zwecke des Weiterverkaufs an Verbraucher (bei der Nachfrage nach Fremdvertriebsleistungen) und/oder beim Absatz von Waren an Verbraucher beschränken. Setzt der Händler selbst hergestellte Konkurrenzerzeugnisse und der Hersteller die Vertragswaren (und ggfs. selbst hergestellte Konkurrenzerzeugnisse) auf demselben räumlich relevanten Herstellermarkt zum Zwecke des Weiterverkaufs an Verbraucher ab (fragen sie auf demselben räumlich relevanten Absatzmittlermarkt Fremdvertriebsleistungen nach), oder können sie dies tun, so beschränkt das Herstellungsverbot ein beim Absatz von Waren zum Zwecke des Weiterverkaufs an Verbraucher (bei der Nachfrage nach Fremdvertriebsleistungen) bestehendes Wettbewerbsverhältnis zu Lasten des Händlers; es schützt den Hersteller mit Blick auf die Vertragswaren (und ggfs. die von ihm selbst hergestellten Konkurrenzerzeugnisse) vor dem Händler (Absicherung der inter brand Wettbewerbsposition des Herstellers auf dem räumlich relevanten Herstellermarkt). Setzt der Händler (die Vertragswaren und) eigene (und ggfs. fremde Konkurrenzerzeugnisse) und der Hersteller die Vertragswaren (und ggfs. eigene und/oder fremde Konkurrenzerzeugnisse) auf demselben räumlich relevanten Handelsmarkt an Verbraucher ab, oder können sie dies tun, so beschränkt das Herstellungsverbot ein beim Absatz von Waren an Verbraucher bestehendes Wettbewerbsverhältnis zu Lasten des Händlers; es schützt den Hersteller mit Blick auf die Vertragswaren (und ggfs. die eigenen und/oder fremden Konkurrenzerzeugnisse) vor dem Händler (Absicherung der inter brand Wettbewerbsposition bzw. Erleichterung des Marktzutritts des Herstellers auf dem räumlich relevanten Handelsmarkt).

Soweit ein einseitiges oder – in Verbindung mit einer korrespondierenden Bindung des Herstellers – wechselseitiges echtes Herstellungsverbot vereinbart ist, handelt es sich um eine einseitige oder wechselseitige horizontale Wettbewerbsbeschränkung, weil dem Händler – ebenso wie gegebenenfalls dem Hersteller – bereits die Herstellung von Konkurrenzerzeugnissen untersagt ist (aus Sicht des Händlers: Marktzutrittsverbot; aus Sicht des Herstellers: Wettbewerbsverzicht). Soweit ein einseitiges oder – in Verbindung mit einer korrespondierenden Bindung des Herstellers – wechselseitiges eingeschränktes Herstellungsverbot vereinbart ist, handelt es sich um eine einseitige oder wechselseitige Aufteilung der Wiederverkäufer und/oder Verbraucher nach räumlichen und/oder sachlichen Kriterien (Marktaufteilung), weil dem Händler – ebenso wie gegebenenfalls dem Hersteller – (zwar nicht die Herstellung, wohl aber) die Belieferung bestimmter Wiederverkäufer und/oder Verbraucher mit selbst hergestellten Konkurrenzerzeugnissen untersagt ist.[136]

---

[136] In der Literatur wird die Anwendbarkeit des § 1 GWB auf das „Verbot, dem Unternehmer selbst Konkurrenz zu machen", damit begründet, dass der „Bereich möglicher Konkurrenz" geregelt werde, siehe dazu Karsten Schmidt, Kartellverbot, S. 72 f. und Fuchs, Kartellvertrag, S. 25 f. Siehe auch Keul, Kartellverbot, S. 227 f. – Fn. 607 und – zu den Eigenerzeugungsklauseln – Lukes BB 1999, Beilage 8, S. 10. Beispiele aus der Rechtsprechung: OLG Karlsruhe WuW/E OLG 5479, 5479 – Bedside-Testkarten: „§ 9 Während der Dauer dieses Vertrages werden die Parteien weder eigene (noch Erzeugnisse Dritter) vertreiben, verkaufen oder bewerben, die als Konkurrenzerzeugnisse zum Produkt anzusehen sind … Dies gilt nicht für Konkurrenzerzeugnisse und Modifikationen solcher Erzeugnisse, welche die Vertragsparteien bereits zum Zeitpunkt des Inkrafttretens dieses Vertrages vertreiben"; BGH WuW/E BGH 1871, 1872, 1877 f. – Transportbeton-Vertrieb: „§ 1 Die Zentrale… verkauft den ihr angebotenen Transportbeton zum Absatz und Einbau in dem auf der beigefügten Karte rot umrandeten Gebiet ausschließlich an den Vertrieb. § 2 Der Vertrieb verpflichtet sich, seinen gesamten Bedarf an Transportbeton in dem unter § 1 näher beschriebenen Gebiet ausschließlich von den von der Zentrale vertretenen Werken zu beziehen… Das bedeutet, dass die" Zentrale „Transportbeton im Vertragsgebiet auch dann nicht absetzen darf (und insoweit keinen Handel im Sinne der Ausführungen des OLG betreiben darf), wenn und soweit sie Transportbeton von dritten Herstellern (Hersteller, die nicht ihre Gesellschafter sind) bezieht. Umgekehrt ist der Vertrieb verpflichtet, seinen gesamten Bedarf an Transportbeton in dem vorstehend bezeichneten Vertragsgebiet ausschließlich von den Werken zu beziehen, die dem Vertrieb angeschlossen sind. Hieraus folgt, dass der Vertrieb innerhalb des Vertragsgebiets weder Transportbeton anderer Hersteller vertreiben darf noch solchen, den sie etwa selbst herstellt… Selbst wenn mit dem OLG angenommen wird, dass einerseits die" Zentrale „berechtigt war, Beton von Drittherstellern (Beton, der nicht von ihren beiden Gesellschaftern stammt) zu beziehen und zu vertreiben, und andererseits der Vertrieb die Befugnis hatte, einen eigenen Produktionsbetrieb zu errichten, läge ein Vertrag zu einem gemeinsamen Zweck vor. Denn, wie dargelegt, waren beide Partner jedenfalls gehindert, diesen Beton im Vertragsgebiet zu vertreiben. Beide Beteiligte standen auch in einem – zumindest potenziellen – Wettbewerb um die Endabnehmer. Mit dem völligen Ausschluss des zwischen ihnen bestehenden oder möglichen Wettbewerbs im Vertragsgebiet…'" wenn und soweit man unterstellt, dass aufgrund der Bindungen weder die Zentrale noch der Vertrieb im Vertragsgebiet selbst hergestellten (und von dritten Herstellern bezogenen) „Konkurrenzbeton" absetzen durften; LG Mannheim 7 O 372/98 (Kart.), S. 3, 8 f., 14 – Stromversorgung (nicht vollständig abgedruckt unter LG Mannheim WuW/E DE-R S. 298 ff. – Stromversorgung): „Gemäß § 1 Abs. 2 dieser Verträge hat" der Weiterverteiler „den gesamten Bedarf an elektrischer Energie für ihr in § 1 Abs. 1 Nr. 1.1 näher beschriebenes Versorgungsgebiet ausschließlich aus Anlagen" des Stromerzeugers „ zu beziehen… In § 1 Abs. 3 verpflichtet sich „der Stromerzeuger, ohne ausdrückliche Zustimmung des Weiter-

4. Handelsverbot

Das Herstellungs- und Handelsverbot des Händlers verpflichtet ihn auch dazu, keine mit den Vertragswaren im Wettbewerb stehenden Waren zu vertreiben (echtes Handelsverbot) oder zumindest bestimmte Verbraucher nicht mit fremden Konkurrenzerzeugnissen zu beliefern (eingeschränktes Handelsverbot). § 16 Nr. 2 GWB erfasst das echte Handelsverbot (ebenso wie die damit gegebenenfalls korrespondierende Verpflichtung des Herstellers) als Bezugsbindung, weil sie den Händler (den Hersteller) als den gebundenen Teil darin beschränken, Konkurrenzerzeugnisse von dritten Herstellern zu beziehen und diese an Verbraucher abzuge-

---

verteilers, „außer den ausdrücklich genannten – keine Kunden im Versorgungsgebiet" des Weiterverteilers zu beliefern. „In § 1 Abs. 4 verpflichtet sich" der Weiterverteiler, „ohne ausdrückliche Zustimmung" des Stromerzeugers „mit Ausnahme der ausdrücklich genannten, keine Kunden außerhalb ihres Versorgungsgebietes zu beliefern… Die… exklusive Aufteilung der Belieferung einzelner Kunden als Letztverbraucher, sowie die Aufteilung der Versorgung ausdrücklich genannter Gebiete ausschließlich durch eine Vertragspartei… die vollständige Aufteilung des Marktes nach sachlichen und räumlichen Kriterien…" – wenn und soweit man – mit BGH WuW/E BGH S. 2247, 2249 – Wegenutzungsrecht – unterstellt, dass diese Bindungen den Stromerzeuger und den Weiterverteiler daran hindern, die gesperrten Kunden mit selbst erzeugtem „Konkurrenzstrom" (und mit von dritten Stromerzeugern bezogenem „Konkurrenzstrom") zu beliefern; siehe auch BGH KVR 28/96, S. 3, 12 und BGH KVR 29/96, S. 3 f., 14 – Verbundnetz (nicht vollständig abgedruckt unter BGH WuW/E DE-R 399 ff. – Verbundnetz): „Ferner enthält die Vereinbarung eine sogenannte Gebietsschutzregelung, nach der WIEH verpflichtet ist, die Belieferung von Kunden in einem näher bezeichneten Gebiet zu unterlassen und ferner sicherzustellen, dass die Gebietsschutzabrede auch von mit ihr verbundenen Unternehmen beachtet wird. Von dieser Abrede ausgenommen sind einzelne näher bezeichnete Abnehmer der WIEH, deren Belieferung dieser auch weiterhin freistehen soll. Das in dem Vertrag als geschützt gekennzeichnete Gebiet stimmt im Wesentlichen mit dem bis dahin von der VNG versorgten Gebiet überein", bzw. „Die Regelung in § 3 Abs. 3 des Vertrages untersagt WINGAS die direkte oder indirekte Belieferung Dritter in diesem Vertragsgebiet. Ausgenommen sind lediglich einzelne, im Vertrag namentlich aufgeführte Abnehmer" und „Die Demarkation dient dazu, die gewerblichen Tätigkeitsbereiche der Betroffenen voneinander abzugrenzen und jeweils im Interessengebiet des einen Vertragspartners eine werbende Tätigkeit des anderen um Kunden und Abnehmer auszuschließen. Durch die Vereinbarung wird mithin ein zwischen den Betroffenen ursprünglich vorhandener Wettbewerb jedenfalls eingeschränkt und weiterer Wettbewerb, insbesondere durch die Werbung von neuen Kunden durch WINGAS ausgeschlossen."

ben und damit andere Waren von Dritten zu beziehen und an Dritte abzugeben. § 16 Nr. 2 GWB erfasst das eingeschränkte Handelsverbot (ebenso wie die damit gegebenenfalls korrespondierende Verpflichtung des Herstellers) als Absatzbindung, weil sie den Händler (den Hersteller) als den gebundenen Teil darin beschränken, fremde Konkurrenzerzeugnisse an bestimmte Verbraucher abzugeben und damit andere Waren an Dritte abzugeben.[137]

Das echte Handelsverbot des Händlers (ebenso wie das damit gegebenenfalls korrespondierende echte Handelsverbot des Herstellers) fällt in den Anwendungsbereich des § 1 GWB, wenn es nach der Zielsetzung der Vertragsparteien einen zwischen ihnen bestehenden Wettbewerb beschränkt und in diesem Sinne horizontalen Charakter hat. Diese Voraussetzungen können jedenfalls in den atypischen Distributionsfällen gegeben sein, in denen der Händler und der Hersteller fremde Konkurrenzerzeugnisse vertreiben oder vertreiben können (und ggfs. zudem Konkurrenzerzeugnisse herstellen oder herstellen können und sie an Verbraucher absetzen oder absetzen können). Dann beschränkt das echte Handelsverbot unter Umständen ein zwischen den Vertragsparteien auf demselben sachlich und räumlich relevanten Markt bestehendes inter brand Wettbewerbsverhältnis bei der Nachfrage von Waren zum

---

137 Siehe zur Einordnung des echten Handelsverbotes als Bezugsbindung: KG WuW/E OLG 3254, 3255 – Gasbeton: „Bei den Verpflichtungen, den Verkauf von Gasbetonprodukten auf Y zu beschränken und sich nicht aktiv für den Verkauf im weiteren Sinne mit Y konkurrierender Baustoffe einzusetzen, handelt es sich um sog. Ausschließlichkeitsbindungen im Sinne von § 18 Abs. 1 Nr. 2 GWB: Sie beschränken die Vertragshändler darin, andere Waren von Dritten zu beziehen und an Dritte abzugeben"; BKartA WuW/E BKartA 1199, 1201, 1204, 1207 – Kraftfahrzeugpflegemittel: „Mit der Vertriebsverpflichtung ist notwendigerweise eine Verpflichtung zum Bezug verbunden ... Schon die einfache Verpflichtung, das X-Pflegeprogramm zu vertreiben, schränkt den Tankstellenpartner in seiner Freiheit ein, Produkte von Dritten zu beziehen und an Dritte abzugeben ... Da die Mineralölgesellschaften ihre Tankstellenpartner in deren Eigenschaft als Nachfrager und Anbieter beschränken..."; anders die herrschende Terminologie, die das Verbot des Absatzmittlers, keine Waren von Wettbewerbern ihres Unternehmers zu vertreiben, als Wettbewerbsverbot bezeichnet: Emmerich in I/M-GWB 1992 § 18 Rdn. 50, 78 f.; Fuchs, Kartellvertrag, S. 27 f.; Karsten Schmidt, Kartellverbot, S. 72 f.; Art. 1 lit. b Schirm-GVO und dazu Veelken in I/M-EG 2001 GFVO Rdn. 255 ff.

Zwecke des Weiterverkaufs an Verbraucher. Fragen der Hersteller und der Händler fremde Konkurrenzerzeugnisse auf demselben räumlich relevanten Nachfragemarkt des Handels zum Zwecke des Weiterverkaufs an Verbraucher nach, oder können sie dies tun, so beschränkt das echte Handelsverbot dieses Wettbewerbsverhältnis zu Lasten des Händlers; es schützt den Hersteller mit Blick auf die fremden Konkurrenzerzeugnisse vor dem Händler (Absicherung der inter brand Wettbewerbsposition bzw. Erleichterung des Marktzutritts des Herstellers auf dem räumlich relevanten Nachfragemarkt des Handels). Das einseitige oder – in Verbindung mit einer korrespondierenden Bindung des Herstellers – wechselseitige echte Handelsverbot ist eine einseitige oder wechselseitige horizontale Wettbewerbsbeschränkung, weil dem Händler – ebenso wie gegebenenfalls dem Hersteller – der Bezug fremder Konkurrenzerzeugnisse untersagt ist (aus Sicht des Händlers: Wettbewerbsverzicht; aus Sicht des Herstellers: Marktzutrittsverbot).[138]

Ist der Hersteller mithin als Wiederverkäufer anzusehen und liegt ein Wettbewerbsverhältnis zwischen dem Hersteller und dem Händler bei der Nachfrage nach von Dritten hergestellten Konkurrenzerzeugnissen zum Zwecke des Weiterverkaufs an Verbraucher vor, so trifft das als Bezugsbindung zu qualifizierende echte Handelsverbot den Händler in seiner Stellung als Wettbewerber des Herstellers auf dem Nachfragemarkt des Handels.[139] Die Frage, ob ein solches Wettbewerbsverhältnis gegeben ist, ist im Einzelfall schwer zu beurteilen. Dies belegt die Diskussion um die Entscheidung des LG Mannheim.[140] Während einige nachdrücklich darauf

---

138 Siehe zu diesen Fällen Zimmer in I/M-GWB 2001 § 1 Rdn. 182, 197 und Huber/Baums in FK § 1 Rdn. 530 ff.

139 Markert EuZW 2000, 427, 430 – Fn. 39; Lukes BB 1999, Beilage 8, S. 9; Köhler WuW 1999, 445, 453.

140 Es sei aber darauf hingewiesen, dass in den Energiefällen keine typischen Dualdistributionsfälle gegeben sind, weil Energie ein homogenes Gut ist, also keine „Marke" hat, und weil die Weiterverteiler (derzeit noch) nicht in die Absatzorganisation eines Erzeugers eingebunden sind, ihre wettbewerblichen Anstrengungen nicht im Interesse eines bestimmten Erzeugers unternehmen, „ihren" Erzeuger ohne Inkaufnahme gewichtiger Wettbewerbsnachteile wechseln können und im Falle einer Durchleitung „ihres" Erzeugers keine empfindlichen Umsatzeinbußen

hinweisen, dass EnBW auf einer ganz anderen Spannungsebene Strom nachfragt als die Stadtwerke Waldshut-Tiengen, und daraus folgern, dies schließe die Annahme aus, sie stünden auf demselben Nachfragemarkt miteinander im Wettbewerb,[141] halten andere das Vorliegen eines Wettbewerbsverhältnisses bei der Nachfrage nach Strom zwischen EnBW und den Stadtwerken Waldshut-Tiengen für unproblematisch.[142]

Das echte Handelsverbot des Händlers (ebenso wie das damit gegebenenfalls korrespondierende echte Handelsverbot des Herstellers) kann jedoch auf den ersten Blick keinen zwischen den Vertragsparteien bestehenden Wettbewerb beschränken, wenn nur der Händler, nicht aber der Hersteller fremde Konkurrenzerzeugnisse vertreibt oder vertreiben kann (und ggfs. beide Konkurrenzerzeugnisse herstellen oder herstellen können und sie an Verbraucher absetzen oder absetzen können). Selbst wenn der Händler (die Vertragswaren und) fremde (und ggfs. eigene) Konkurrenzerzeugnisse und der Hersteller die Vertragswaren (und ggfs. eigene Konkurrenzerzeugnisse) auf demselben räumlich relevanten Handelsmarkt an Verbraucher absetzen oder dies tun könnten, scheint das echte Handelsverbot nicht die Beziehungen des Händlers zu den Verbrauchern zu betreffen und sich nicht auf dieses inter brand Wettbewerbsverhältnis zu beziehen.[143] Es regelt vielmehr die Beziehungen des Händlers zu den Herstellern, die Waren zum Zwecke des Weiterverkaufs an Verbraucher absetzen oder – vice versa – Fremdvertriebsleistungen nachfragen. Es betrifft das Wettbewerbsverhalten des Händlers auf dem räumlich relevanten Nachfragemarkt des Handels, und es beschränkt ihn bei der Nach-

---

erleiden, denn sie erhalten für die Netznutzung Durchleitungsgebühren, so dass sich ihre Netzkosten in jedem Fall amortisieren; siehe zu diesem Problemkreis: Köhler WuW 1999, 445, 446; Rottnauer BB 1999, 2145, 2149; Markert EuZW 2000, 427, 431; Baur, FS Sandrock, S. 35, 39; Börner ET 1999, 405, 408 f.; Lückenbach RdE 2000, 101, 106.

141 Rottnauer BB 1999, 2145, 2149.

142 Markert EuZW 2000, 427, 430; Lukes BB 1999, Beilage 8, S. 9; Köhler WuW 1999, 445, 453.

143 Es betrifft auch nicht das Verhältnis des Händlers zu etwaigen Händlern auf einer nachgelagerten Marktstufe und damit ein möglicherweise insoweit anzunehmendes Wettbewerbsverhältnis zwischen dem Hersteller und dem Händler.

frage nach von Dritten hergestellten Waren zum Zwecke des Weiterverkaufs an Verbraucher. Vor diesem Hintergrund drängt sich der Schluss auf, dass das echte Handelsverbot des Händlers in diesen Fällen keine horizontale Wettbewerbsbeschränkung ist: Es scheint den Hersteller nicht vor Wettbewerb durch den Händler auf dem Handelsmarkt zu schützen, sondern lediglich die Marktposition des Herstellers auf dem Herstellermarkt im Verhältnis zu konkurrierenden Herstellern zu sichern, weil der Händler von ihnen nicht beziehen darf.[144] Auch das gegebenenfalls korrespondierende echte Handelsverbot des Herstellers ist dann auf den ersten Blick keine horizontale Wettbewerbsbeschränkung: Es scheint den Händler nicht vor Wettbewerb durch den Hersteller auf dem Handelsmarkt schützen zu können, weil dieser fremde Konkurrenzerzeugnisse weder bezieht noch beziehen kann.

Allerdings stellt sich die Frage, ob eine solche Interpretation des § 1 GWB sachgerecht ist. Das echte Handelsverbot beschränkt zwar zunächst einmal das Nachfrageverhalten des Händlers, und mit Blick auf den Nachfragemarkt des Handels steht er nicht mit dem Hersteller im Wettbewerb, weil dieser vertikal integriert ist und seine Waren nur auf dem Handelsmarkt an Verbraucher absetzt. Das echte Handelsverbot dient zudem in erster Linie dazu, Interessenkonflikte des Händlers zu vermeiden, und verbietet dem Händler deshalb die Beteiligung an fremdem Wettbewerb.[145] Damit ist das echte Handelsverbot jedoch noch nicht umfassend gewürdigt. Denn es beschränkt zwingend auch das Absatzverhalten des

---

144 Vgl. Fuchs, Kartellvertrag, S. 27 f., der der Ansicht ist, hinsichtlich der Beschränkung, nicht für einen Dritten tätig zu werden, fehle es, bezogen auf die konkrete Verpflichtung, an einem aktuellen oder potentiellen Wettbewerbsverhältnis, denn es gehe nicht darum, eine mögliche Konkurrenz der Vertragsbeteiligten auszuschalten, sondern darum, dass kein Dritter in den Genuss der Arbeitsleistung und der Kenntnisse des Verpflichteten komme, und Karsten Schmidt, Kartellverbot, S. 72 f., der ausführt, es fehle an einer horizontalen Wettbewerbsbeschränkung, da das Wettbewerbsverbot im Handelsvertreterrecht dem Unternehmer dazu diene, seine Marktposition gegenüber dritten Konkurrenten, nicht gegenüber dem Handelsvertreter zu behaupten, und nicht anders sehe es bei Eigenhändlern und in Franchisesystemen aus, sowie – im Ausgangspunkt – auch Keul, Kartellverbot, S. 227 f.
145 Fuchs, Kartellvertrag, S. 27 f., Karsten Schmidt, Kartellverbot, S. 72 f.

C. Die kartellrechtliche Einordnung von Alleinvertriebsvereinbarungen

gebundenen Händlers: Es verhindert, dass der Händler die Verbraucher mit fremden Konkurrenzerzeugnissen beliefert; es engt ihn auf dem Handelsmarkt im Gebrauch seiner Aktionsparameter im Wettbewerb ein. Das zunächst einmal den Nachfragemarkt des Handels betreffende echte Handelsverbot schlägt gewissermaßen auf den Absatzmarkt des Handels durch. Setzt der Händler (die Vertragswaren und) fremde (und ggfs. eigene) Konkurrenzerzeugnisse und der Hersteller die Vertragswaren (und ggfs. eigene Konkurrenzerzeugnisse) auf demselben räumlich relevanten Handelsmarkt an Verbraucher ab, oder können sie dies tun, so beeinträchtigt das echte Handelsverbot dieses beim Absatz von Waren an Verbraucher bestehende Wettbewerbsverhältnis zu Lasten des Händlers; es schützt den Hersteller mit Blick auf die Vertragswaren (und ggfs. die eigenen Konkurrenzerzeugnisse) vor dem Händler (Absicherung der inter brand Wettbewerbsposition bzw. Erleichterung des Marktzutritts des Herstellers auf dem räumlich relevanten Handelsmarkt). Das echte Handelsverbot könnte ein Verzicht auf Wettbewerb sein, weil dem Händler nicht nur der Bezug, sondern auch der Absatz fremder Konkurrenzerzeugnisse untersagt ist und sich deshalb die zunächst einmal den Nachfragemarkt des Handels betreffende Bezugsbindung auf den zwischen dem Hersteller und dem Händler auf dem Handelsmarkt bestehenden Absatzwettbewerb auswirkt; das echte Handelsverbot lässt sich dann als eine horizontale Wettbewerbsbeschränkung qualifizieren.[146]

Dieser Ansatz setzt allerdings voraus, dass man bei der Annahme einer Ausschließlichkeitsbindung zurechenbaren Wettbewerbsbeschränkung im Sinne des § 1 GWB großzügig verfährt. Es

---

146 Markert EuZW 2000, 427, 430; Keul, Kartellverbot, S. 228 f.; Lukes BB 1999, Beilage 8, S. 9; Köhler WuW 1999, 445, 453; Dörmer, Das Verhältnis von § 1 GWB zu § 18 GWB, S. 103; vgl. auch Bunte in L/B § 1 Rdn. 119, 132 und Rdn. 143, 149, der einerseits davon spricht, die Regelung beziehe sich (auch) auf das Wettbewerbsverhältnis zwischen den Vertragsbeteiligten, denn sie berühre zwar in erster Linie den Wettbewerb unter den Lieferanten, wirke sich aber mittelbar auf den Wettbewerb unter den Anbietern aus, der andererseits aber meint, Gesamtbedarfsdeckungsklauseln in Austauschverträgen zwischen Wettbewerbern würden Konkurrenten des Lieferanten den Marktzugang erschweren, was allerdings nicht zur Anwendung des § 1 führen könne, sondern nur dazu, dass eine Untersagung nach § 16 ergehen könne.

muss genügen, dass die Abrede den Gebrauch eines Wettbewerbs-parameters durch eines der beteiligten Unternehmen auf einem Markt betrifft, auf dem die beteiligten Unternehmen nicht mit-einander im Wettbewerb stehen, und lediglich wettbewerbsbe-schränkende Auswirkungen auf das Verhalten der beteiligten Un-ternehmen auf einem anderen Markt hat, auf dem sie miteinander im Wettbewerb stehen.

Die Frage nach einer engen oder weiten Zurechnung von Wettbe-werbsbeschränkungen zielt auf die Voraussetzungen, unter denen eine Abrede eine Wettbewerbsbeschränkung nach dem Wortlaut des § 1 GWB und des Art. 81 Abs. 1 EG „bezweckt oder bewirkt". Die Zurechnung ist unproblematisch in den Fällen möglich, in de-nen die Vertragsparteien mit der Abrede die Verpflichtung über-nehmen, im Rahmen ihres Wettbewerbsverhältnisses beim Einsatz ihrer Wettbewerbsparameter bestimmte Pflichten zu befolgen. Ist die Bindung des Verhaltens im Wettbewerb „Gegenstand" der Ab-rede der Parteien, „bewirkt" die Abrede eine Wettbewerbsbe-schränkung und „bezweckt" dies auch fast immer. In den Fällen, in denen die Vertragsparteien zumindest in formeller Hinsicht die Freiheit im Einsatz ihrer Wettbewerbsparameter behalten, wird ein „Bewirken" der Wettbewerbsbeschränkung angenommen, wenn die Prognose eine Sicherheit oder eine überwiegende Wahr-scheinlichkeit dafür ergibt, dass die Abrede, wenn sie durchge-führt wird, tatsächlich eine Wettbewerbsbeeinträchtigung zur Fol-ge haben wird. Die herrschende Lehre im deutschen und europäi-schen Kartellrecht legt dabei eine weite Betrachtung zugrunde. Die Spannbreite belegt einerseits die Beurteilung der Verkaufsge-meinschaften ohne Andienungspflicht und anderseits die Würdi-gung der Gruppeneffekte von Gemeinschaftsunternehmen. Im ers-ten Fall entspricht es der kaufmännischen Vernunft, dass sich die Hersteller der Verkaufsstelle für ihren gemeinsamen Absatz auch dann bedienen werden, wenn eine förmliche Pflicht, ihr Produkt ausschließlich über die Verkaufsstelle abzusetzen, nicht besteht. Im zweiten Fall entspricht es allgemeiner Erfahrung, dass in be-stimmten Konstellationen die Gründer infolge ihres Zusammen-wirkens im Gemeinschaftsunternehmen ihr Wettbewerbsverhalten auf ihren Märkten koordiniert werden.[147] Da die Unternehmen die Marktverhältnisse am besten kennen, geht die herrschende Lehre davon aus, dass sie eine mit Sicherheit oder mit überwiegender Wahrscheinlichkeit tatsächlich eintretende Wettbewerbsbeeinträchtigung in aller Regel auch bezweckt haben werden.[148] Vor diesem Hintergrund erscheint es konsequent, auch in den hier interessierenden Fällen zunächst einmal von den Nachfragemarkt des Handels (und damit kein Wettbewerbsverhältnis zwischen den Vertragsparteien) betreffenden Bezugsbindungen anzunehmen, dass sie im Sinne des § 1 GWB und des Art. 81 Abs. 1 EG Wettbewerbsbeschränkungen „bezwecken oder bewirken", weil sie sich auf den Handelsmarkt auswirken und das beim Absatz vorliegende Wettbewerbsverhältnis zwischen dem Hersteller und dem Händler beeinträchtigen.

Allerdings darf man nicht übersehen, dass der Ansatz der herrschenden Lehre sich über den Einwand hinwegsetzt, sie eröffne dem Kartellverbot „einen Anwendungsbereich von unkontrollierter Weite" und verkenne, „was im Zusammenhang des § 1 GWB sinnvollerweise als Wettbewerbsbeschränkung verstanden werden kann".[149] Im Zentrum der Kritik steht die Beurteilung der hier in-

---

147 Huber in FK § 1 n. F. Rdn. 58 ff.; Zimmer in I/M-GWB 2001 § 1 Rdn. 240 ff. Siehe zu den Verkaufsgemeinschaften ohne Andienungspflicht BGH WuW/E BGH 1367, 1372 f. – Zementverkaufsstelle Niedersachsen und Huber/Baums in FK § 1 Rdn. 154 ff. Siehe zu den Gruppeneffekten von Gemeinschaftsunternehmen Huber/Baums in FK § 1 Rdn. 226 f., 252, 256 ff., 268 ff., 281 ff., Immenga in I/M-EG 1997 Art. 3 FKVO Rdn. D 88 ff., Emmerich in I/M-EG 1997 Art. 85 Abs. 1 Rdn. B 271 ff., Gerwing, Gemeinschaftsunternehmen, 1994, S. 40 ff., 59 ff., 104 ff., 118 ff., 148 ff., 165 ff., 173 ff. und insbesondere zu den Zurechnungsfragen Gerwing, Gemeinschaftsunternehmen, S. 119 f. und Huber/Baums in FK § 1 Rdn. 252, 256, 268, 282, 284.

148 Siehe nur Emmerich, Kartellrecht, 7. Auflage 1994, S. 72 f.

149 So für die Folgetheorie bereits Huber/Baums in FK § 1 Rdn. 172 (siehe zu ihrer modifizierten Geltung im Rahmen des § 1 GWB n. F. nur Huber in FK § 1 n. F. Rdn. 66 und Bahr WuW 2000, 954, 961 ff.). Vgl. auch Zimmer in I/M-GWB 2001 § 1 Rdn. 249 („Der Begriff des Bewirkens lässt – theoretisch – eine Zurechnung aller noch so entfernten Effekte zu, die im Sinne eines Verursachungszusammenhangs auf die Vereinbarung... zurückzuführen sind. Alle Folgen, die bei Hinwegdenken der Vereinbarung... entfielen, sind in einem weiten Sinne des Begriffs von dieser Maßnahme bewirkt. Gründe der Rechtsstaatlichkeit verbieten aber eine so weitreichende Anwendung des Verbotstatbestandes") und Rdn. 253.

teressierenden marktübergreifenden Fälle, in denen die Abrede den Gebrauch eines Wettbewerbsparameters durch eines der beteiligten Unternehmen auf einem Markt betrifft, auf dem die beteiligten Unternehmen nicht miteinander im Wettbewerb stehen, und lediglich wettbewerbsbeschränkende Auswirkungen auf das Verhalten der beteiligten Unternehmen auf einem Markt hat, auf dem sie miteinander im Wettbewerb stehen.

Dabei stand bisher die Beurteilung der Gruppeneffekte von Gemeinschaftsunternehmen im Vordergrund. Der marktübergreifende Fall stellt sich so dar, dass die Gründer auf einem Markt, auf dem sie weder als aktuelle noch als potenzielle Wettbewerber anzusehen sind, ein Gemeinschaftsunternehmen errichten, das wettbewerbsbeschränkende Auswirkungen auf das Wettbewerbsverhalten der Gründer auf sachlich oder räumlich angrenzenden Märkten oder auf vor- oder nachgelagerten Marktstufen hat. Wie die herrschende Lehre im deutschen und europäischen Kartellrecht fasst auch die Kommission „bezwecken oder bewirken" in Art. 81 Abs. 1 EG ganz weit. Sie stuft die Wettbewerbsbeeinträchtigungen zwischen den Gründern aufgrund wettbewerbsbeschränkender Auswirkungen des Gemeinschaftsunternehmens als der Gründungsvereinbarung zurechenbare Wettbewerbsbeschränkungen im Sinne des Art. 81 Abs. 1 EG ein, wenn „durch den Vertrag über die Gründung des Gemeinschaftsunternehmens oder durch dessen Existenz oder Tätigkeit das Wettbewerbsverhalten der Gründer beeinflusst wird".[150] Gegen diesen Ansatz wird eingewendet, er erlaube keine Differenzierung danach, welcher Art die wettbewerbsbeschränkenden Auswirkungen des Gemeinschaftsunternehmens seien und aus welchen Gründen sie eine Wettbewerbsbeeinträchtigung zwischen den Gründern hervorrufen würden.[151] Ein Gemeinschaftsunternehmen könne aufgrund einer einvernehmlichen Verständigung der Gründer dazu dienen, ihr Wettbewerbsverhalten abzustimmen, aber es könne auch jeder Gründer

---

150 Bekanntmachung der Kommission über Konzentrations- und Kooperationstatbestände nach der Verordnung (EWG) Nr. 4064/89 des Rates vom 21. Dezember 1989 über die Kontrolle von Unternehmenszusammenschlüssen, ABl. EG 1990 Nr. C 203, S. 10 ff. – Tz. 20.

151 Gerwing, Gemeinschaftsunternehmen, S. 119 f.

seine Entscheidungen eigenständig an die für das Gemeinschafts-unternehmen gemeinsam getroffenen Entscheidungen anpassen, weil er das aufgrund der strukturellen Gegebenheiten des Marktes für wirtschaftlich vernünftig halte. Im ersten Fall liege eine der Gründungsvereinbarung des Gemeinschaftsunternehmens zure-chenbare Koordinierung des Wettbewerbsverhaltens der Gründer vor, da das durch marktstrukturelle Gegebenheiten nicht einge-schränkte und damit das gewillkürte wettbewerbserhebliche Ver-halten der Gründer durch die Gründungsvereinbarung für die Zu-kunft festgelegt oder beeinflusst werde. Im zweiten Fall sei dage-gen ein bewusstes autonomes Parallelverhalten der Gründer auf-grund marktstruktureller Gegebenheiten gegeben, weil die Grün-der durch die Gründung des Gemeinschaftsunternehmens die strukturellen Voraussetzungen künftigen Wettbewerbs ändern würden und die Wettbewerbsbeeinträchtigung durch die Existenz des Gemeinschaftsunternehmens und aufgrund weiterer markt-struktureller Gegebenheiten gewissermaßen automatisch und zwangsläufig eintrete. Es handele sich um Wettbewerbsbeein-trächtigungen, die nicht auf eine gewillkürte Beschränkung des Wettbewerbsverhaltens der Gründer zurückzuführen seien und deshalb auch nicht der Gründungsvereinbarung als rechtsge-schäftlichem Handeln zuzurechnen seien. Sie beruhten vielmehr auf einer wettbewerbsgestörten Marktstruktur und träten daher kraft eines marktstrukturellen Zustands ohne Wettbewerb ein. Diese Wettbewerbsbeeinträchtigungen zwischen den Gründern aufgrund wettbewerbsbeschränkender Auswirkungen des Ge-meinschaftsunternehmens seien daher nicht als der Gründungs-vereinbarung zurechenbare Wettbewerbsbeschränkungen im Sin-ne des Art. 81 Abs. 1 EG anzusehen – und zwar ohne dass es da-rauf ankomme, ob die tatsächlichen Auswirkungen, die von der Gründung des Gemeinschaftsunternehmens auf das Wettbewerbs-verhalten der Gründer ausgehen, von diesen geradezu bezweckt oder nur einfach hingenommen würden.[152] Diese Ansicht nimmt die marktübergreifenden Wettbewerbsbeeinträchtigungen, die auf

---

152 Huber/Baums in FK § 1 Rdn. 264, 266 f.; Huber in Huber/Börner, Gemeinschafts-unternehmen, S. 18 ff., 85 ff.; Gerwing, Gemeinschaftsunternehmen, S. 104 f., 119 f.

Veränderungen der Struktur von Unternehmen und Märkten beruhen, aus dem Anwendungsbereich des Kartellverbots heraus, berücksichtigt den Strukturbezug der Fusionskontrolle und zieht eine klare Grenze zwischen dem Anwendungsbereich der Struktur- und der Verhaltenskontrolle: Die Fusionskontrolle soll die strukturellen Veränderungen der Wettbewerbsbedingungen erfassen, die geeignet sind, den Wettbewerb im Verhältnis der beteiligten Unternehmen auf Dauer zum Erliegen zu bringen, während sich das Kartellverbot gegen willkürliches Verhalten der Unternehmen richtet.[153] Diese Ansicht trägt zudem dem Schutzzweck des Art. 81 Abs. 1 EG besser Rechnung als die herrschende Lehre: Art. 81 Abs. 1 EG ist (selbst nach Ansicht der Kommission) nur „anwendbar, wenn die Vereinbarung keine definitive Änderung der Eigentumsverhältnisse, sondern eine Koordinierung des Marktverhaltens wirtschaftlich selbständig bleibender Unternehmen zum Gegenstand hat".[154]

In jüngster Zeit geraten nun die zunächst einmal den Nachfragemarkt des Handels und damit kein Wettbewerbsverhältnis zwischen den Vertragsparteien betreffenden Bezugsbindungen ins Blickfeld, weil sie sich auf den Handelsmarkt auswirken und das beim Absatz vorliegende Wettbewerbsverhältnis zwischen dem Hersteller und dem Händler beeinträchtigen.[155] Gegen die These, dass die Wettbewerbsbeeinträchtigung zwischen dem Hersteller und dem Händler auf dem Absatzmarkt als eine der Bezugsbin-

---

153 Veelken in I/M-GWB 2001 § 36 Rdn. 105, 154; Immenga in I/M-EG 1997 Art. 2 FKVO Rdn. 203 ff., 210 ff.; Huber/Baums in FK § 1 Rdn. 226, 264, 266.
154 Kommission, Denkschrift, Tz. 15.
155 Markert EuZW 2000, 427, 430; Keul, Kartellverbot, S. 228 f.; Lukes BB 1999, Beilage 8, S. 9; Köhler WuW 1999, 445, 453; Dörmer, Das Verhältnis von § 1 GWB zu § 18 GWB, S. 103; vgl. auch Bunte in L/B § 1 Rdn. 119, 132 und Rdn. 143, 149, der einerseits davon spricht, die Regelung beziehe sich (auch) auf das Wettbewerbsverhältnis zwischen den Vertragsbeteiligten, denn sie berühre zwar in erster Linie den Wettbewerb unter den Lieferanten, wirke sich aber mittelbar auf den Wettbewerb unter den Anbietern aus, der andererseits aber meint, Gesamtbedarfsdeckungsklauseln in Austauschverträgen zwischen Wettbewerbern würden Konkurrenten des Lieferanten den Marktzugang erschweren, was allerdings nicht zur Anwendung des § 1 führen könne, sondern nur dazu, dass eine Untersagung nach § 16 ergehen könne.

dung zurechenbare Wettbewerbsbeschränkung im Sinne des § 1 GWB einzustufen ist, wird eingewendet, damit werde die im GWB angelegte systematische Trennung zwischen horizontalen und vertikalen Wettbewerbsbeschränkungen aufgehoben. Bezugsbindungen unterfielen „als rein vertikale Vereinbarungen" ausschließlich dem § 16 GWB. Und allein dieses Ergebnis decke sich mit der Rechtsprechung des BGH, der § 1 GWB auf Gesamtbedarfsdeckungsklauseln bislang für nicht anwendbar gehalten habe.[156] Diese Ansicht nimmt die marktübergreifenden Wettbewerbsbeeinträchtigungen, die auf Beschränkungen des Wettbewerbsverhaltens des gebundenen Unternehmens ausschließlich im Verhältnis zu seinen Wettbewerbern beruhen, aus dem Anwendungsbereich des Kartellverbots heraus, berücksichtigt den Vertikalbezug des § 16 GWB und zieht eine klare Grenze zwischen dem Anwendungsbereich des § 1 GWB und des § 16 GWB: Das Kartellverbot soll die Beeinträchtigung der Auswahlmöglichkeiten der Angehörigen der gemeinsamen Marktgegenseite auf dem unmittelbar betroffenen Markt und § 16 GWB soll im Fall der Ausschließlichkeitsbindungen jedenfalls die Beschränkungen des Marktzutritts für die Wettbewerber des bindenden Unternehmen auf der unmittelbar betroffenen Wirtschaftsstufe erfassen, auf der ihnen durch die Ausschließlichkeitsbindungen die Absatzwege oder die Versorgungsmöglichkeiten verstopft werden.[157] Diese Ansicht trägt zudem dem Schutzzweck des § 1 GWB und des § 16 GWB besser Rechnung als die herrschende Lehre, weil § 1 GWB die „durchschlagende Wirkung" von Kartellvereinbarungen und § 16 GWB die „durchschlagende Wirkung" von Bezugsbindungen erfasst und beide Vorschriften damit den Wettbewerb auf mittelbar betroffenen Märkten vor Beeinträchtigungen schützen: Die Prüfung der spürbaren Beeinträchtigung des Wettbewerbs nach § 1 GWB beschränkt sich nach einer allerdings umstrittenen Ansicht

---

156 Scholz RdE 1998, 209, 215. Kritisch auch Salje ET 1999, 768, 770 f.; Scholz RdE 1998, 209, 215; Rottnauer BB 1999, 2145, 2149; Wellenhofer-Klein WuW 1999, 557, 565; Raabe ET 2000, 770, 772.

157 Huber/Baums in FK § 1 Rdn. 18 ff., 373 ff.; Huber in FK § 1 n. F. Rdn. 49, 50 f.; Immenga in I/M-GWB 1992 § 1 Rdn. 328 ff.; Emmerich in I/M-GWB 1992 § 18 Rdn. 195 ff., 26 ff., 6 ff.

nicht auf die unmittelbar betroffenen Märkte, auf denen möglicherweise die Auswahlmöglichkeiten der Angehörigen der gemeinsamen Marktgegenseite verringert werden, sondern erstreckt sich auch auf die mittelbar betroffenen Märkte, auf denen die Handlungsmöglichkeiten Dritter beeinträchtigt werden können.[158] § 16 GWB schützt den Wettbewerb als Institution auf sämtlichen Märkten, auf denen sich die Ausschließlichkeitsbindungen unmittelbar oder mittelbar als Verschlechterung der Absatz- oder Versorgungsmöglichkeiten und damit als Marktzutrittsschranken für die geschützten Unternehmen auswirken können. Dies sind ganz unstreitig nicht nur die unmittelbar betroffenen Wirtschaftsstufen, auf denen den aktuellen oder potenziellen Wettbewerbern des bindenden Unternehmens die Absatzwege oder die Versorgungsmöglichkeiten verstopft werden, sondern auch die mittelbar betroffenen Wirtschaftsstufen, auf denen die Auswahlmöglichkeiten der Verbraucher beeinträchtigt werden können.[159]

Das eingeschränkte Handelsverbot des Händlers (ebenso wie das damit gegebenenfalls korrespondierende eingeschränkte Handelsverbot des Herstellers) beschränkt nach der Zielsetzung der Vertragsparteien einen zwischen ihnen bestehenden Wettbewerb allenfalls in den atypischen Dualdistributionsfällen, in denen der Händler (und ggfs. sogar der Hersteller) fremde Konkurrenzerzeugnisse vertreibt oder vertreiben kann (und ggfs. zudem Konkurrenzerzeugnisse herstellt oder herstellen kann und sie an Verbraucher absetzt oder absetzen kann). Dann kann das eingeschränkte Handelsverbot unter Umständen ein zwischen den Ver-

---

158 BGH ZIP 1998, 876, 880 f. – Carpartner und dazu Huber in FK § 1 n. F. Rdn. 51; Zimmer in I/M-GWB 2001 § 1 Rdn. 180; Bahr WuW 2000, 954, 957 f.; Bunte in L/B § 1 Rdn. 92, 94, 95, 117, 133 und bereits NJW 1999, 93 94 f.; Emmerich in I/M-GWB 2001 § 16 Rdn. 19 und Kartellrecht, S. 34; Kahlenberg BB 1593, 1594; siehe auch Huber/Baums in FK § 1 Rdn. 389 mit dem Beispiel, dass Großhändler eine Wettbewerbsabsprache hinsichtlich ihres Angebots treffen, die nicht nur Auswirkungen auf die unmittelbar betroffenen Einzelhändler, sondern auch auf die mittelbar betroffenen Kunden der Einzelhändler hat – ein ähnliches Beispiel findet sich bei Immenga in I/M-GWB 1992 Rdn. 333.

159 Emmerich in I/M-GWB 1992 § 18 Rdn. 218 ff.; BGH WuW/E BGH 2668, 2671 f. – Pauschalreiseveranstalter; BGH WuW/E DE-R 89, 93 f. – Selektive Exklusivität; BKartA WuW/E BKartA 1199, 1207, 1209 f. – Kraftfahrzeugpflegemittel.

tragsparteien auf demselben sachlich und räumlich relevanten Markt bestehendes inter brand Wettbewerbsverhältnis beschränken. Setzt der Händler (die Vertragswaren und) fremde (und ggfs. eigene) Konkurrenzerzeugnisse und der Hersteller die Vertragswaren (und ggfs. eigene und/oder fremde Konkurrenzerzeugnisse) auf demselben sachlich und räumlich relevanten Handelsmarkt an Verbraucher ab, oder können sie dies tun, so beschränkt das eingeschränkte Handelsverbot dieses Wettbewerbsverhältnis zu Lasten des Händlers; es schützt den Hersteller mit Blick auf die Vertragswaren (und ggfs. die eigenen und/oder fremden Konkurrenzerzeugnisse) vor dem Händler (Absicherung der inter brand Wettbewerbsposition bzw. Erleichterung des Marktzutritts des Herstellers auf dem räumlich relevanten Handelsmarkt). Das einseitige oder – in Verbindung mit einer korrespondierenden Bindung des Herstellers – wechselseitige eingeschränkte Handelsverbot ist eine einseitige oder wechselseitige Aufteilung der Verbraucher nach räumlichen und/oder sachlichen Kriterien (Marktaufteilung), weil dem Händler – ebenso wie gegebenenfalls dem Hersteller – (zwar nicht der Bezug, wohl aber) die Belieferung bestimmter Verbraucher mit fremden Konkurrenzerzeugnissen untersagt ist.[160]

---

160 Beispiele aus der Rechtsprechung: OLG Karlsruhe WuW/E OLG 5479, 5479 – Bedside-Testkarten: „§ 9 Während der Dauer dieses Vertrages werden die Parteien (weder eigene) noch Erzeugnisse Dritter vertreiben, verkaufen oder bewerben, die als Konkurrenzerzeugnisse zum Produkt anzusehen sind … Dies gilt nicht für Konkurrenzerzeugnisse und Modifikationen solcher Erzeugnisse, welche die Vertragsparteien bereits zum Zeitpunkt des Inkrafttretens dieses Vertrages vertreiben"; BGH WuW/E BGH 1871, 1872, 1877 f. – Transportbeton-Vertrieb: „§ 1 Die Zentrale verkauft den ihr angebotenen Transportbeton zum Absatz und Einbau in dem auf der beigefügten Karte rot umrandeten Gebiet ausschließlich an den Vertrieb. § 2 Der Vertrieb verpflichtet sich, seinen gesamten Bedarf an Transportbeton in dem unter § 1 näher beschriebenen Gebiet ausschließlich von den von der Zentrale vertretenen Werken zu beziehen… Das bedeutet, dass die" Zentrale „Transportbeton im Vertragsgebiet auch dann nicht absetzen darf (und insoweit keinen Handel im Sinne der Ausführungen des OLG betreiben darf), wenn und soweit sie Transportbeton von dritten Herstellern (Hersteller, die nicht ihre Gesellschafter sind) bezieht. Umgekehrt ist der Vertrieb verpflichtet, seinen gesamten Bedarf an Transportbeton in dem vorstehend bezeichneten Vertragsgebiet ausschließlich von den Werken zu beziehen, die dem Vertrieb angeschlossen sind. Hieraus folgt, dass der Vertrieb innerhalb des Vertragsgebiets weder Transportbeton anderer Hersteller vertreiben darf noch solchen, den sie etwa selbst herstellt…

Selbst wenn mit dem OLG angenommen wird, dass einerseits die" Zentrale „berechtigt war, Beton von Drittherstellern (Beton, der nicht von ihren beiden Gesellschaftern stammt) zu beziehen und zu vertreiben, und andererseits der Vertrieb die Befugnis hatte, einen eigenen Produktionsbetrieb zu errichten, läge ein Vertrag zu einem gemeinsamen Zweck vor. Denn, wie dargelegt, waren beide Partner jedenfalls gehindert, diesen Beton im Vertragsgebiet zu vertreiben. Beide Beteiligte standen auch in einem – zumindest potenziellen – Wettbewerb um die Endabnehmer. Mit dem völligen Ausschluss des zwischen ihnen bestehenden oder möglichen Wettbewerbs im Vertragsgebiet…" – wenn und soweit man unterstellt, dass aufgrund der Bindungen weder die Zentrale noch der Vertrieb im Vertragsgebiet von dritten Herstellern bezogenen (und selbst hergestellten) „Konkurrenzbeton" absetzen durften; LG Mannheim 7 O 372/98 (Kart.), S. 3, 8 f., 14 – Stromversorgung (nicht vollständig abgedruckt unter LG Mannheim WuW/E DE-R S. 298 ff. – Stromversorgung): „Gemäß § 1 Abs. 2 dieser Verträge hat" der Weiterverteiler „den gesamten Bedarf an elektrischer Energie für ihr in § 1 Abs. 1 Nr. 1.1 näher beschriebenes Versorgungsgebiet ausschließlich aus Anlagen" des Stromerzeugers „ zu beziehen… In § 1 Abs. 3 verpflichtet sich „der Stromerzeuger, ohne ausdrückliche Zustimmung des Weiterverteilers, außer den ausdrücklich genannten – keine Kunden im Versorgungsgebiet" des Weiterverteilers zu beliefern. „In § 1 Abs. 4 verpflichtet sich" der Weiterverteiler, „ohne ausdrückliche Zustimmung" des Stromerzeugers „mit Ausnahme der ausdrücklich genannten, keine Kunden außerhalb ihres Versorgungsgebietes zu beliefern… Die… exklusive Aufteilung der Belieferung einzelner Kunden als Letztverbraucher, sowie die Aufteilung der Versorgung ausdrücklich genannter Gebiete ausschließlich durch eine Vertragspartei… die vollständige Aufteilung des Marktes nach sachlichen und räumlichen Kriterien…" – wenn und soweit man – mit BGH WuW/E BGH S. 2247, 2249 – Wegenutzungsrecht – unterstellt, dass diese Bindungen den Stromerzeuger und den Weiterverteiler daran hindern, die gesperrten Kunden mit von dritten Stromerzeugern bezogenem „Konkurrenzstrom" (und mit selbst erzeugtem „Konkurrenzstrom" zu beliefern; siehe auch BGH KVR 28/96, S. 3, 12 und BGH KVR 29/96, S. 3 f., 14 – Verbundnetz (nicht vollständig abgedruckt unter BGH WuW/E DE-R 399 ff. – Verbundnetz): „Ferner enthält die Vereinbarung eine sogenannte Gebietsschutzregelung, nach der WIEH verpflichtet ist, die Belieferung von Kunden in einem näher bezeichneten Gebiet zu unterlassen und ferner sicherzustellen, dass die Gebietsschutzabrede auch von mit ihr verbundenen Unternehmen beachtet wird. Von dieser Abrede ausgenommen sind einzelne näher bezeichnete Abnehmer der WIEH, deren Belieferung dieser auch weiterhin freistehen soll. Das in dem Vertrag als geschützt gekennzeichnete Gebiet stimmt im Wesentlichen mit dem bis dahin von der VNG versorgten Gebiet überein" bzw. „Die Regelung in § 3 Abs. 3 des Vertrages untersagt WINGAS die direkte oder indirekte Belieferung Dritter in diesem Vertragsgebiet. Ausgenommen sind lediglich einzelne, im Vertrag namentlich aufgeführte Abnehmer" und „Die Demarkation dient dazu, die gewerblichen Tätigkeitsbereiche der Betroffenen voneinander abzugrenzen und jeweils im Interessengebiet des einen Vertragspartners eine werbende Tätigkeit des anderen um Kunden und Abnehmer auszuschließen. Durch

5. Alleinbezugspflicht

Die Alleinbezugspflicht des Händlers verpflichtet ihn dazu, Vertragswaren zum Zwecke des Weiterverkaufs nur von dem Hersteller zu beziehen. § 16 Nr. 2 GWB erfasst diese Verpflichtung als Bezugsbindung, weil sie den Händler als den gebundenen Teil darin beschränkt, Vertragswaren von anderen systemangehörigen Händlern zu beziehen und an Verbraucher abzugeben und damit andere Waren von Dritten zu beziehen und an Dritte abzugeben. Diese Bezugsbindung des Händlers fällt in den Anwendungsbereich des § 1 GWB, wenn sie nach der Zielsetzung der Vertragsparteien einen zwischen ihnen bestehenden Wettbewerb beschränkt. Dies ist auf den ersten Blick in den typischen Dualdistributionsfällen ausgeschlossen, weil die Alleinbezugspflicht keinen zwischen den Vertragsparteien bestehenden Wettbewerb beschränken zu können scheint. Selbst wenn der Händler und der Hersteller die Vertragswaren auf demselben räumlich relevanten Handelsmarkt an Verbraucher absetzen oder dies tun können, scheint die Alleinbezugspflicht nicht die Beziehungen des Händlers zu den Verbrauchern zu betreffen und sich nicht auf dieses möglicherweise anzunehmende Wettbewerbsverhältnis zu beziehen. Sie regelt vielmehr die Beziehungen des Händlers zu den anderen systemangehörigen Händlern und beschränkt den Händler darin, bei ihnen Vertragswaren zum Zwecke des Weiterverkaufs an Verbraucher nachzufragen. Der Hersteller bewegt sich typischerweise nicht auf diesem Querlieferungsmarkt, da er bei seinen Händlern keine Vertragswaren zum Zwecke des Weiterverkaufs an Verbraucher nachfragt. Vor diesem Hintergrund drängt sich der Schluss auf, dass die Alleinbezugspflicht keine horizontale Wettbewerbsbeschränkung ist: Sie scheint den Hersteller nicht vor Wettbewerb durch den Händler auf dem Handelsmarkt zu schützen, sondern lediglich den intra brand Wettbewerb unter den systemangehörigen Händlern zu erschweren.[161]

---

die Vereinbarung wird mithin ein zwischen den Betroffenen ursprünglich vorhandener Wettbewerb jedenfalls eingeschränkt und weiterer Wettbewerb, insbesondere durch die Werbung von neuen Kunden durch WINGAS ausgeschlossen."

Allerdings stellt sich die Frage, ob eine solche Interpretation des § 1 GWB sachgerecht ist. Die Alleinbezugspflicht beschränkt zwar zunächst einmal das Nachfrageverhalten des Händlers auf dem Querlieferungsmarkt, und auf diesem Markt steht er nicht mit dem Hersteller im Wettbewerb, weil dieser vertikal integriert ist und die Vertragswaren nur auf dem Handelsmarkt an Verbraucher oder auf dem Herstellermarkt zum Zwecke des Weiterverkaufs an Verbraucher absetzt. Die Alleinbezugspflicht dient zudem in erster Linie dazu, das unterschiedliche Preisniveau für Vertragswaren in den verschiedenen Mitgliedstaaten aufrechtzuerhalten; der Hersteller kann die Abgabepreise für Vertragswaren unterschiedlich gestalten, ohne Gefahr zu laufen, dass die systemangehörigen Händler im Wege der Querlieferung diese Preisunterschiede nivellieren. Damit ist die Alleinbezugspflicht jedoch noch nicht umfassend gewürdigt. Denn sie beschränkt zwingend auch das Absatzverhalten des gebundenen Händlers: Sie verhindert, dass der Händler sich das unterschiedliche Preisniveau für Vertragswaren in den Mitgliedstaaten zunutze macht, um sich die Vertragswaren zu einem günstigerem Preis als zu seinem eigenen nationalen Herstellerabgabepreis zu beschaffen und sich dadurch auf dem Handelsmarkt einen Wettbewerbsvorsprung zu verschaffen. Die zunächst einmal den Querlieferungsmarkt betreffende Alleinbezugspflicht schlägt gewissermaßen auf den Absatzmarkt des Handels durch. Setzen der Hersteller und der Händler die Vertragswaren auf demselben räumlich relevanten Handelsmarkt an Verbraucher ab, oder können sie dies tun, so ist die Annahme naheliegend, dass die Alleinbezugspflicht ein Wettbewerbsverhältnis zu Lasten des Händlers beeinträchtigt; sie scheint den Hersteller mit Blick auf die Vertragswaren vor dem Händler zu schützen (Absicherung der Position bzw. Erleichterung des Marktzutritts des Herstellers im intra brand Wettbewerb auf dem räumlich relevanten Handelsmarkt). Die Alleinbezugspflicht könnte ein Verzicht auf Wettbewerb sein, weil dem Händler nicht nur der Bezug, sondern auch

---

161 Veelken in I/M-EG 1997 GFVO Rdn. B 23, 44; siehe auch Tz. 172 der Leitlinien für vertikale Beschränkungen. Vgl. zu diesem Ausgangspunkt auch Keul, Kartellverbot, S. 223 f.

der Absatz der von anderen systemangehörigen Händlern bezogenen Vertragswaren untersagt ist und sich deshalb die zunächst einmal den Nachfragemarkt des Handels betreffende Bezugsbindung
auf ein möglicherweise anzunehmendes Wettbewerbsverhältnis
zwischen dem Hersteller und dem Händler auf dem Handelsmarkt
(Absatzwettbewerb) auswirkt; das echte Handelsverbot scheint
sich dann als horizontale Wettbewerbsbeschränkung qualifizieren
zu lassen.[162]

Dieser Ansatz begegnet mit Blick auf die Annahme eines Wettbewerbsverhältnisses im Sinne des § 1 GWB und die Annahme
einer der Ausschließlichkeitsbindung zurechenbaren Wettbewerbsbeschränkung im Sinne des § 1 GWB Bedenken. Die Annahme eines potenziellen Wettbewerbs des Herstellers ist bestenfalls gerechtfertigt, wenn der Eintritt in einen bestimmten oder
mehrere bestimmte der räumlich relevanten Handelsmärkte in absehbarer Zeit konkret wahrscheinlich ist, und die Bereitschaft zum
Markteintritt fehlt typischerweise, weil eine zusätzliche eigene
Tätigkeit auf einem oder mehreren der räumlich relevanten Handelsmärkte für den Hersteller regelmäßig bei Berücksichtigung
aller objektiven Umstände nicht den Gründen wirtschaftlicher
Vernunft entspricht. Zudem setzt ein Wettbewerbsverhältnis im
Sinne des § 1 GWB voraus, dass die Vertragsparteien im Verhältnis zueinander über wirtschaftliche Handlungsfreiheiten verfügen
und deshalb im Verhältnis zueinander gegenläufige Wirtschaftspläne und widerstreitende Eigeninteressen verfolgen können, und
die wirtschaftliche Abhängigkeit der Händler und die Leitung des
Vertriebssystems durch den Hersteller schließen die Annahme
eines solchen Wettbewerbsverhältnisses zwischen dem Hersteller
und „seinen" Händlern aus. Schließlich spricht gegen die Annahme einer der Ausschließlichkeitsbindung zurechenbaren Wettbewerbsbeschränkung im Sinne des § 1 GWB, dass die Abrede den
Gebrauch eines Wettbewerbsparameters durch eines der beteiligten Unternehmen auf einem Markt betrifft, auf dem die beteiligten
Unternehmen nicht miteinander im Wettbewerb stehen, und ledig-

---

162 Vgl. auch Keul, Kartellverbot, S. 224 ff.

lich wettbewerbsbeschränkende Auswirkungen auf das Verhalten der beteiligten Unternehmen auf einem anderen Markt hat, auf dem sie miteinander im Wettbewerb stehen.[163]

III. Die neue Rechtsauffassung der Kommission zu Art. 81 EG

Die Kommission hat in Art. 2 Abs. 1 Schirm-GVO festgelegt, was sie unter einer vertikalen Vereinbarung und unter einer vertikalen Beschränkung versteht: Vereinbarungen oder aufeinander abgestimmte Verhaltensweisen zwischen zwei oder mehr Unternehmen, von denen jedes zwecks Durchführung der Vereinbarung auf einer unterschiedlichen Produktions- oder Vertriebsstufe tätig ist, und welche die Bedingungen betreffen, zu denen die Parteien bestimmte Waren oder Dienstleistungen beziehen, verkaufen oder weiterverkaufen können, werden als vertikale Vereinbarungen eingeordnet. Soweit diese Vereinbarungen Wettbewerbsbeschränkungen enthalten, die unter Art. 81 Abs. 1 fallen, werden diese Wettbewerbsbeschränkungen als vertikale Beschränkungen angesehen. Und sie hat in den Leitlinien über horizontale Zusammenarbeit festgelegt, was sie unter einer horizontalen Vereinbarung und unter einer horizontalen Beschränkung versteht: Vereinbarungen oder aufeinander abgestimmte Verhaltensweisen zwischen zwei oder mehr Unternehmen, die auf derselben Marktstufe tätig sind (Tz. 9), werden als horizontale Vereinbarungen (Tz. 8, 10 f., 16), als horizontale Kooperationsvereinbarungen (Tz. 16, 17, 19) oder als horizontale Zusammenarbeit bzw. Zusammenarbeit zwischen Wettbewerbern (Tz. 1 ff. bzw. 9, 24, 139) eingestuft. Die Einschränkung des Wettbewerbs zwischen den Beteiligten bzw. die Koordinierung des Wettbewerbsverhaltens der Vertragspartner wird als Wettbewerbsbeschränkung betrachtet, wenn sie nach Art. 81 Abs. 1 EG tatbestandsmäßig ist (Tz. 17 ff., 24),[164] aller-

---

163 Siehe zu diesen Problemen bereits ausführlich oben S. 66 f. und S. 85 ff.

164 Tz. 19 der Leitlinien über horizontale Zusammenarbeit: „Viele horizontale Kooperationsvereinbarungen bezwecken jedoch keine Wettbewerbsbeschränkung, weshalb deren Wirkungen untersucht werden müssen. Für eine solche Analyse

dings nur in der Tz. 100 der Leitlinien für vertikale Beschränkungen ausdrücklich als horizontale Beschränkung bezeichnet. Die Kommission geht zudem in Art. 2 Abs. 4 Schirm-GVO, den Leitlinien für vertikale Beschränkungen (Tz. 26 f.) und den Leitlinien über horizontale Zusammenarbeit (Tz. 11, 140) davon aus, dass es vertikale Vereinbarungen zwischen Wettbewerbern gibt, und unterwirft sie in bestimmten Fällen einer Zweistufenanalyse (Tz. 117 der Leitlinien über horizontale Zusammenarbeit) nach den Leitlinien über horizontale Zusammenarbeit und den Leitlinien für vertikale Beschränkungen:

„Vereinbarungen zwischen Unternehmen, die auf unterschiedlichen Ebenen der Produktions- oder Vertriebskette tätig sind, d. h. vertikale Vereinbarungen, sind grundsätzlich von diesen Leitlinien ausgenommen und werden in der Verordnung (EG) Nr. 2790... und den Leitlinien für vertikale Beschränkungen behandelt. Werden aber vertikale Vereinbarungen, z. B. Vertriebsvereinbarungen zwischen Wettbewerbern geschlossen, so können ihre Wirkungen im Markt und etwaige Wettbewerbsprobleme mit solchen von horizontalen Vereinbarungen vergleichbar sein. Deshalb müssen diese Vereinbarungen gemäß den Grundsätzen der vorliegenden Leitlinien gewürdigt werden, was die ergänzende Anwendung der Leitlinien über vertikale Beschränkungen nicht ausschließt, um die in den betreffenden Vereinbarungen enthaltenen vertikalen Beschränkungen zu ermitteln."[165]

„Vertikale Vereinbarungen ,zwischen Wettbewerbern' sind nach Art. 2 Abs. 4 Gruppenfreistellungsverordnung ausdrücklich von der Freistellung ausgeschlossen. Sie sind, was mögliche Kollusionswirkungen betrifft, Gegenstand der demnächst erscheinenden Leitlinien zur Anwendbarkeit des Artikels 81 auf Vereinbarungen über die horizontale Zusammenarbeit. Die vertikalen Elemente solcher Vereinbarungen sind jedoch nach den vorliegenden Leitlinien zu beurteilen."[166]

---

reicht es nicht aus, dass eine Vereinbarung den Wettbewerb zwischen den Beteiligten einschränkt. Sie muss auch den Wettbewerb im betroffenen Markt in einem Maße beeinträchtigen können, dass negative Auswirkungen hinsichtlich Preisen, Produkten, Innovation oder Vielfalt und Qualität der Waren und Dienstleistungen zu erwarten sind."

165 Tz. 11 der Leitlinien über horizontale Zusammenarbeit.
166 Tz. 26 der Leitlinien für vertikale Beschränkungen.

1. Die atypischen Dualdistributionsfälle

Wie aus dem Wortlaut der Eingangsformulierung und der lit. a des Art. 2 Abs. 4 Schirm-GVO, den Tz. 26 f. der Leitlinien für vertikale Beschränkungen und den Tz. 140, 144, 147, 151, 156 ff. der Leitlinien über horizontale Zusammenarbeit hervorgeht, sieht die Kommission Alleinvertriebsvereinbarungen zwischen konkurrierenden Herstellern als vertikale Vereinbarungen zwischen Wettbewerbern an, und zwar unabhängig davon, ob die besonderen Voraussetzungen des Art. 2 Abs. 4 lit. a Schirm-GVO – nicht wechselseitige Alleinvertriebsvereinbarung und jährlicher Gesamtumsatz des Käufers von nicht mehr als 100 Mio. EUR – gegeben sind.[167] Damit wird an die bisher gültige Ausnahme vom grundsätzlichen Freistellungsausschluss für Alleinvertriebsvereinbarungen zwischen konkurrierenden Herstellern angeknüpft.[168] Nach Art. 3 lit. b GVO 1983/83 durften konkurrierende Hersteller eine nicht wechselseitige Alleinvertriebsvereinbarung schließen, wenn zumindest einer von ihnen einen jährlichen Gesamtumsatz von nicht mehr als 100 Mio. ECU erzielte; außerdem war anerkannt, dass konkurrierende Hersteller sich zur Ergänzung ihrer Produktpalette den Vertrieb solcher Erzeugnisse übertragen durften, die der jeweils andere nicht herstellte, die also einem anderen sach-

---

167 Siehe zum Begriff der vertikalen Vereinbarung Art 2 Abs. 1 Schirm-GVO und Tz. 24 der Leitlinien für vertikale Beschränkungen und dazu ausführlich Veelken in I/M-EG 2001 GFVO Rdn. 60 f., 64 ff., 68, der – auch – davon ausgeht, dass „Gegenstand der in Art. 2 Abs. 1 Unterabsatz 1 genannten Vereinbarung... zunächst ein Austausch von Waren oder Dienstleistungen" ist und „darüber hinaus... die Vereinbarung die in der Vorschrift genannten ... (als Wettbewerbsbeschränkungen möglicherweise dem Art. 81 Abs. 1 EGV unterfallenden und dann von Art. 2 Abs. 1 Unterabsatz 2 der GFVO 2790/1999 freigestellten)... Bedingungen betreffen" muss und dass „die aufeinanderfolgenden Funktionen im Rahmen der auf den Gegenstand des zugrunde liegenden Austauschvertrages bezogenen Wertschöpfungskette" entscheidend sind und „die Positionierung von Lieferant und Käufer im Rahmen einer Wertschöpfungskette ... zu einem engeren Anwendungsbereich des Art. 2 Abs. 1 Unterabsatz 1 im Verhältnis etwa zu den §§ 14, 16 GWB" führt; ein ähnliches Verständnis legt wohl auch Bunte in L/B § 1 Rdn. 88, 98 zugrunde.
168 Veelken in I/M-EG 2001 GFVO Rdn. 114, 118.

lichen Markt angehörten als dem, auf dem die Vertragspartner konkurrierten.[169]

Die Kommission will eine Alleinvertriebsvereinbarung zwischen konkurrierenden Herstellern ausschließlich auf der Grundlage des Art. 81 Abs. 1 EG und der Artt. 3 ff. Schirm-GVO oder – wenn die Voraussetzungen der Artt. 3 ff. Schirm-GVO nicht vorliegen – nach Maßgabe der Leitlinien für vertikale Beschränkungen prüfen, wenn die besonderen Voraussetzungen des Art. 2 Abs. 4 lit. a Schirm-GVO – nicht wechselseitige Alleinvertriebsvereinbarung und jährlicher Gesamtumsatz des Käufers von nicht mehr als 100 Mio EUR – gegeben sind. Denn sie geht davon aus, dass eine Alleinvertriebsvereinbarung zwischen konkurrierenden Herstellern nur dann wie eine horizontale Vereinbarung wirken und zu einer Marktaufteilung nach Produkten und Gebieten führen kann, wenn es sich um eine wechselseitige Alleinvertriebsvereinbarung handelt oder wenn eine nichtwechselseitige Alleinvertriebsvereinbarung vorliegt und der Käufer einen jährlichen Gesamtumsatz von mehr als 100 Mio. EUR erzielt (die Alleinvertriebsvereinbarung zwischen konkurrierenden Herstellern also nicht von Art. 2 Abs. 4 lit. a Schirm-GVO erfasst wird). In diesen Fällen soll zunächst auf der Grundlage der Leitlinien über horizontale Zusammenarbeit geprüft werden, ob „Wirkungen, die mit solchen von horizontalen Vereinbarungen vergleichbar sind",[170] eintreten und – gegebenenfalls – mit Art. 81 EG vereinbar sind, und, wenn sie nicht eintreten oder mit Art. 81 EG vereinbar sind, soll weiter auf der Grundlage der Leitlinien für vertikale Beschränkungen untersucht werden, ob vertikale Beschränkungen und – gegebenenfalls – die Freistellungsvoraussetzungen des Art. 81 Abs. 3 EG vorliegen.[171]

---

169 Siehe dazu Tz. 21 ff. der Bekanntmachung zur GVO 1983/83; Veelken in I/M-EG 1997 GFVO Rdn. B 60 ff.; Wiedemann, GVO, Einl GVO 1983/83 Rdn. 8, Art. 1 GVO 1983/83 Rdn. 6, Art. 3 GVO 1983/83 Rdn. 4 ff.; Bunte/Sauter, GVO, VO Nr. 1983/83 Rdn. 7, 9, 32.

170 So die Formulierung in Tz. 11 der Leitlinien über horizontale Zusammenarbeit.

171 Tz. 11, 140 der Leitlinien über horizontale Zusammenarbeit und Tz. 26 f., 139, 162, 179 der Leitlinien für vertikale Beschränkungen.

„Die wichtigsten Vereinbarungen dieser letzteren Gruppe sind wohl Vertriebsvereinbarungen. Diese werden in der Regel von der Gruppenfreistellungsverordnung (EG) Nr. 2790/1999 und den Leitlinien für vertikale Beschränkungen erfasst, es sei denn, dass die Vertragspartner gegenwärtige oder zukünftige Wettbewerber sind. In diesem Fall erfasst die Gruppenfreistellungsverordnung (EG) Nr. 2790/1999 nur die nicht gegenseitigen vertikalen Vereinbarungen zwischen Wettbewerbern, wenn a) der Käufer gemeinsam mit den verbundenen Unternehmen einen Jahresumsatz von nicht mehr als 100 Mio. EUR erzielt oder b) der Lieferant ein Hersteller und ein Verkäufer und der Käufer ein Vertriebshändler ist, der die mit den Vertragserzeugnissen im Wettbewerb stehenden Produkte selbst nicht herstellt... Vereinbaren die Wettbewerber den Vertrieb ihrer Produkte auf gegenseitiger Grundlage, besteht in bestimmten Fällen die Möglichkeit, dass die Vereinbarungen eine Aufteilung der Märkte bezwecken oder bewirken oder zu einer Absprache führen. Das Gleiche gilt für nicht gegenseitige Vereinbarungen zwischen Wettbewerbern jenseits einer bestimmten Größe. Derartige Vereinbarungen sind zunächst gemäß den nachstehend erläuterten Prinzipien zu bewerten. Führt diese Bewertung zu der Schlussfolgerung, dass eine Zusammenarbeit zwischen Wettbewerbern im Vertriebssektor grundsätzlich akzeptiert werden kann, so wird eine weitere Würdigung notwendig sein, um die in derartigen Vereinbarungen enthaltenen vertikalen Beschränkungen zu untersuchen. Diese Würdigung sollte sich auf die in den Leitlinien für vertikale Beschränkungen niedergelegten Grundsätze stützen."[172]

„Ein besonderes Problem von Vertriebsvereinbarungen zwischen Wettbewerbern, die in verschiedenen räumlichen Märkten tätig sind, liegt darin, dass sie zur Marktaufteilung führen oder als Mittel zur Marktaufteilung benutzt werden können. Mit Vereinbarungen über den gegenseitigen Vertrieb ihrer Produkte teilen die Partner Märkte oder Kunden auf und beseitigen den Wettbewerb untereinander. Bei der Bewertung dieser Art von Vereinbarung ist vor allem die Frage zu stellen, ob sie für die Beteiligten tatsächlich erforderlich ist, um in den jeweils anderen Markt eintreten zu können. Ist dies der Fall, schafft die Vereinbarung keine horizontalen Wettbewerbsprobleme... Ist eine Vereinbarung für die Partner nicht objektiv erforderlich, um in den jeweils anderen Markt einzutreten, fällt sie unter Artikel 81 Absatz 1. Vereinbarungen ohne Bestimmungen über Gegenseitigkeit enthalten

---

172 Tz. 140 der Leitlinien über horizontale Zusammenarbeit.

ein geringeres Risiko der Marktaufteilung. Dabei ist jedoch zu prüfen, ob die nicht gegenseitigen Vereinbarungen die Grundlage für das beiderseitige Einvernehmen bildet, nicht in den jeweils anderen Markt einzutreten oder eine Möglichkeit ist, den Zugang zu oder den Wettbewerb auf dem ‚Einfuhrmarkt‘ zu kontrollieren.“[173]

Die Kommission knüpft auch mit der Differenzierung zwischen wechselseitigen und nicht wechselseitigen Alleinvertriebsvereinbarungen und zwischen nicht wechselseitigen Alleinvertriebsvereinbarung zwischen Herstellern diesseits und jenseits einer bestimmten Größe an ihre langjährige Verwaltungspraxis an. Sie hat in Alleinvertriebsvereinbarungen zwischen konkurrierenden Herstellern seit jeher die Gefahr einer Marktaufteilung nach Produkten und Gebieten gesehen; sie ist lediglich in den Fällen einer nicht wechselseitigen Alleinvertriebsvereinbarung zwischen (oder mit einem) kleineren und (oder) mittleren Unternehmen von einem Überwiegen positiver Effekte auf die Warenverteilung ausgegangen und hat sie deshalb in den Anwendungsbereich der GVO 1983/ 83 einbezogen.[174] Zu den Zielen des Art. 3 lit. b GVO 1983/83 hat sie ausgeführt, es könne zweifelhaft sein, ob ein Händler in befriedigendem Umfang in der Lage sei, den Absatz eines bestimmten Erzeugnisses zu fördern, wenn er ein Konkurrenzprodukt herstelle, dessen Marktchancen dadurch geschwächt werden könnten. Dieser Interessenkonflikt behindere möglicherweise die Förderung des Wettbewerbs zwischen Erzeugnissen verschiedener Hersteller, welche die Verordnung als regelmäßig Folge von Alleinvertriebsvereinbarungen ansehe. Es sei ferner vorstellbar, dass bei einer sol-

---

173 Tz. 147 der Leitlinien über horizontale Zusammenarbeit. Hier wird deutlich, dass die Kommission dem Begriff der Marktaufteilung ein sehr weites Verständnis zugrunde legt. Nur zur Klarstellung sei angemerkt, dass die Marktaufteilung, so wie die Kommission sie versteht, die Marktaufteilung, das Marktzutrittsverbot und den Wettbewerbsverzicht umfasst, weil eine Marktaufteilung eine Aufteilung der Abnehmer nach räumlichen und/oder sachlichen Kriterien ist, ein Marktzutrittsverbot ein Verbot ist, auf dem räumlich relevanten Markt überhaupt tätig zu werden, und ein Wettbewerbsverzicht eine sonstige Einschränkung des Wettbewerbsverhaltens auf dem räumlich relevanten Markt ist, und zwar typischerweise ein Verbot, bestimmte Waren an (bestimmte) Abnehmer zu verkaufen.

174 Veelken in I/M-EG 1997 GFVO Rdn. B 60; Bunte/Sauter, GVO, VO Nr. 1983/83 Rdn. 32.

chen Konstellation die beiden Hersteller darauf abzielen würden, ihre Marktanteile zu schützen, nicht aber den Wettbewerb zwischen ihnen zu intensivieren.[175] Die Kommission weicht von ihrer bisherigen Betrachtungsweise allerdings in zwei Punkten ab. Art. 2 Abs. 4 lit. a Schirm-GVO erfasst nicht wechselseitige Alleinvertriebsvereinbarungen zwischen konkurrierenden Herstellern nicht mehr – wie bisher nach Art. 3 lit. b GVO 1983/83 – bereits dann, wenn mindestens einer der Vertragspartner einen jährlichen Gesamtumsatz von nicht mehr als 100 Mio. ECU erzielt, sondern nur noch dann, wenn der jährliche Gesamtumsatz des Käufers 100 Mio. EUR nicht überschreitet.[176] Außerdem geht die Kommission in diesen Fällen nicht mehr davon aus, dass die gesamtwirtschaftlichen Vorteile die Gefahr einer Marktaufteilung nach Produkten und Gebieten überwiegen und daher die Freistellungsvoraussetzungen des Art. 81 Abs. 3 EG vorliegen, sondern davon, dass bereits die Gefahr einer Marktaufteilung nach Produkten und Gebieten nicht gegeben ist und deshalb unter diesem Gesichtspunkt der Tatbestand des Art. 81 Abs. 1 EG nicht erfüllt sein kann.[177]

Der Ansatz der Kommission, in Alleinvertriebsvereinbarungen zwischen konkurrierenden Herstellern stets vertikale Vereinbarungen zwischen Wettbewerbern und in den darin enthaltenen typischen Ausschließlichkeitsbindungen – Vertriebsbeschränkungen, Markenzwang, Alleinbezug[178] – stets vertikale Beschränkungen zu sehen, wenn sie nach Art. 81 Abs. 1 EG tatbestandsmäßig sind (Art. 2 Abs. 1 Schirm-GVO), und nur in den von Art. 2 Abs. 4 lit. a Schirm-GVO nicht erfassten Fällen auch die Gefahr anzunehmen, dass „Wirkungen, die mit solchen von horizontalen Vereinbarungen vergleichbar sind",[179] eintreten, begegnet zu-

---

175 Veelken in I/M-EG 1997 GFVO Rdn. B 60.
176 Dies betont auch Veelken in I/M-EG 2001 GFVO Rdn. 118; Subiotto/Amato, World Competition, Volume 23, June 2000, p. 1, 9 werfen zu Recht die Frage auf, warum ein kleiner Hersteller, der vermittels einer nicht wechselseitigen Vertriebsvereinbarung mit einem großen Wettbewerber in einen neuen Markt eindringen möchte, nicht von der Schirm-GVO profitieren soll.
177 Tz. 140 der Leitlinien über horizontale Zusammenarbeit.
178 Zur Terminologie siehe oben S. 47 ff.
179 So die Formulierung in Tz. 11 der Leitlinien über horizontale Zusammenarbeit.

nächst insofern Zweifeln, als die Gefahr einer Marktaufteilung nach Produkten und Gebieten vom jährlichen Gesamtumsatz des Käufers abhängen soll. Zwar spricht der geringe Gesamtumsatz des Käufers dafür, dass es an einem hinreichenden Anreiz für den Lieferanten fehlt, auf den Käufer Rücksicht zu nehmen und deshalb nicht in seinen Markt einzutreten, oder dass zumindest eine spürbare Beeinträchtigung des Wettbewerbs im Sinne des Art. 81 Abs. 1 EG nicht gegeben ist,[180] aber allein aufgrund des geringen Gesamtumsatzes des Käufers kann die Gefahr einer Marktaufteilung und damit einer Wettbewerbsbeschränkung im Sinne des Art. 81 Abs. 1 EG nicht verneint werden. Daher wird hier im Anschluss an die bisherige Betrachtungsweise der Kommission davon ausgegangen, dass in den Fällen einer nicht wechselseitigen Alleinvertriebsvereinbarung mit einem kleineren und mittleren Unternehmen die positiven Effekte auf die Warenverteilung stärker wiegen als die Gefahr einer Marktaufteilung nach Produkten und Gebieten.[181] Wenn eine Alleinvertriebsvereinbarung zwischen konkurrierenden Herstellern mithin von Art. 2 Abs. 4 lit. a Schirm-GVO erfasst wird und auf der Grundlage des Art. 81 Abs. 1 EG und der Artt. 3 ff. Schirm-GVO oder – wenn die Voraussetzungen der Artt. 3 ff. Schirm-GVO nicht vorliegen – nach Maßgabe der Leitlinien für vertikale Beschränkungen festgestellt wird, dass vertikale Beschränkungen und die Freistellungsvoraussetzungen des Art. 81 Abs. 3 EG vorliegen, so sind auch etwaige nach Art. 81 Abs. 1 EG tatbestandsmäßige „Wirkungen, die mit solchen von horizontalen Vereinbarungen vergleichbar sind"[182], nach Art. 81 Abs. 3 EG freigestellt oder freistellungsfähig.

Bedenken werfen auch die oben zitierten Formulierungen der Kommission auf, weil sie nahelegen, dass die Kommission eine Gesamtbetrachtung der Alleinvertriebsvereinbarungen zwischen

---

180 Vgl. Veelken in I/M-EG 2001 GFVO Rdn. 118: „Mit dem Jahresumsatz des Käufers wird seine wirtschaftliche Bedeutung indiziert, die Ausnahme soll kleineren oder mittleren Käufern zugute kommen."

181 Siehe zur bisherigen Interpretation der Art. 3 lit. a und lit. b GVO 1983/83 Veelken in I/M-EG 1997 GFVO Rdn. B 60 und Bunte/Sauter, GVO, VO Nr. 1983/83 Rdn. 32.

182 So die Formulierung in Tz. 11 der Leitlinien über horizontale Zusammenarbeit.

konkurrierenden Herstellern und nicht eine Einzelbetrachtung der in ihnen vorgesehenen typischen Ausschließlichkeitsbindungen vornehmen will, um festzustellen, ob „Wirkungen, die mit solchen von horizontalen Vereinbarungen vergleichbar sind",[183] eintreten. Diesen Aspekt sollte man jedoch nicht überinterpretieren. Zum einen ist es letztlich gleichgültig, ob eine Gesamtbetrachtung oder eine Einzelbetrachtung zugrunde gelegt wird, weil – wie die hier durchgeführte Untersuchung gezeigt hat – im Fall der Alleinvertriebsvereinbarungen zwischen konkurrierenden Herstellern jede der vier charakteristischen Ausschließlichkeitsbindungen die Gefahr einer Marktaufteilung nach Produkten und Gebieten birgt. Die Vertriebsbeschränkung in Gestalt des Alleinvertriebsrechts kann ein Wettbewerbsverhältnis beim Absatz von Waren zum Weiterverkauf an Verbraucher und in Gestalt des Direktvertriebsverbots beim Absatz von Waren an Verbraucher, der Markenzwang in Gestalt des Herstellungsverbots ein Wettbewerbsverhältnis beim Absatz von Waren zum Weiterverkauf an Verbraucher und/oder beim Absatz von Waren an Verbraucher beschränken. Der Markenzwang in Gestalt des Handelsverbotes kann unter der Voraussetzung, dass beide Hersteller fremde Konkurrenzerzeugnisse zum Weiterverkauf an Verbraucher nachfragen und an Verbraucher absetzen, ein bei der Nachfrage nach Waren zum Zwecke des Weiterverkaufs an Verbraucher bestehendes Wettbewerbsverhältnis beschränken, und unter der weiteren Voraussetzung, dass man eine Beschränkung des Wettbewerbsverhältnisses durch die einzelne Ausschließlichkeitsbindung vermittels einer Zurechnung marktübergreifender Wettbewerbsbeeinträchtigungen bejaht, zudem ein beim Absatz von Waren an Verbraucher bestehendes Wettbewerbsverhältnis regeln. Wenn dagegen nur der als Alleinvertriebshändler auftretende Hersteller fremde Konkurrenzerzeugnisse zum Weiterverkauf an Verbraucher nachfragt, kann unter der Voraussetzung, dass man eine Beschränkung des Wettbewerbsverhältnisses durch die einzelne Ausschließlichkeitsbindung vermittels einer Zurechnung marktübergreifender Wettbewerbsbeeinträchtigungen bejaht, ein beim Absatz von Waren an Ver-

---

183 So die Formulierung in Tz. 11 der Leitlinien über horizontale Zusammenarbeit.

braucher bestehendes Wettbewerbsverhältnis geregelt werden. Zum anderen wäre es nicht einmal ein Systembruch, wenn die Kommission bei Alleinvertriebsvereinbarungen zwischen konkurrierenden Herstellern eine Gesamtbetrachtung vornehmen würde. Denn die ganzheitliche Betrachtung ist bei Vertragswerken üblich, denen eine Kartellabsprache zugrunde liegt und die deshalb im Ergebnis dazu führen, dass das Wettbewerbsverhalten der Beteiligten untereinander geregelt wird.[184] Diese Sichtweise spiegelt sich in der Formulierung der Kommission, es sei zu prüfen, ob die nicht gegenseitige Vereinbarung die Grundlage für das beiderseitige Einvernehmen bilde, nicht in den jeweils anderen Markt einzutreten.[185] Vergegenwärtigt man sich zudem, dass gerade die eine Alleinvertriebsvereinbarung ausmachenden Vertriebsbeschränkungen des als Lieferant auftretenden Herstellers die Gefahr einer Marktaufteilung nach Produkten und Gebieten bergen, ist eine ganzheitliche Betrachtungsweise durchaus vertretbar.

Schließlich bleibt unklar, ob die Kommission mit Art. 2 Abs. 4 lit. a Schirm-GVO auch die Alleinvertriebsvereinbarungen mit fremdvertreibenden Händlern[186] erfassen wollte. Steht der Händler mit dem Hersteller auf dem räumlich relevanten Handelsmarkt, auf dem Waren an Verbraucher abgesetzt werden, in einem Wettbewerbsverhältnis, weil der Händler Konkurrenzerzeugnisse zwar nicht herstellt, wohl aber vertreibt, so ist – wie die hier durchgeführte Untersuchung gezeigt hat – nahezu dieselbe Gefahrenlage wie im Fall der Alleinvertriebsvereinbarungen zwischen konkurrierenden Herstellern gegeben. Für das Vorliegen eines auf dem Absatz eines Konkurrenzerzeugnisses beruhenden Interessenkonflikts des Händlers und die Gefahr einer Marktaufteilung nach Produkten und Gebieten zwischen dem Hersteller und dem Händler ist es letztlich gleichgültig, ob der Händler eigene oder fremde Konkurrenzerzeugnisse an Verbraucher absetzt. Daher kann die

---

184 Siehe zu diesem Problemkreis nur Zimmer in I/M-GWB 2001 § 1 Rdn. 186 ff., 189 ff., 340; Baur, FS Sandrock, S. 35, 37; Schwintowski/Klaue BB 2000, 1901, 1901 ff.

185 Tz. 147 der Leitlinien über horizontale Zusammenarbeit.

186 Zur Terminologie siehe oben S. 44 f.

Vertriebsbeschränkung in Gestalt des Direktvertriebsverbots ein Wettbewerbsverhältnis beim Absatz von Waren an Verbraucher beschränken. Der Markenzwang in Gestalt des Handelsverbotes kann unter der Voraussetzung, dass auch der Hersteller fremde Konkurrenzerzeugnisse zum Weiterverkauf an Verbraucher nachfragt und an Verbraucher absetzt, ein bei der Nachfrage nach Waren zum Zwecke des Weiterverkaufs an Verbraucher bestehendes Wettbewerbsverhältnis beschränken, und unter der weiteren Voraussetzung, dass man eine Beschränkung des Wettbewerbsverhältnisses durch die einzelne Ausschließlichkeitsbindung vermittels einer Zurechnung marktübergreifender Wettbewerbsbeeinträchtigungen bejaht, zudem ein beim Absatz von Waren an Verbraucher bestehendes Wettbewerbsverhältnis regeln. Wenn dagegen nur der Händler fremde Konkurrenzerzeugnisse zum Weiterverkauf an Verbraucher nachfragt, kann unter der Voraussetzung, dass man eine Beschränkung des Wettbewerbsverhältnisses durch die einzelne Ausschließlichkeitsbindung vermittels einer Zurechnung marktübergreifender Wettbewerbsbeeinträchtigungen bejaht, ein beim Absatz von Waren an Verbraucher bestehendes Wettbewerbsverhältnis geregelt werden. Vor diesem Hintergrund ist es sachgerecht, Marktaufteilungen nach Produkten und Gebieten unabhängig davon, ob sie von konkurrierenden Herstellern oder von einem Hersteller und einem fremdvertreibenden Händler herbeigeführt werden, nach den neuen Maßstäben der Kommission zu würdigen. Die Artt. 1 lit. a, 2 Abs. 4 lit. a Schirm-GVO sollten mithin so ausgelegt werden, dass auch in dem Fall des fremdvertreibenden Händlers eine Alleinvertriebsvereinbarung zwischen Wettbewerbern angenommen wird, und die Tz. 139 ff. der Leitlinien über horizontale Zusammenarbeit sollten auch auf diesen Fall Anwendung finden.[187]

---

187 Anderer Ansicht Veelken in I/M-EG 2001 GFVO Rdn. 123: „Weder von Art. 2 Abs. 1 noch von Art. 2 Abs. 4 wird ausgeschlossen, dass der Käufer als Händler für mehrere konkurrierende Hersteller tätig ist." Nur angemerkt sei, dass mit Blick auf Art. 3 lit. a und lit. b GVO 1983/83 streitig war, ob eine analoge Anwendung auf Alleinvertriebsvereinbarungen zwischen konkurrierenden Händlern in Betracht kam; vgl. dazu Veelken in I/M-EG 1997 GFVO Rdn. B 60 Fn. 227. In ähnlicher Weise stellt sich heute die Frage, ob Art. 2 Abs. 4 lit. a Schirm-GVO

Die neue Rechtsauffassung der Kommission zur kartellrechtlichen Einordnung der atypischen Dualdistributionsfälle lässt sich nach alledem wie folgt zusammenfassen: Alleinvertriebsvereinbarungen zwischen konkurrierenden Herstellern und Alleinvertriebsvereinbarungen mit fremdvertreibenden Händlern sind vertikale Vereinbarungen zwischen Wettbewerbern, und die darin enthaltenen typischen Ausschließlichkeitsbindungen – Vertriebsbeschränkungen, Markenzwang und Alleinbezug – sind vertikale Beschränkungen, wenn sie nach Art. 81 Abs. 1 EG tatbestandsmäßig sind (Art. 2 Abs. 1 Schirm-GVO). Alleinvertriebsvereinbarungen können in diesen atypischen Dualdistributionsfällen zudem „Wirkungen, die mit solchen von horizontalen Vereinbarungen vergleichbar sind",[188] haben. Wird die Alleinvertriebsvereinbarung von Art. 2 Abs. 4 lit. a Schirm-GVO erfasst, so ist ausschließlich auf der Grundlage des Art. 81 Abs. 1 EG und der Artt. 3 ff. Schirm-GVO oder – wenn die Voraussetzungen der Artt. 3 ff. Schirm-GVO nicht vorliegen – nach Maßgabe der Leitlinien für vertikale Beschränkungen zu prüfen, ob vertikale Beschränkungen und – gegebenenfalls – die Freistellungsvoraussetzungen des Art. 81 Abs. 3 EG vorliegen. Ist dies der Fall, sind sowohl die vertikalen Beschränkungen als auch etwaige nach Art. 81 Abs. 1 EG tatbestandsmäßige „Wirkungen, die mit solchen von horizontalen Vereinbarungen vergleichbar sind",[189] nach Art. 81 Abs. 3 EG freigestellt oder freistellungsfähig. Wird die Alleinvertriebsvereinbarung nicht von Art. 2 Abs. 4 lit. a Schirm-GVO erfasst, ist eine „Zweistufenanalyse"[190] vorzunehmen. Es ist zunächst auf der

---

diese Fälle erfasst, weil er nur noch von „Wettbewerbern" (und nicht mehr – wie Art. 3 lit. a und lit. b GVO 1983/83 – von „Herstellern") spricht und nach Art. 1 lit. a Schirm-GVO unter „Wettbewerbern" nunmehr „konkurrierende Anbieter im selben Produktmarkt" verstanden werden. In den Tz. 26 f. der Leitlinien für vertikale Beschränkungen und in den Tz. 139 ff. der Leitlinien über horizontale Zusammenarbeit findet sich kein Hinweis auf diese Fälle. Die mit dem Fall der konkurrierenden Hersteller vergleichbare Interessen- und Gefahrenlage spricht jedoch dafür, diese atypischen Dualdistributionsfälle nach Art. 2 Abs. 4 lit. a Schirm-GVO zu behandeln.

188 So die Formulierung in Tz. 11 der Leitlinien über horizontale Zusammenarbeit.
189 So die Formulierung in Tz. 11 der Leitlinien über horizontale Zusammenarbeit.
190 So die Formulierung in Tz. 117 der Leitlinien über horizontale Zusammenarbeit.

Grundlage der Leitlinien über horizontale Zusammenarbeit zu prüfen, ob „Wirkungen, die mit solchen von horizontalen Vereinbarungen vergleichbar sind",[191] eintreten und – gegebenenfalls – mit Art. 81 EG vereinbar sind, und, wenn sie nicht eintreten oder mit Art. 81 EG vereinbar sind, ist weiter auf der Grundlage der Leitlinien für vertikale Beschränkungen zu untersuchen, ob vertikale Beschränkungen und – gegebenenfalls – die Freistellungsvoraussetzungen des Art. 81 Abs. 3 EG vorliegen.[192] Diese Ansicht ist mit einer extensiven Interpretation des § 1 GWB weitestgehend vereinbar. Wie die Untersuchung gezeigt hat, bestehen danach im Grundsatz keine Bedenken gegen eine weitreichende Anwendung des § 1 GWB in den atypischen Dualdistributionsfällen. Das Alleinvertriebsrecht und das Direktvertriebsverbot (Vertriebsbeschränkungen) fallen ebenso wie das Herstellungs- und Handelsverbot (Markenzwang) als Vereinbarungen zwischen miteinander im Wettbewerb stehenden Unternehmen in den Anwendungsbereich des § 1 GWB, wenn sie zu einer Marktaufteilung nach Produkten und Gebieten führen. Widersprüche liegen allerdings möglicherweise insoweit vor, als das Handelsverbot als Teil des Markenzwangs vermittels einer Zurechnung marktübergreifender Wettbewerbsbeeinträchtigungen als Vereinbarung zwischen miteinander im Wettbewerb stehenden Unternehmen im Sinne des § 1 GWB angesehen wird, weil ungewiß ist, ob die Kommission diese weite Zurechnung zugrunde legen wird.

2. Die typischen Dualdistributionsfälle

Wie aus dem Wortlaut der lit. b des Art. 2 Abs. 4 Schirm-GVO und der Tz. 27 der Leitlinien für vertikale Beschränkungen hervorgeht, sieht die Kommission eine Alleinvertriebsvereinbarung zwischen einem direktvertreibenden Hersteller und einem Händler in den Fällen, in denen der Händler weder Konkurrenzerzeugnisse herstellt und absetzt oder herstellen und absetzen kann noch fremde Konkurrenzerzeugnisse vertreibt oder vertreiben kann

---

191 So die Formulierung in Tz. 11 der Leitlinien über horizontale Zusammenarbeit.
192 Tz. 11, 140 der Leitlinien über horizontale Zusammenarbeit und Tz. 26 f., 139, 162, 179 der Leitlinien für vertikale Beschränkungen.

(und der Hersteller auch nicht), als eine vertikale Vereinbarung zwischen Wettbewerbern an.[193] Damit wird an den Anwendungsbereich der bisher gültigen Gruppenfreistellungsverordnung für Alleinvertriebsvereinbarungen angeknüpft. Denn nach Art. 2 Abs. 1 GVO 1983/83 war es zulässig, dem Lieferanten die Verpflichtung aufzuerlegen, im Vertragsgebiet Verbraucher nicht mit Vertragswaren zu beliefern, und es war anerkannt, dass auch Klauseln, die den Hersteller berechtigten, alle oder bestimmte Verbraucher im Vertragsgebiet mit Vertragswaren zu beliefern, mit der GVO 1983/83 vereinbar waren. Dem Hersteller konnte die Direktbelieferung von Verbrauchern im Vertragsgebiet mithin untersagt, aber auch ganz oder teilweise gestattet werden[194] – und all dies wäre ohne Sinn gewesen, wenn der Hersteller nicht zumindest in der Lage hätte sein dürfen, den Direktvertrieb aufzunehmen, ohne

---

193 Siehe zum Begriff der vertikalen Vereinbarung Art 2 Abs. 1 Schirm-GVO und Tz. 24 der Leitlinien für vertikale Beschränkungen und dazu ausführlich Veelken in I/M-EG 2001 GFVO Rdn. 60 f., 64 ff., 68, der – auch – davon ausgeht, dass „Gegenstand der in Art. 2 Abs. 1 Unterabsatz 1 genannten Vereinbarung… zunächst ein Austausch von Waren oder Dienstleistungen" ist und „darüber hinaus… die Vereinbarung die in der Vorschrift genannten … (als Wettbewerbsbeschränkungen möglicherweise dem Art. 81 Abs. 1 EGV unterfallenden und dann von Art. 2 Abs. 1 Unterabsatz 2 der GFVO 2790/1999 freigestellten)… Bedingungen betreffen" muss und dass „die aufeinanderfolgenden Funktionen im Rahmen der auf den Gegenstand des zugrunde liegenden Austauschvertrages bezogenen Wertschöpfungskette" entscheidend sind und „die Positionierung von Lieferant und Käufer im Rahmen einer Wertschöpfungskette … zu einem engeren Anwendungsbereich des Art. 2 Abs. 1 Unterabsatz 1 im Verhältnis etwa zu den § § 14, 16 GWB" führt; ein ähnliches Verständnis legt wohl auch Bunte in L/B § 1 Rdn. 88, 98 zugrunde. Siehe zum Anwendungsbereich des Art. 2 Abs. 4 lit. b Schirm-GVO ausführlich Veelken in I/M-EG 2001 GFVO Rdn. 121 f., 114, 123, der betont, dass „vertikale Vereinbarungen zwischen Konkurrenten im inter brand Wettbewerb… über die lit. b nicht zugelassen" werden, sondern nur vertikale Vereinbarungen in den Fällen, in denen „der Hersteller im intra brand Wettbewerb auch auf der Handelsstufe tätig ist", und diesen Fall im Anschluss an die Leitlinien für vertikale Beschränkungen als Dualdistribution bezeichnet, der aber die Frage als irrelevant ansieht, ob der Händler „als Händler für mehrere konkurrierende Hersteller tätig ist."

194 Siehe dazu Tz. 30 der Bekanntmachung zur GVO 1983/83; Wiedemann, GVO, Art. 2 GVO 1983/83 Rdn. 4 ff.; Bunte/Sauter, GVO, VO Nr. 1983/83 Rdn. 25; Veelken in I/M-EG 1997 Rdn. B 39.

den Vorteil der Gruppenfreistellung zu verlieren.[195] Und es ist zu betonen, dass in diesen Fällen die Gruppenfreistellung heute wie damals (Art. 2 Abs. 4 lit.b Schirm-GVO; Art. 2 Abs. 1 GVO 1983/83) im Gegensatz zu den Fällen der Alleinvertriebsvereinbarungen zwischen konkurrierenden Herstellern (Art. 2 Abs. 4 lit. a Schirm-GVO; Art. 3 lit. b GVO 1983/83) ohne Einschränkung durch eine Höchstgrenze für den jährlichen Gesamtumsatz gilt.

Das Fehlen einer Höchstgrenze für den jährlichen Gesamtumsatz des Käufers (Art. 2 Abs. 4 lit. b Schirm-GVO) und die Nichterwähnung der typischen Dualdistributionsfälle in den Tz. 139 ff. der Leitlinien über horizontale Zusammenarbeit legen den Schluss nahe, dass die Kommission diese Fälle ausschließlich auf der Grundlage des Art. 81 Abs. 1 EG und der Artt. 3 ff. Schirm-GVO oder – wenn die Voraussetzungen der Artt. 3 ff. Schirm-GVO nicht vorliegen – nach Maßgabe der Leitlinien für vertikale Beschränkungen prüfen will. Denn sie geht in den Leitlinien über horizontale Zusammenarbeit davon aus, dass eine Alleinvertriebsvereinbarung nur dann wie eine horizontale Vereinbarung wirken und zu einer Marktaufteilung nach Produkten und Gebieten führen kann, wenn es sich um eine wechselseitige Alleinvertriebsvereinbarung zwischen konkurrierenden Herstellern handelt oder wenn eine nicht-wechselseitige Alleinvertriebsvereinbarung zwischen konkurrierenden Herstellern vorliegt und der Käufer einen jährlichen

---

195 Nur angemerkt sei, dass mit Blick auf Art. 3 lit. a und lit. b GVO 1983/83 streitig war, ob eine analoge Anwendung auf Alleinvertriebsvereinbarungen zwischen konkurrierenden Händlern in Betracht kam; vgl. dazu Veelken in I/M-EG 1997 GFVO Rdn. B 60 Fn. 227. In ähnlicher Weise stellt sich heute die Frage, ob Art. 2 Abs. 4 lit. b Schirm-GVO nur die typischen Dualdistributionsfälle erfasst, weil er nur von „Hersteller" und „Händler" spricht und daher dem Wortlaut nach auch die Alleinvertriebsvereinbarungen mit fremdvertreibenden Händlern darunter subsumiert werden können. In den Tz. 26 f. der Leitlinien für vertikale Beschränkungen und in den Tz. 139 ff. des Entwurfs der Leitlinien über horizontale Zusammenarbeit findet sich kein Hinweis auf diese Fälle. Die mit dem Fall der konkurrierenden Hersteller vergleichbare Interessen- und Gefahrenlage spricht jedoch dafür, diese atypischen Dualdistributionsfälle nach Art. 2 Abs. 4 lit. a Schirm-GVO zu behandeln; anderer Ansicht Veelken in I/M-EG 2001 GFVO Rdn. 123: „Weder von Art. 2 Abs. 1 noch von Art. 2 Abs. 4 wird ausgeschlossen, dass der Käufer als Händler für mehrere konkurrierende Hersteller tätig ist".

Gesamtumsatz von mehr als 100 Mio. EUR erzielt.[196] Dieser Eindruck wird durch die Regelungen des Art. 2 Abs. 1 und Abs. 4 lit. b Schirm-GVO und des Art. 4 lit. b Fall 1 Schirm-GVO sowie durch die Interpretation des bisher gültigen Art. 2 Abs. 1 GVO 1983/83 verstärkt. Die Freistellung nach Art. 2 Abs. 1 und Abs. 4 lit. b Schirm-GVO erfasst gerade auch Verpflichtungen des Lieferanten, die dem Händler zugewiesenen Verbraucher nicht (oder zum Teil nicht) zu beliefern; die (eingeschränkten) Direktvertriebsverbote, die für die typischen Dualdistributionsfälle so charakteristisch sind, werden damit nicht nur freigestellt, sondern auch als vertikale Beschränkungen eingeordnet, wenn sie nach Art. 81 Abs. 1 EG tatbestandsmäßig sind (siehe Art. 2 Abs. 1 Schirm-GVO); ein Hinweis auf „horizontale Wettbewerbsprobleme"[197] findet sich weder in den Leitlinien für vertikale Beschränkungen (Tz. 26 f.) noch in den Leitlinien über horizontale Zusammenarbeit (Tz. 139 ff.).[198] Nach Art. 4 lit. b Fall 1 Schirm-GVO gilt die Freistellung nach Art. 2 Abs. 1 und Abs. 4 lit. b Schirm-GVO auch dann, wenn die vertikalen Vereinbarungen Beschränkungen des aktiven Verkaufs in Gebiete oder an Gruppen von Kunden, die der Lieferant sich selbst vorbehalten oder ausschließlich einem anderen Käufer zugewiesen hat, bezwecken; die eingeschränkten Vertriebsverbote, die für die typischen Dualdistributionsfälle so charakteristisch sind, werden damit nicht nur freigestellt, sondern auch als vertikale Beschränkungen eingeordnet,

---

196 Tz. 140, 144, 147, 151, 156 ff. der Leitlinien über horizontale Zusammenarbeit.
197 So die Formulierung in Tz. 147 der Leitlinien über horizontale Zusammenarbeit.
198 Siehe dazu Veelken in I/M-EG 2001 GFVO der in Rdn. 74, 183 betont, dass die Beschränkungen sowohl den Lieferanten wie den Käufer betreffen können, und der „die häufig in Alleinvertriebsverträgen enthaltenen Beschränkungen von Lieferungen des Lieferanten in das Vertragsgebiet (vgl. Art. 2 Abs. 1 der GFVO 1983/83)" ausdrücklich erwähnt und dann feststellt: „Art. 4 lit. b lässt Vertriebsbindungen des Lieferanten ohne Einschränkung, auch über die in den vorgenannten GFVO insoweit enthaltenen Begrenzungen hinaus, zu". (vgl. auch Bechthold EWS 2001, 49, 52), und der in den Rdn. 121 f., 114, 123 ausführt, dass „vertikale Vereinbarungen zwischen Konkurrenten im interbrand-Wettbewerb... über die lit. b nicht zugelassen" werden, sondern nur vertikale Vereinbarungen in den Fällen, in denen „der Hersteller im intrabrand-Wettbewerb auch auf der Handelsstufe tätig ist", allerdings die Frage als irrelevant ansieht, ob der Händler „als Händler für mehrere konkurrierende Hersteller tätig ist".

wenn sie nach Art. 81 Abs. 1 EG tatbestandsmäßig sind (siehe Art. 2 Abs. 1 Schirm-GVO); ein Hinweis auf „horizontale Wettbewerbsprobleme"[199] findet sich auch hier weder in den Leitlinien für vertikale Beschränkungen (Tz. 26f.) noch in den Leitlinien über horizontale Zusammenarbeit (Tz. 139ff.).[200] Das Direktvertriebsverbot des Art. 2 Abs. 1 GVO 1983/83 wurde lediglich als das Alleinvertriebsrecht ergänzende vertikale Beschränkung angesehen, weil sich erst aus der Verbindung dieser beiden Verpflichtungen die Alleinbelieferungspflicht des Herstellers und damit die eine Alleinvertriebsvereinbarung ausmachende vertikale Bindung des Herstellers ergebe,[201] und das Alleinvertriebsrecht mit einem eingeschränkten Direktvertriebsverbot wurde als Alleinbelieferungspflicht ohne absoluten Charakter betrachtet; ein Hinweis auf „horizontale Wettbewerbsprobleme"[202] findet sich auch hier nicht.[203] Man stritt zwar um die Frage, ob es mit der GVO 1983/83 vereinbar war, dem Händler die Verpflichtung aufzuerlegen, in seinem Gebiet bestimmte (dem Hersteller vorbehaltene) Kundengruppen oder Kunden nicht zu beliefern,[204] aber nicht unter dem Blickwinkel „horizontaler Wettbewerbsprobleme",[205] sondern weil diese Verpflichtung von Art. 2 Abs. 2 GVO 1983/83 nicht freigestellt und deshalb möglicherweise eine unzu-

199 So die Formulierung in Tz. 147 der Leitlinien über horizontale Zusammenarbeit.
200 Siehe dazu Veelken in I/M-EG 2001 GFVO Rdn. 189ff., 193ff. sowie Rdn. 74, 183, wo ausführt, dass „vertikale Vereinbarungen zwischen Konkurrenten im inter brand Wettbewerb... über die lit. b nicht zugelassen" werden, sondern nur vertikale Vereinbarungen in den Fällen, in denen „der Hersteller im intra brand Wettbewerb auch auf der Handelsstufe tätig ist", allerdings die Frage als irrelevant ansieht, ob der Händler „als Händler für mehrere konkurrierende Hersteller tätig ist"; Semler/Bauer DB 2000, 193, 197f.; Metzlaff BB 2000, 1201, 1206f.; Subiotto/Amato, World Competition, Volume 23, June 2000, p. 1, 17f.
201 Veelken in I/M-EG 1997 GFVO Rdn. B 29, 37; Wiedemann, GVO, Art. 2 GVO 1983/83 Rdn. 4; Bunte/Sauter, GVO, VO Nr. 1983/83 Rdn. 25.
202 So die Formulierung in Tz. 147 der Leitlinien über horizontale Zusammenarbeit.
203 Tz. 30 der Bekanntmachung zur GVO 1983/83; Veelken in I/M-EG 1997 GFVO Rdn. B 39; Wiedemann, GVO, Art. 2 GVO 1983/83 Rdn. 6f.; Bunte/Sauter, GVO, VO Nr. 1983/83 Rdn. 25.
204 Veelken in I/M-EG 2001 GFVO Rdn. 190f. und bereits in I/M-EG 1997 GFVO Rdn. B 39; Semler/Bauer DB 2000, 193, 198; Wiedemann, GVO, Art. 2 GVO 1983/83 Rdn. 8; Bunte/Sauter, GVO, VO Nr. 1983/83 Rdn. 25.
205 So die Formulierung in Tz. 147 der Leitlinien über horizontale Zusammenarbeit.

lässige Einschränkung des Alleinvertriebsrechts des Händlers war.[206] Dabei wurde allerdings eingeräumt, dass diese Frage keine praktische Bedeutung habe, da der Hersteller sich üblicherweise die Belieferung von Großverbrauchern vorbehalte, die zu günstigeren Preisen beziehen würden, als der Händler sie gewähren könnte.[207] Schließlich stützen auch die Ergebnisse der hier durchgeführten Untersuchung den genannten Eindruck: In den Fällen einer Alleinvertriebsvereinbarung zwischen einem direktvertreibenden Hersteller und einem Händler, in denen weder der Händler noch der Hersteller Konkurrenzerzeugnisse herstellt und absetzt oder herstellen und absetzen kann oder fremde Konkurrenzerzeugnisse vertreibt oder vertreiben kann, birgt keine einzige der in der Alleinvertriebsvereinbarung enthaltenen typischen Ausschließlichkeitsbindungen die Gefahr einer Marktaufteilung nach Produkten oder Gebieten.

Die neue Rechtsauffassung der Kommission zur kartellrechtlichen Einordnung der typischen Dualdistributionsfälle lässt sich nach alledem wie folgt zusammenfassen: Eine Alleinvertriebsvereinbarung zwischen einem direktvertreibenden Hersteller und einem Händler ist in den Fällen, in denen der Händler weder Konkurrenzerzeugnisse herstellt und absetzt oder herstellen und absetzen kann noch fremde Konkurrenzerzeugnisse vertreibt oder vertreiben kann (und der Hersteller auch nicht), eine vertikale Vereinbarung zwischen Wettbewerbern, und die darin enthaltenen typischen Ausschließlichkeitsbindungen – Vertriebsbeschränkungen, Markenzwang und Alleinbezug – sind vertikale Beschränkungen, wenn sie nach Art. 81 Abs. 1 EG tatbestandsmäßig sind (siehe Art. 2 Abs. 1 Schirm-GVO). Alleinvertriebsvereinbarungen können in diesen typischen Dualdistributionsfällen keine „Wirkungen, die mit solchen von horizontalen Vereinbarungen vergleichbar sind",[208] haben. Deshalb ist allein auf der Grundlage des Art. 81 Abs. 1 EG und der Artt. 3 ff. Schirm-GVO oder – wenn die

206 Veelken in I/M-EG 1997 GFVO Rdn. B 39; Wiedemann, GVO Art. 2 GVO 1983/83 Rdn. 8.
207 Wiedemann, GVO, Art. 2 GVO 1983/83 Rdn. 8.
208 So die Formulierung in Tz. 11 der Leitlinien über horizontale Zusammenarbeit.

Voraussetzungen der Artt. 3 ff. Schirm-GVO nicht vorliegen – nach Maßgabe der Leitlinien für vertikale Beschränkungen zu prüfen, ob vertikale Beschränkungen und – gegebenenfalls – die Freistellungsvoraussetzungen des Art. 81 Abs. 3 EG vorliegen. Diese Ansicht ist mit einer extensiven Interpretation des § 1 GWB weitestgehend unvereinbar. Wie die Untersuchung gezeigt hat, bestehen danach keine Bedenken gegen eine weitreichende Anwendung des § 1 GWB in den typischen Dualdistributionsfällen. Das Alleinvertriebsrecht als Teil der Vertriebsbeschränkung fällt vermittels der Anerkennung eines mittelbaren Wettbewerbsverhältnisses, das Direktvertriebsverbot als Teil der Vertriebsbeschränkung fällt ebenso wie die Alleinbezugspflicht vermittels der Fiktion eines potenziellen Wettbewerbs des Herstellers und/oder eines Wettbewerbsverhältnisses im Sinne des § 1 GWB zwischen dem Hersteller und „seinen" Händlern als Vereinbarung zwischen miteinander im Wettbewerb stehenden Unternehmen in den Anwendungsbereich des § 1 GWB, wenn sie mit Blick auf diese als kartellverbotsrelevante Wettbewerbsverhältnisse angesehenen Beziehungen eine als Marktaufteilung nach Produkten und Gebieten eingeordnete Wirkung haben. Widersprüche liegen lediglich insoweit nicht vor, als auch auf der Grundlage der extensiven Interpretation des § 1 GWB das Herstellungs- und Handelsverbot (Markenzwang) in den typischen Dualdistributionsfällen keine Vereinbarung zwischen miteinander im Wettbewerb stehenden Unternehmen im Sinne des § 1 GWB sein kann. Denn nur im Falle einer Alleinvertriebsvereinbarung zwischen konkurrierenden Herstellern beinhaltet das Herstellungsverbot als Teil des Markenzwangs ein kartellverbotsrelevantes Marktzutrittsverbot zu Lasten des Händlers, geht es dagegen um die typischen Dualdistributionsfälle, in denen der Händler zum Zeitpunkt des Vertragsschlusses weder ein aktueller noch ein potenzieller Wettbewerber auf dem Herstellermarkt ist, so dient es lediglich dazu, die spätere Herstellerfunktion für Konkurrenzerzeugnisse auszuschließen.[209] Und nur im Falle einer Alleinvertriebsvereinbarung mit einem fremdvertreibenden Händlers beinhaltet das Handelsverbot als Teil des

---

209 Vgl. Veelken in I/M-EG 1997 GFVO Rdn. B 61.

Markenzwangs einen kartellverbotsrelevanten Wettbewerbsverzicht des Händlers, geht es dagegen um die typischen Dualdistributionsfälle, in denen der Händler zum Zeitpunkt des Vertragsschlusses weder fremde Konkurrenzerzeugnisse vertreibt noch
vertreiben kann, so dient es nur dazu, die spätere Wiederverkäuferfunktion für Konkurrenzerzeugnisse auszuschließen.[210]

---

210 Vgl. Veelken in I/M-EG 1997 GFVO Rdn. B 61.

D. Die Legitimation einer harmonisierenden Interpretation des § 1 GWB

Da die kartellrechtliche Einordnung der Alleinvertriebsvereinbarungen auf der Grundlage einer extensiven Interpretation des § 1 GWB nicht nur gewichtigen Einwänden begegnet, sondern auch der neuen Rechtsauffassung der Kommission widerspricht, stellt sich die Frage nach der Legitimation einer harmonisierenden (und restriktiven) Interpretation des § 1 GWB. Und die Antwort lautet, dass vor dem Hintergrund des Binnenmarktprojekts und angesichts der wettbewerbspolitischen Wertungskongruenz zwischen dem deutschen und dem europäischen Kartellrecht eine Interpretation des § 1 GWB (und des § 16 GWB) im Lichte der neuen Verwaltungspraxis der Kommission in sachlicher und methodischer Hinsicht geboten und möglich ist.

I. Das Binnenmarktprojekt

Wie ernst die Kommission die Wettbewerbsverzerrungen nimmt, die im europäischen Binnenmarkt durch das Nebeneinander der deutschen und der europäischen Kartellrechtsordnung hervorgerufen werden, zeigt sich in ihrem Vorschlag für eine neue Kartellverordnung. Obwohl der EuGH einen grundsätzlichen Vorrang der europäischen Kartellrechtsordnung festgestellt hat, soweit es um Vereinbarungen geht, die geeignet sind, den Handel zwischen Mitgliedstaaten zu beeinträchtigen, will die Kommission nunmehr durchsetzen, dass sämtliche Fälle mit grenzüberschreitenden Wirkungen allein dem Gemeinschaftsrecht unterliegen.[211] Und sie führt dazu aus:

---

211 Abschnitt I. A., I. C. 2. a., III., IV. Kapitel I. Artikel 3, Erwägungsgrund 8 (Art. 3: „Bei Vereinbarungen zwischen Unternehmen, Beschlüssen von Unternehmensvereinigungen und aufeinander abgestimmten Verhaltensweisen im Sinne von Artikel 81 EG-Vertrag und bei Fällen der missbräuchlichen Ausnutzung einer beherrschenden Stellung im Sinne von Artikel 82 EG-Vertrag, die geeignet sind, den Handel zwischen Mitgliedstaaten zu beeinträchtigen, ist allein das Wettbewerbsrecht der Gemeinschaft unter Ausschluss des Wettbewerbsrechts der Mitgliedstaa-

„Durch das Vorrangprinzip werden eindeutige Konflikte zugunsten des Gemeinschaftsrechts gelöst. Jedoch wird dadurch nicht wirksam verhütet, dass Vereinbarungen und Verhaltensweisen in den einzelnen Mitgliedstaaten inkohärent oder abweichend behandelt werden, auch wenn die betreffenden Vereinbarungen und Verhaltensweisen den Handel zwischen Mitgliedstaaten beeinträchtigen. Beim gegenwärtigen Entwicklungsstand der Gemeinschaft ist es von großer Bedeutung, dass überall in der Europäischen Union für gleiche Wettbewerbsbedingungen gesorgt wird, so dass Unternehmen in den vollen Genuss der Vorteile des Binnenmarkts kommen können. Wie aus Artikel 81 Absatz 3 unmittelbar hervorgeht, haben viele Vereinbarungen erwünschte Wohlfahrtseffekte. Mit dem Binnenmarktkonzept unvereinbar ist es, dass Vereinbarungen und Verhaltensweisen, die den grenzüberschreitenden Handel beeinträchtigen können, unterschiedlichen Normen unterliegen, so dass eine Vereinbarung, die nach dem Gemeinschaftsrecht als harmlos oder nutzbringend betrachtet würde, nach einzelstaatlichem Wettbewerbsrecht verboten werden kann ... Artikel 3 stellt sicher, dass Vereinbarungen und Verhaltensweisen, die den Handel zwischen den Mitgliedstaaten beeinträchtigen können, nach einheitlichen Regeln untersucht werden, was einheitliche Wettbewerbsbedingungen überall in der Gemeinschaft fördert und die Kosten erspart, die die parallele Anwendung von EG-Wettbewerbsrecht und nationalen Rechten sowohl für die Wettbewerbsbehörden wie für die Unternehmen verursacht."[212]

Dies wirft ein Schlaglicht darauf, wie wünschenswert eine harmonisierende Interpretation des § 1 GWB in wettbewerbspolitischer Hinsicht ist. Sie beseitigt nicht nur die von der Kommission beschriebene (und möglicherweise bald beseitigte) Gefahr, dass die einzelnen Ausschließlichkeitsbindungen in Alleinvertriebsvereinbarungen, die den zwischenstaatlichen Handel spürbar beeinträch-

---

ten anwendbar"), Folgenabschätzung Nr. 5 des Vorschlags der Kommission für eine Verordnung des Rates zur Durchführung der in den Artikeln 81 und 82 EG-Vertrag niedergelegten Wettbewerbsregeln und zur Änderung der Verordnungen (EWG) Nr. 1017/68, (EWG) Nr. 2988/74, (EWG) Nr. 4056/86, (EWG) Nr. 3975/87 (Durchführungsverordnung zu den Artikeln 81 und 82 EG-Vertrag) vom 27. 9. 2000 (im folgenden Vorschlag der Kommission), veröffentlicht auf der Homepage der Generaldirektion Wettbewerb unter http://europa.eu.int/comm/competition/antitrust/others/.
212 Abschnitt IV. Kapitel I. Artikel 3 des Vorschlags der Kommission.

tigen, nach verschiedenen Kriterien eingeordnet und nach unterschiedlichen Maßstäben bewertet werden. Eine harmonisierende Interpretation des § 1 GWB gewährleistet vor allem, dass die einzelnen Ausschließlichkeitsbindungen in Alleinvertriebsvereinbarungen unabhängig davon, ob sie den zwischenstaatlichen Handel spürbar beeinträchtigen oder nicht, nach denselben Kriterien eingeordnet und nach vergleichbaren Maßstäben bewertet werden. Alleinvertriebsvereinbarungen von nationaler Bedeutung würden nicht mehr vom BKartA in Bonn kritisch beäugt und Alleinvertriebsvereinbarungen von gemeinschaftsweiter Bedeutung von der Kommission in Brüssel nachsichtig behandelt werden. Und auch dadurch würden schwerwiegende Wettbewerbsverzerrungen, die im europäischen Binnenmarkt durch das Nebeneinander der deutschen und der europäischen Kartellrechtsordnung hervorgerufen werden, abgebaut werden.[213] Eine harmonisierende Interpretation des § 1 GWB ist allerdings nicht nur in wettbewerbspolitischer Hinsicht äußerst wünschenswert. Sie ist vor dem Hintergrund einer gemeineuropäischen Rechtskultur und einer sich entwickelnden europäischen Privatrechtsordnung vielmehr auch in methodischer Hinsicht geboten.

Die Kommission verfolgt mit ihren Eingriffen in die nationalen Privatrechtsordnungen das Ziel, die Wettbewerbsverzerrungen abzubauen, die im europäischen Binnenmarkt insbesondere durch die unterschiedlichen nationalen Vertrags-, Schuld- und Kreditsicherungsrechte hervorgerufen werden. Ein einheitlicher rechtlicher Ordnungsrahmen soll geschaffen werden, damit sich die Verbraucher im gesamten europäischen Binnenmarkt als Nachfrager nach Waren und gewerblichen Leistungen frei bewegen können. Durch den Schutz der wettbewerblichen Freiheit, die begehrte Ware oder gewerbliche Leistung grenzüberschreitend günstiger zu erwerben, soll das Funktionieren des europäischen Binnenmarkts gesichert werden. Das hat zwei wichtige Konsequenzen für die Interpretation von Normen der nationalen Privatrechtsordnungen. Zum einen werden die nationalen Privatrechtsordnungen infolge

---

213 Vgl. zu diesem Problemkreis Möschel AG 1998, 561, 561 ff.

der Umsetzung von EG-Richtlinien zunehmend mit Normen europäischen Ursprungs durchsetzt, die nicht im systematischen Zusammenhang mit den übrigen nationalen Normen, sondern richtli-
nienkonform und damit in Übereinstimmung mit den gemeinsamen Wertungen der Mitgliedstaaten ausgelegt werden müssen. Dadurch entstehen zwangsläufig Wertungswidersprüche zwischen
den Normen europäischen Ursprungs und den Normen rein nationalen Ursprungs, wenn diese ohne Rücksicht auf die hinzugefüg-
ten Normen europäischen Ursprungs weiterhin allein auf das Sinn-
ganze der jeweiligen nationalen Rechtsordnung bezogen werden.
Diese Unstimmigkeiten lassen sich nur dadurch beseitigen, dass
die Normen rein nationalen Ursprungs im Wege der systematischen Auslegung mit den Normen europäischen Ursprungs har-
monisiert werden. Zum anderen ist es bereits im Vorfeld konkreter
Eingriffe der Kommission angezeigt, die nationalen Privatrechtsordnungen auf die weitere Privatrechtsangleichung vorzubereiten.
Die Auslegung der Normen des nationalen Privatrechts und die
Rechtsfortbildung des nationalen Privatrechts ist so fortzuentwickeln, dass im Zweifel die Interpretation gewählt wird, die den
sich entwickelnden Prinzipien einer europäischen Privatrechtsordnung entspricht. Werden diejenigen Interpretationen so weit als
möglich vermieden, die die Unterschiede zu den übrigen nationalen Privatrechtsordnungen vertiefen, wird eine Annäherung der nationalen Privatrechtsordnungen herbeigeführt und Wertungswider-
sprüchen zwischen Normen rein nationalen Ursprungs und künftigen Normen europäischen Ursprungs vorgebeugt. Die Rechtsanglei-
chung durch eine systematische Auslegung, die sich im Wege der
Rechtsvergleichung um Prinzipien einer europäischen Privatrechtsordnung bemüht, um die Normen rein nationalen Ursprungs
darauf zu beziehen, ist der beste Weg hin zu einer einheitlichen Privatrechtsordnung in einem einheitlichen Wirtschaftsraum.[214]

Diese Angleichung der nationalen Privatrechtsordnungen kann
die nationalen Kartellrechte nicht unberührt lassen. Wettbewerbsverzerrungen werden im europäischen Binnenmarkt nicht nur

---

214 Vgl. Säcker in MüKo Einl. Rdn. 131–133, 181–185.

durch unterschiedliche nationale Vertrags-, Schuld- und Kreditsicherungsrechte, sondern auch durch unterschiedliche nationale Kartellrechtsordnungen hervorgerufen.[215] Es muss ein einheitlicher rechtlicher Ordnungsrahmen geschaffen werden, damit sich die Verbraucher im gesamten europäischen Binnenmarkt als Nachfrager nach Waren und gewerblichen Leistungen und die Unternehmen im gesamten europäischen Binnenmarkt als Anbieter von Waren und gewerblichen Leistungen frei bewegen können. Das Funktionieren des europäischen Binnenmarkts ist nur gesichert, wenn die wettbewerbliche Freiheit, die Ware oder gewerbliche Leistung grenzüberschreitend günstiger zu erwerben, und die wettbewerbliche Freiheit, die Ware oder gewerbliche Leistung grenzüberschreitend profitabler zu vermarkten, gleichermaßen geschützt werden. Die angestrebte gegenseitige Durchdringung der bislang national geprägten Märkte setzt voraus, dass die Entscheidungen von Verbrauchern und Unternehmen, einen grenzüberschreitenden oder einen nicht grenzüberschreitenden Vertrag abzuschließen, nicht dadurch beeinflusst werden, welche rechtlichen Rahmenbedingungen jeweils gelten. Die Verbraucher können sich erst dann als Nachfrager im gesamten europäischen Binnenmarkt frei bewegen, wenn die von ihnen abgeschlossenen Kauf- und Kreditverträge unabhängig davon, in welchem Mitgliedstaat sie wohnen und aus welchem Mitgliedstaat sie die Ware oder gewerbliche Leistung beziehen, einem einheitlichen Vertrags-, Schuld- und Kreditsicherungsrecht unterliegen. Damit die Unternehmen sich als Anbieter im gesamten europäischen Binnenmarkt frei bewegen können, ist darüber hinaus erforderlich, dass die zwischen ihnen getroffenen Kooperations- und Vertriebsvereinbarungen unabhängig davon, in welchem Mitgliedstaat sie ihre unternehmerische Tätigkeit entfalten und in welchem Mitgliedstaat oder in welchen Mitgliedstaaten sich ihre Vereinbarungen wettbewerbsbeschränkend auswirken, und auch unabhängig davon, ob die getroffenen Vereinbarungen den zwischenstaatlichen Handel spürbar beeinträchtigen oder nicht, einer einheitlichen kartellrechtlichen Regelung unterworfen sind.

---

215 Vgl. zu diesem Problemkreis Möschel AG 1998, 561, 561 ff.

Vor diesem Hintergrund ist die Auslegung der Normen des nationalen Kartellrechts so fortzuentwickeln, dass im Zweifel die Interpretation gewählt wird, die der europäischen Kartellrechtsordnung entspricht. Zahlreiche Mitgliedstaaten haben dieser Entwicklung bereits dadurch Vorschub geleistet, dass sie ihr nationales Kartellrecht an das europäische Kartellrecht angeglichen haben.[216] Auch der Gesetzgeber der 6. GWB-Novelle hat mit der Neufassung der §§ 1, 7 Abs. 1 GWB eine Angleichung an Art. 81 Abs. 1 und Abs. 3 EG vorgenommen. Daher ist eine harmonisierende Interpretation gerade des § 1 GWB besonders geboten.[217]

II. Die wettbewerbspolitische Wertungskongruenz

Die Kommission unterscheidet im Ausgangspunkt zwischen horizontalen und vertikalen Beschränkungen und hält horizontale Beschränkungen für wettbewerbsschädlicher als vertikale Beschränkungen. Sie führt aus, der Hauptgrund für die nachsichtigere Behandlung vertikaler Beschränkungen liege darin, dass bei horizontalen Geschäftsbeziehungen die Ausübung von Marktmacht durch ein Unternehmen, das für sein Produkt einen höheren Preis durchsetze, den Wettbewerbern zum Vorteil gereichen könne. Dieser Umstand sei möglicherweise ein Anreiz für konkurrierende Unternehmen, sich gegenseitig zu wettbewerbsfeindlichen Verhaltensweisen zu ermuntern. Bei vertikalen Geschäftsbeziehungen sei dagegen das Produkt des einen das Einsatzgut des anderen, so dass die Ausübung von Marktmacht durch das auf dem vorgelagerten oder das auf dem nachgelagerten Markt tätige Unternehmen in der Regel die Nachfrage nach dem Produkt des anderen Unternehmens beeinträchtige. Deshalb hätten die an einer Vereinbarung beteiligten Unternehmen gewöhnlich einen Anreiz, die Ausübung von Marktmacht durch die übrigen Vertragsparteien zu unterbinden.[218] Daher behandelt die Kommission die vertikalen Vereinbarungen zwischen Wettbewerbern, die vertikale Beschränkungen enthalten und „Wirkungen, die mit solchen von horizontalen Vereinbarun-

---

216 Abschnitt I. A. und I. C. 2. a. des Vorschlags der Kommission.
217 Vgl. auch Bahr WuW 2000, 954, 954, 954 ff.
218 Tz. 100 der Leitlinien für vertikale Beschränkungen.

gen vergleichbar sind",[219] haben können, strenger als die vertikalen Vereinbarungen zwischen Wettbewerbern, die vertikale Beschränkungen enthalten, aber keine „Wirkungen, die mit solchen von horizontalen Vereinbarungen vergleichbar sind",[220] und die vertikalen Vereinbarungen zwischen Nichtwettbewerbern, die vertikale Beschränkungen enthalten. Im ersten Fall greift Art. 2 Abs. 4 lit. a Schirm-GVO ein, so dass die Schirm-GVO nur gilt, wenn die Höchstgrenze für den jährlichen Gesamtumsatz des Käufers nicht überschritten ist; im Übrigen wird gegebenenfalls auf der Grundlage der Leitlinien über horizontale Zusammenarbeit und der Leitlinien für vertikale Beschränkungen geprüft. Dagegen kommen im zweiten Fall Art. 2 Abs. 1 oder Art. 2 Abs. 4 lit. b Schirm-GVO zur Anwendung, so dass die Schirm-GVO ohne eine Einschränkung durch eine Höchstgrenze für den jährlichen Gesamtumsatz des Käufers gilt; im Übrigen wird ausschließlich auf der Grundlage der Leitlinien für vertikale Beschränkungen geprüft.

Die Kommission sieht die negativen Wirkungen vertikaler Beschränkungen in vertikalen Vereinbarungen in einer Verringerung des markeninternen Wettbewerbs zwischen den Händlern, die Produkte derselben Marke vertreiben, und des Markenwettbewerbs zwischen den im Markt tätigen Unternehmen sowie in einem Ausschluss anderer Lieferanten vom Markt durch Errichtung von Marktzutrittsschranken. Sie geht zunächst davon aus, dass vertikale Beschränkungen in vertikalen Vereinbarungen so lange keine spürbaren negativen Wirkungen entfalten, wie der Markenwettbewerb funktioniert, also weder der Lieferant noch der Käufer über Marktmacht verfügt.[221] Sie ist darüber hinaus der Ansicht, dass

---

219 So die Formulierung in Tz. 11 der Leitlinien über horizontale Zusammenarbeit.
220 So die Formulierung in Tz. 11 der Leitlinien über horizontale Zusammenarbeit.
221 Tz. 6, 101 f., 103 ff., 119 der Leitlinien für vertikale Beschränkungen. Die Kommission hat seit jeher die Einschränkungen der wirtschaftlichen Handlungs- und Bewegungsfreiheit der gebundenen Unternehmen und die Auswirkungen auf die Position dritter Unternehmen als Wettbewerbsbeschränkungen angesehen, sie hat immer auch darauf abgestellt, dass durch die Alleinvertriebsvereinbarungen dritte Unternehmen von dem Bezug oder dem Absatz der von dem Vertrag betroffenen Waren ausgeschlossen werden; siehe dazu nur Emmerich in I/M-EG 1997 Art. 85 Abs. 1 Rdn. A 153 f.

vertikale Beschränkungen in vertikalen Vereinbarungen häufig positive Wirkungen zeitigen, die etwaige negative Wirkungen aufwiegen könnten. Gerade wenn ein Unternehmen keine Marktmacht ausüben könne, müsse es versuchen, Gewinnsteigerungen durch die Verbesserung seiner Herstellungs- und Vertriebsmethoden zu erzielen. Vertikale Beschränkungen könnten in dieser Hinsicht nützlich sein, da die marktüblichen Beziehungen zwischen unabhängigen Kontrahenten wie Lieferant und Käufer, bei denen lediglich der Preis und die Menge für ein bestimmtes Geschäft vereinbart würden, oft zu einem suboptimalen Investitions- und Absatzniveau führen könnten. Der Rückgriff auf bestimmte vertikale Beschränkungen könne insbesondere gerechtfertigt sein zur Lösung des Trittbrettfahrer- und des Hold-up-Problems, zur Erschließung neuer Märkte, zur Erzielung von Größenvorteilen beim Vertrieb, zur Sicherung von Produkteinheitlichkeit und -qualität, zur Schaffung eines bestimmten Markenimages und damit zur Erhöhung der Attraktivität des Produkts für den Endverbraucher sowie zur Behebung von Unzulänglichkeiten der Kapitalmärkte. Vertikale Beschränkungen in vertikalen Vereinbarungen könnten mithin einen Beitrag zur Erzielung von Effizienzgewinnen und zur Erschließung neuer Märkte leisten, der etwaige negative Wirkungen aufwiegen könne. Dies gelte insbesondere für vertikale Vereinbarungen von begrenzter Dauer, die die Einführung neuer komplexer Produkte erleichtern oder bestimmte vertragsspezifische Investitionen schützen würden.[222] Die Kommission will daher bei der Bewertung von Fällen, in denen die Marktanteilsschwelle von 30% überschritten wird, eine vollständige wettbewerbsrechtliche Untersuchung durchführen. Zur Klärung der Frage, ob eine vertikale Vereinbarung zu einer spürbaren Beeinträchtigung des Wettbewerbs im Sinne des Art. 81 Abs. 1 EG führe, seien die Marktstellung des Lieferanten, des Käufers und der Wettbewerber, die Marktzutrittsschranken, die Marktphase, die Handelsstufe und die Beschaffenheit der Ware oder Dienstleistung besonders wichtige Faktoren. Wenn die Frage beantwortet werden müsse, ob die Voraussetzungen für eine Anwendung von Art. 81

---

222 Tz. 115 ff. der Leitlinien für vertikale Beschränkungen.

Abs. 3 EG erfüllt seien, komme es entscheidend darauf an, ob die als positive Wirkungen beschriebenen Effiziengewinne nachgewiesen würden und im Saldo positive Wirkungen hätten.[223]

Der Gesetzgeber der 6. GWB-Novelle unterscheidet im Ausgangspunkt ebenfalls zwischen horizontalen und vertikalen Wettbewerbsbeschränkungen; auch er hält horizontale Wettbewerbsbeschränkungen für wettbewerbsschädlicher als vertikale Wettbewerbsbeschränkungen. Deshalb wollte er zwar für horizontale Wettbewerbsbeschränkungen die europäische Regelung übernehmen, aber für vertikale Wettbewerbsbeschränkungen die mit hohen Eingriffsschwellen versehene Missbrauchsaufsicht des deutschen Kartellrechts beibehalten.

„Das Kartellverbot des § 1 wird in Anlehnung an Art. 85 Abs. 1 EGV als echtes Kartellverbot ausgestaltet. Danach ist bereits der Abschluss von Kartellverträgen und nicht erst die Praktizierung solcher Verträge durch Hinwegsetzen über deren Unwirksamkeit (bisheriger § 38 Abs. 1 Nr. 1 GWB) verboten. Die europäische Rechtslage bringt das Unwerturteil bezüglich wettbewerbsbeschränkender Verhaltensweisen deutlicher zum Ausdruck. Der Wortlaut von § 1 wird an Art. 85 Abs. 1 EGV angeglichen. § 1 stellt wie Art. 85 Abs. 1 EGV auf ‚bezweckte oder bewirkte‘ Wettbewerbsbeschränkungen ab. Nach bisherigem deutschen Recht sind Kartellvereinbarungen unwirksam, ‚soweit sie geeignet sind, die Erzeugung oder die Marktverhältnisse für den Verkehr mit Waren oder gewerblichen Leistungen durch Beschränkung des Wettbewerbs zu beeinflussen‘. In der Praxis besteht zwischen der im EG-Recht gewählten Formulierung und der Auslegung des bisherigen Tatbestandselements durch die deutsche Rechtsprechung kein wesentlicher Unterschied. Die europäische Regelung ist jedoch konsequenter und wird daher übernommen. Das bisher in § 25 Abs. 1 geregelte Verbot abgestimmten Verhaltens wird entsprechend Art. 85 Abs. 1 EGV in den § 1 aufgenommen.

Die im deutschen Recht bestehende Unterscheidung zwischen horizontalen und vertikalen Wettbewerbsbeschränkungen wird beibehalten. Horizontale Wettbewerbsbeschränkungen sind – vorbehaltlich der Möglichkeit einer Freistellung – verboten, während vertikale Wettbewerbsbeschränkungen – abgesehen vom Preis- und Konditionenbin-

---

223 Tz. 120 ff. der Leitlinien für vertikale Beschränkungen.

dungsverbot des bisherigen § 15 – nur einer mit hohen Eingriffs-schwellen verbundenen Missbrauchsaufsicht unterliegen. Eine An-gleichung an das EG-Recht ist nicht geboten. Durch die Gleichbe-handlung von horizontalen und vertikalen Wettbewerbsbeschränkun-gen im EG-Recht sollte insbesondere das Unterlaufen eines der we-sentlichen Ziele des EGV, der Abbau der Zollschranken, durch entge-genstehende privatrechtliche Beschränkungen (z. B. Gebietsschutz) verhindert werden. Eine solche, aus dem Binnenmarktprinzip der EG resultierende Zielsetzung liegt dem GWB nicht zugrunde. Abwei-chend vom europäischen Recht bedarf es daher in § 1 weiter eines Tat-bestandselements, das die Abgrenzung zu den Vorschriften über verti-kale Vereinbarungen erlaubt. Das bisherige Merkmal ‚zu einem ge-meinsamen Zweck' wird daher durch die sprachlich treffendere For-mulierung ‚zwischen miteinander im Wettbewerb stehenden Unter-nehmen' ersetzt. Dabei wird sowohl der aktuelle wie der potenzielle Wettbewerb zwischen den Unternehmen erfasst."[224]

Es stellt sich allerdings die Frage, ob sich der Gesetzgeber zu-gleich für eine strikte Tatbestandsalternativität aussprechen woll-te.[225] Dies ist jedoch nicht der Fall. Der Gesetzgeber hat lediglich den Unterschied zwischen horizontalen und vertikalen Wettbe-werbsbeschränkungen betont und es gerade deshalb nicht ausge-schlossen, dass die „auch horizontal wirkenden vertikalen Wettbe-werbsbeschränkungen"[226] sowohl nach § 1 GWB als auch nach § 16 GWB beurteilt werden.[227]

---

224 Begründung zum Regierungsentwurf aus dem Oktober 1997, S. 3 f. (abgedruckt bei Baron, Kartellgesetz, S. 121).
225 So etwa Zimmer in I/M-GWB 2001 § 1 Rdn. 164, 271, 293; Emmerich in I/M-GWB 2001 § 16 Rdn. 18, 45 und Fälle, S. 40 f., 65 f., 73 sowie Kartellrecht, S. 33 f., 135; Bunte in L/B § 1 Rdn. 98; Hootz in GK § 1 Rdn. 65; Keul, Kartell-verbot, S. 233 f.; Rittner WuW 2000, 1204, 1205 und WuW 2000, 696, 698 f., 704 sowie Wettbewerbs- und Kartellrecht, § 7 Rdn. 23, wo er allerdings von einer „sukzessiven Doppelkontrolle" spricht.
226 Vgl. die Formulierung in BGH WuW/E BGH 3115, 3118 – Druckgussteile.
227 So wohl nur Karsten Schmidt WuW 2000, 1199, 1202 ff. und AG 1998, 551, 559 f. sowie FS Sandrock, S. 833, 842 ff., der auf S. 842 betont, die Neuformulierung des Kartellverbotstatbestandes lasse von der vom BGH angenommenen Alternati-vität zwischen § 1 GWB und § 16 GWB nichts mehr erkennen; zustimmend Schwintowski/Klaue BB 2000, 1901, 1901; ähnlich aber auch Huber in FK § 1 n. F. Rdn. 86 ff.

Die Väter des GWB haben die in Austauschverträgen enthaltenen vertikalen Wettbewerbsbeschränkungen im Grundsatz als wettbewerbspolitisch ambivalent angesehen und deshalb nur einer mit hohen Eingriffsschwellen verbundenen Missbrauchsaufsicht unterworfen. Denn sie gingen davon aus, sie würden im Regelfall zwar den intra brand Wettbewerb beschränken und zur Errichtung von Marktzutrittsschranken führen, aber auch den inter brand Wettbewerb stärken und den Marktzutritt von Newcomern ermöglichen. Nur in dem Ausnahmefall, in dem einzelne oder mehrere mächtige Hersteller eine große Zahl von Händlern an sich bänden, lägen besonders schwerwiegende Wettbewerbsbeschränkungen vor, da es dann für dritte Hersteller äußerst schwierig werde, noch eine ausreichende Zahl freier Händler zu finden.[228] Mit Blick auf den Schutzzweck des § 18 GWB a. F. ist auch die ganz überwiegende Ansicht davon ausgegangen, dass die in Austauschverträgen enthaltenen vertikalen Wettbewerbsbeschränkungen nicht um ihrer selbst willen der Aufsicht durch die Kartellbehörden unterworfen sind, sondern wegen der zentralen Gefahr, die dem Wettbewerb durch sie droht, der Beschränkung des Marktzutritts für dritte Unternehmen. Der vorrangige Zweck der Kartellaufsicht sei die Offenhaltung der Märkte, um (wieder) Raum für die Entwicklung und Entfaltung des Wettbewerbsprozesses zu schaffen. Dies werde in erster Linie über den Schutz der wirtschaftlichen Bewegungsfreiheit der durch die Bindungen betroffenen Dritten erreicht, weil die allseitige Öffnung der Märkte vor allem in ihrem Interesse liege, aber auch durch den Schutz der wirtschaftlichen Bewegungsfreiheit der gebundenen Unternehmen, weil dadurch erreicht werden könne, dass die Wettbewerber des bindenden Unternehmens (wieder) eine genügende Zahl ungebundener Vertragspartner vorfinden. Der Wettbewerb als Institution könne immer nur über den Schutz der wirtschaftlichen Bewegungsfreiheit aller Marktteilnehmer geschützt werden.[229] Der Gesetzgeber hat in der Regierungsbegründung zur 6. GWB-Novelle ganz in diesem Sinne betont,

---

228 Vgl. Emmerich in I/M-GWB 1992 § 18 Rdn. 3 ff.
229 Siehe nur Emmerich in I/M-GWB 1992 § 18 Rdn. 195 ff., 165 ff., 158 ff., 26 ff., 3 ff.

mit § 16 GWB „in erster Linie den Zweck" zu verfolgen, „die Märkte durch Beseitigung künstlicher Marktzutrittsschranken allseits zu öffnen".[230]

Der BGH unterscheidet „Vereinbarungen, die als generell wettbewerbsschädlich grundsätzlich nach § 1 GWB verboten sein sollen, von solchen, die trotz der darin enthaltenen Wettbewerbsbeschränkungen wegen ihrer ambivalenten Wirkungen auf das Wettbewerbsgeschehen der flexiblen Regelung des § 18 GWB unterstellt sind".[231] Er hat in seinen Entscheidungen aus dem Jahr 1997 die in Alleinvertriebsvereinbarungen enthaltenen Kunden- und Gebietsschutzzusagen eines Herstellers und die Bezugsbindungen eines Händlers dem Anwendungsbereich des § 18 GWB a.F. zugewiesen, obwohl der Hersteller den/die dem Händler zugeordneten Abnehmer jederzeit im Wege des Eigen- oder Fremdvertriebs mit den Vertragswaren hätte beliefern können. Und er hat betont, dass die Kunden- und Gebietsschutzzusagen eines Herstellers und die Bezugsbindungen eines Händlers zur Belebung des Wettbewerbs beitrügen und die Einführung eines Produkts am Markt ermöglichten, wodurch deren nachteilige Wirkungen ausgeglichen würden.

„Die Bezugsbindung bildet das Äquivalent für die ständige Lieferbereitschaft der Beklagten und dient ersichtlich keinem weiteren über den Leistungsaustauch hinausgehenden gemeinsamen Zweck. Ihre kartellrechtliche Beurteilung richtet sich deshalb ausschließlich nach § 18 Abs. 1 Nr. 2 GWB... war die hier vereinbarte Kundenschutzzusage ... ebenso ... im Wesentlichen auf die Sicherung des – kartellrechtsneutralen – Leistungsaustauschs gerichtet... Absatzmittler bewirken in der Regel eine Belebung des Wettbewerbs, indem sie besondere Anstrengungen unternehmen, um die Marktchancen des Herstellers zu fördern (...). Daraus ergibt sich zugleich die wirtschaftliche Notwendigkeit von Wettbewerbsbeschränkungen, die verhindern, dass der Hersteller ohne eigenen Aufwand aus den Bemühungen des Absatzmittlers Nutzen zieht; denn der Zwischenhändler wird Investitio-

---

230 Begründung zum Regierungsentwurf aus dem Oktober 1997, S. 50 (abgedruckt bei Baron, Kartellgesetz, S. 140) und siehe dazu Emmerich in I/M-GWB 2001 § 16 Rdn. 8, 15, 89 ff., 105 f.

231 BGH WUW/E BGH 3115, 3117 – Druckgussteile; BGH WUW/E BGH 3121, 3124 f. – Bedside-Testkarten; BGH WuW/E BGH 3137, 3137 f. – Sole.

nen, die dem Interesse des Herstellers dienen, nur dann erbringen, wenn deren Rentabilität sichergestellt ist (vgl. ...; zur entsprechenden Problematik bei Art. 85 EGV vgl. ...)."[232]

„Das ist bei einem Alleinvertriebs- und Vertragshändlervertrag wie dem hier vorliegenden hinsichtlich der Verpflichtung des Händlers, Vertragswaren ausschließlich bei dem Produzenten zu beziehen und Konkurrenzprodukte nicht zu führen, der Fall. Diese ist das Korrelat zur Verpflichtung der Herstellers zu ständiger Lieferbereitschaft und als solche zur Erreichung des Vertragszwecks notwendig. Mit der Einsetzung eines Vertragshändlers soll dieser den Vertrieb anstelle des Herstellers übernehmen. Der Produzent kann und muss daher erwarten, dass der Händler bei der Vertragsware seine Bemühungen auf die Erzeugnisse des Herstellers konzentriert. Der Sicherung dieses, auch im Interesse des Wettbewerbs liegenden Ziels, dient die Verpflichtung des Händlers keine Produkte zu führen, die mit denen des Herstellers in Wettbewerb stehen... Aus dem gleichen Grund unbedenklich ist auch die mit der Ausschließlichkeitsbindung des Händlers korrespondierende Verpflichtung der Klägerin, weder einen weiteren Vertragshändler einzusetzen noch selbst Abnehmer in dem diesem zugewiesenen Gebiet zu beliefern. Die nicht unerheblichen Aufwendungen für verkaufs- und imagefördernde Maßnahmen zugunsten der Vertragsware und die Übernahme des damit verbundenen Risikos können von dem Händler nur erwartet werden, wenn eine gewisse Wahrscheinlichkeit und Sicherheit dafür besteht, diese Kosten auch wieder zu erwirtschaften... Hinzukommt, dass diese wechselseitigen Ausschließlichkeitsbindungen erst die Voraussetzungen für eine erfolgreiche Einführung des Produkts am Markt und damit durch das Hinzutreten eines weiteren Anbieters eine verbesserte Wettbewerbslage schaffen, die ohne sie in dieser Form nicht zu erreichen wären."[233]

Der BGH hat mit der Druckgussteile-Rechtsprechung das Anliegen verfolgt, einer zu weiten Interpretation des § 1 GWB vorzubeugen, und zwar gerade mit Blick auf die vom Wortlaut des § 16 GWB erfassten Ausschließlichkeitsbindungen in Alleinvertriebsvereinbarungen.[234] In der Bedside-Testkartenentscheidung hat er

---

232 BGH WuW/E BGH 3115, 3118 f. – Druckgussteile.
233 BGH WuW/E BGH 3121, 3125 f. – Bedside-Testkarten.
234 Bunte WuW 1997, 857, 861 f. und Kühne, FS Sandrock, S. 537, 545, 551; vgl auch Zimmer in I/M-GWB 2001 § 1 Rdn. 164, der davon spricht, der Gesetzgeber

in dem eingeschränkten Direktvertriebsverbot entgegen der Ansicht des Berufungsgerichts keine Marktaufteilung nach Produkten und Gebieten, sondern in Übereinstimmung mit der Rechtsauffassung der Kommission eine bloße Modifizierung des Alleinvertriebsrechts gesehen.[235] Und er hat eine erweiterte wertende Betrachtungsweise zugrunde gelegt und sich ausdrücklich an das EG-Recht angelehnt.[236]

Angesichts dieser wettbewerbspolitischen Wertungskongruenz zwischen dem deutschen und dem europäischen Kartellrecht darf man sich geradezu eingeladen fühlen, die §§ 1, 16 GWB in Übereinstimmung mit der neuen Rechtsauffassung der Kommission zur kartellrechtlichen Einordnung und Bewertung von Alleinvertriebsvereinbarungen zu interpretieren.

---

habe es nicht im Sinn gehabt, hier – in Abweichung von der bisherigen Praxis – zu einer flächendeckenden Anwendung des § 1 zu kommen, und ganz ähnlich Huber in FK § 1 n. F. Rdn. 17, 19 Fn. 2.

235 Siehe dazu oben S. 73 ff., 111 ff.

236 BGH WuW/E BGH 3115, 3118 – Druckgussteile; BGH WuW/E BGH 3121, 3125 – Bedside-Testkarten; BGH WuW/E BGH 3137, 3138 – Sole, und zwar unter ausdrücklichem Hinweis auf die Spielkartenentscheidung (BGH WuW/E BGH 2285, 2288 – Spielkarten); in der Sache verwendet der BGH zwar die Formulierung der Fertigbetonentscheidung (BGH WuW/E BGH 1458, 1461: „... wenn die vereinbarten Wettbewerbsbeschränkungen Bestandteil des Leistungsaustauschs geworden wären und keinem darüber hinausgehenden Zweck hätten dienen sollen"; ebenso bereits BGH WuW/E BGH 1353, 1355 – Schnittblumentransport: „... seien Bestandteil des Leistungsaustausches geworden und hätten keinem darüber hinausgehenden Zweck dienen sollen"), legt aber im Rahmen der wertenden Betrachtungsweise einen großzügigeren (nicht nur zivilrechtlich – Vertragsgerechtigkeit –, sondern auch wettbewerblich – Intensivierung des Wettbewerbs – fundierten) und an die Praxis zu Art. 81 EG angelehnten Beurteilungsmaßstab zugrunde (BGH WuW/E BGH 3115, 3118 f. – Druckgussteile; vgl. auch BGH WuW/E BGH 3121, 3125 f. – Bedside-Testkarten und BGH WuW/E BGH 3137, 3138 f. – Sole); siehe dazu nur Karsten Schmidt WuW 2000, 1199, 1204 („eine liberalisierte und selbstverständlich auf den Normzweck des Kartellverbots bezogene Immanenzformel") und AG 1998, 551, 556 f.; Kühne, FS Sandrock, S. 537, 545; Bornkamm, FS Geiß, S. 539, 548 ff.; Huber in FK § 1 n. F. Rdn. 18, 71; vgl. auch Zimmer in I/M-GWB 2001 § 1 Rdn. 275 ff., 293 ff., der in Rdn. 277 allerdings zu dem Ergebnis gelangt, die Aussagen des BGH seien „zu vage, um daraus schließen zu können, es handele sich um eine Erweiterung der bisher anerkannten Grenzen von Freistellungsmöglichkeiten", und Bunte in L/B § 1 Rdn. 194, 196, der ebenfalls vorsichtiger formuliert.

E. Die harmonisierende Interpretation des § 1 GWB

Da vor dem Hintergrund des Binnenmarktprojekts und angesichts der wettbewerbspolitischen Wertungskongruenz zwischen dem deutschen und dem europäischen Kartellrecht eine Interpretation des § 1 GWB (und des § 16 GWB) im Lichte der neuen Verwaltungspraxis der Kommission in sachlicher und methodischer Hinsicht geboten und möglich ist, soll nunmehr – exemplifiziert am Beispiel der Alleinvertriebsvereinbarungen eine harmonisierende (und restriktive) Interpretation des § 1 GWB vorgeschlagen werden, die auch das von dem BGH mit der Druckgussteile-Rechtsprechung verfolgte Anliegen verwirklicht, gerade mit Blick auf die vom Wortlaut des § 16 GWB erfassten Ausschließlichkeitsbindungen in Alleinvertriebsvereinbarungen einer zu weiten Interpretation des § 1 GWB vorzubeugen.[237]

I. Die Offenheit der §§ 1, 16 GWB

Die Kommission sieht Vereinbarungen oder aufeinander abgestimmte Verhaltensweisen zwischen zwei oder mehr Unternehmen, von denen jedes zwecks Durchführung der Vereinbarung auf einer unterschiedlichen Produktions- oder Vertriebsstufe tätig ist, und welche die Bedingungen betreffen, zu denen die Parteien bestimmte Waren oder Dienstleistungen beziehen, verkaufen oder weiterverkaufen können, als vertikale Vereinbarungen und die in ihnen enthaltenen typischen Ausschließlichkeitsbindungen als vertikale Beschränkungen an, wenn sie nach Art. 81 Abs. 1 EG tatbestandsmäßig sind (siehe Art. 2 Abs. 1 Schirm-GVO). Sie unterscheidet zwischen vertikalen Vereinbarungen zwischen Nicht-

---

237 Bunte WuW 1997, 857, 861 f. und Kühne, FS Sandrock, S. 537, 545, 551; vgl. auch Zimmer in I/M-GWB 2001 § 1 Rdn. 164, der davon spricht, der Gesetzgeber habe es nicht im Sinn gehabt, hier – in Abweichung von der bisherigen Praxis – zu einer flächendeckenden Anwendung des § 1 zu kommen, und ganz ähnlich Huber in FK § 1 n. F. Rdn. 17, 19 Fn. 2

wettbewerbern und vertikalen Vereinbarungen zwischen Wettbewerbern. Sie geht davon aus, dass es nicht nur vertikale Vereinbarungen zwischen Wettbewerbern gibt, die vertikale Beschränkungen enthalten und „Wirkungen, die mit solchen von horizontalen
Vereinbarungen vergleichbar sind",[238] haben können, sondern
auch vertikale Vereinbarungen zwischen Wettbewerbern, die vertikale Beschränkungen enthalten, aber keine „Wirkungen, die mit
solchen von horizontalen Vereinbarungen vergleichbar sind",[239]
haben können. Und sie zieht daraus die Konsequenz, dass im ersten Fall der Prüfungsmaßstab davon abhängt, ob Art. 2 Abs. 4
lit. a Schirm-GVO anwendbar ist. Wird die vertikale Vereinbarung
zwischen Wettbewerbern von Art. 2 Abs. 4 lit. a Schirm-GVO erfasst, so ist ausschließlich auf der Grundlage des Art. 81 Abs. 1
EG und der Artt.3 ff. Schirm-GVO oder – wenn die Voraussetzungen der Artt. 3 ff. Schirm-GVO nicht vorliegen – nach Maßgabe
der Leitlinien für vertikale Beschränkungen zu prüfen, ob vertikale Beschränkungen und – gegebenenfalls – die Freistellungsvoraussetzungen des Art. 81 Abs. 3 EG vorliegen. Ist dies der Fall,
sind sowohl die vertikalen Beschränkungen als auch etwaige nach
Art. 81 Abs. 1 EG tatbestandsmäßige „Wirkungen, die mit solchen von horizontalen Vereinbarungen vergleichbar sind",[240] nach
Art. 81 Abs. 3 EG freigestellt oder freistellungsfähig. Wird die
vertikale Vereinbarung zwischen Wettbewerbern nicht von Art. 2
Abs. 4 lit. a Schirm-GVO erfasst, ist eine „Zweistufenanalyse"[241]
vorzunehmen. Es ist zunächst auf der Grundlage der Leitlinien
über horizontale Zusammenarbeit zu prüfen, ob „Wirkungen, die
mit solchen von horizontalen Vereinbarungen vergleichbar
sind",[242] eintreten und – gegebenenfalls – mit Art. 81 EG vereinbar sind, und, wenn sie nicht eintreten oder mit Art. 81 EG vereinbar sind, ist weiter auf der Grundlage der Leitlinien für vertikale
Beschränkungen zu untersuchen, ob vertikale Beschränkungen
und – gegebenenfalls – die Freistellungsvoraussetzungen des

---

238 So die Formulierung in Tz. 11 der Leitlinien über horizontale Zusammenarbeit.
239 So die Formulierung in Tz. 11 der Leitlinien über horizontale Zusammenarbeit.
240 So die Formulierung in Tz. 11 der Leitlinien über horizontale Zusammenarbeit.
241 So die Formulierung in Tz. 117 der Leitlinien über horizontale Zusammenarbeit.
242 So die Formulierung in Tz. 11 der Leitlinien über horizontale Zusammenarbeit.

Art. 81 Abs. 3 EG vorliegen.[243] Im zweiten Fall ist dagegen allein auf der Grundlage des Art. 81 Abs. 1 EG und der Artt. 3 ff. Schirm-GVO oder – wenn die Voraussetzungen der Artt. 3 ff. Schirm-GVO nicht vorliegen – nach Maßgabe der Leitlinien für vertikale Beschränkungen zu prüfen, ob vertikale Beschränkungen und – gegebenenfalls – die Freistellungsvoraussetzungen des Art. 81 Abs. 3 EG vorliegen.

Betrachtet man nun die §§ 1, 16 GWB, so fallen die vom Wortlaut des § 16 GWB erfassten Ausschließlichkeitsbindungen in Vertriebsverträgen zwischen Herstellern und Händlern (jedenfalls) dann als Vereinbarungen zwischen miteinander im Wettbewerb stehenden Unternehmen in den Anwendungsbereich des § 1 GWB, wenn die einzelne Ausschließlichkeitsbindung nach der Zielsetzung der Beteiligten einen zwischen ihnen bestehenden Wettbewerb beschränkt und in diesem Sinne horizontalen Charakter hat, und deshalb eine horizontale Wettbewerbsbeschränkung ist. Allerdings hängt der Anwendungsbereich des § 1 GWB dabei entscheidend davon ab, unter welchen Voraussetzungen man ein Wettbewerbsverhältnis im Sinne des § 1 GWB annimmt[244] und eine Beschränkung des Wettbewerbsverhältnisses durch die einzelne Ausschließlichkeitsbindung im Sinne des § 1 GWB bejaht.[245] § 16 Nr. 2 GWB erfasst Vereinbarungen zwischen Unternehmen über Waren oder gewerbliche Leistungen, die einen Beteiligten darin beschränken, andere Waren oder gewerbliche Leistungen von Dritten zu beziehen oder an Dritte abzugeben (Vertikal-

---

243 Tz. 11, 140 der Leitlinien über horizontale Zusammenarbeit und Tz. 26 f., 139, 162, 179 der Leitlinien für vertikale Beschränkungen.

244 Keul, Kartellverbot, S. 139 ff. Vgl. auch Wellenhofer-Klein WuW 1999, 557, 565; Salje ET 1999, 768, 770 f.; Rottnauer BB 1999, 2145, 2148, 2148 ff.; Zimmer in I/M-GWB 2001 § 1 Rdn. 174; Huber in FK § 1 n. F. Rdn. 34; Bunte in L/B § 1 Rdn. 97, 114, 140.

245 Fuchs, Kartellvertrag, S. 21 ff.; Fritzsche, Auslegung, S. 50 ff.; Keul, Kartellverbot, S. 222 ff. Vgl. auch Wellenhofer-Klein WuW 1999, 557, 565; Markert EuZW 2000, 427, 430 f.; Lukes BB 1999, Beilage 8, S. 9; Köhler WuW 1999, 445, 453; Scholz RdE 1998, 209, 215; Rottnauer BB 1999, 2145, 2149; Salje ET 1999, 768, 770 f.; Raabe ET 2000, 770, 772; Bunte in L/B § 1 Rdn. 98, 115, 117 ff., 133, 138, 143.

vereinbarungen), als vertikale Wettbewerbsbeschränkungen,[246] und damit Abreden in Austauschvereinbarungen, die einen Beteiligten im geschäftlichen Verkehr mit Dritten in einem Umfang beschränken, der über die aus dem Absatz oder Bezug folgenden Beschränkungen hinausgeht,[247] und zwar völlig unabhängig davon, ob die Beteiligten auf verschiedenen Wirtschaftsstufen und/oder auf derselben Wirtschaftsstufe tätig sind und ob durch die wettbewerbsbeschränkende Abrede der Marktzutritt für dritte Unternehmen beschränkt wird.[248] Es fallen zwar in erster Linie die für Absatzverhältnisse zwischen Angehörigen verschiedener Wirtschaftsstufen typischen Verbote, Geschäftsbeziehungen mit dritten Unternehmen aufzunehmen, unter den Wortlaut des § 16 Nr. 2 GWB, aber auch Verbote, andere Waren an Verbraucher abzugeben,[249] und damit Bindungen, die ausschließlich dem Schutz des bindenden Teils vor Wettbewerb durch den gebundenen Teil oder

---

246 Man könnte bei Ausschließlichkeitsbindungen in Austauschverträgen auch die Austauschverträge als „Vereinbarungen zwischen Unternehmen über Waren und gewerbliche Leistungen" ansehen und die einzelnen Ausschließlichkeitsbindungen unter „soweit sie einen Beteiligten darin beschränken, andere Waren oder gewerbliche Leistungen von Dritten zu beziehen oder an Dritte abzugeben" subsumieren. Gegen diese Betrachtung spricht jedoch aus systematischen Gründen, dass die sich allmählich durchsetzende Auffassung zur Interpretation der „Vereinbarungen zwischen miteinander im Wettbewerb stehenden Unternehmen" im Sinne des § 1 GWB bei Ausschließlichkeitsbindungen in Austauschverträgen darauf abstellt, ob die einzelnen Ausschließlichkeitsbindungen (und nicht der Austauschvertrag) nach der Zielsetzung der Beteiligten einen zwischen ihnen bestehenden Wettbewerb beschränken und in diesem Sinne horizontalen Charakter haben. Hinzukommt, dass sehr umstritten ist, ob aus dem Wortlaut des § 16 GWB folgt, dass die Übernahme der fraglichen Ausschließlichkeitsbindung in einem inneren sachlichen und nicht nur rein zufälligen äußeren Zusammenhang mit einem Austauschvertrag stehen muss, der auf Waren oder gewerbliche Leistungen gerichtet ist; vgl. dazu Emmerich in I/M-GWB 2001 § 16 Rdn. 27 f. Vor diesem Hintergrund sprechen die besseren Gründe dafür, die einzelnen Ausschließlichkeitsbindungen als die Vereinbarungen zwischen Unternehmen über Waren und gewerbliche Leistungen, die einen Beteiligten darin beschränken, andere Waren oder gewerbliche Leistungen von Dritten zu beziehen oder an Dritte abzugeben, anzusehen.
247 Wolter in FK § 18 Rdn. 44.
248 Veelken in I/M-EG 2001 GFVO Rdn. 66; siehe auch Emmerich in I/M-GWB 1992 § 18 Rdn. 33 ff. und Rdn. 195 ff., 26 ff., 6 ff.
249 Emmerich in I/M-GWB 1992 § 18 Rdn. 77 ff., 121.

einer Marktaufteilung zwischen den Beteiligten dienen,[250] und daher – wie die hier durchgeführte Untersuchung gezeigt hat – in letzter Konsequenz alle Ausschließlichkeitsbindungen in Vertriebsverträgen zwischen Herstellern und Händlern. Der Anwendungsbereich des § 16 GWB hängt mithin ebenfalls entscheidend davon ab, ob und gegebenenfalls welche einschränkenden Anforderungen über den Wortlaut hinaus an das Vorliegen einer tatbestandsmäßigen Wettbewerbsbeschränkung im Sinne des § 16 GWB gestellt werden.

Es sind zwar einige Versuche gemacht worden, die Wettbewerbsbeschränkungen, die den Tatbestand des § 1 GWB erfüllen, und die Wettbewerbsbeschränkungen, die den Tatbestand des § 16 GWB erfüllen, so zu konkretisieren, dass die Tatbestände sich wechselseitig ausschließen.[251] Die überwiegende Ansicht ist diesen Ansätzen allerdings bisher nicht gefolgt. Es herrscht – wie die hier durchgeführte Untersuchung gezeigt hat – Streit darüber, unter welchen Voraussetzungen man ein Wettbewerbsverhältnis im Sinne des § 1 GWB annimmt und eine Beschränkung des Wettbewerbsverhältnisses durch die einzelne Ausschließlichkeitsbindung im Sinne des § 1 GWB bejaht. Die Frage, ob einschränkende Anforderungen an das Vorliegen einer tatbestandsmäßigen Wettbewerbsbeschränkung im Sinne des § 16 GWB gestellt werden sollen, ist nach wie vor offen. Und die Diskussion wird über eine Doppelkontrolle der vom Wortlaut des § 16 GWB erfassten und als Vereinbarungen zwischen miteinander im Wettbewerb stehenden Unternehmen in den Anwendungsbereich des § 1 GWB fallenden Ausschließlichkeitsbindungen in Vertriebsverträgen zwischen Herstellern und Händlern (der Ausschließlichkeitsbindungen mit „auch horizontaler Wirkung"[252]) verläuft äußerst kontrovers.[253]

---

250 Vgl. Emmerich in I/M-GWB 1992 § 18 Rdn. 79 und Karsten Schmidt, Kartellverbot, S. 90 f., 99 ff.

251 Siehe oben S. 40 f.

252 So die Formulierung in BGH WuW/E BGH 3115, 3118 – Druckgussteile.

253 Für einen Anwendungsvorrang des § 1 GWB etwa Zimmer in I/M-GWB 2001 § 1 Rdn. 164, 271, 293; Emmerich in I/M-GWB 2001 § 16 Rdn. 18, 45 und Fälle, S. 40 f., 65 ff., 73 sowie Kartellrecht, S. 33 f., 135; Bunte in L/B § 1 Rdn. 98;

Vor diesem Hintergrund lassen sich in den Fällen, in denen vertikale Vereinbarungen zwischen Wettbewerbern vertikale Beschränkungen enthalten und „Wirkungen, die mit solchen von horizontalen Vereinbarungen vergleichbar sind",[254] haben können, Vereinbarungen zwischen Unternehmen über Waren oder gewerbliche Leistungen, die einen Beteiligten darin beschränken, andere Waren oder gewerbliche Leistungen von Dritten zu beziehen oder an Dritte abzugeben, (Vertikalvereinbarungen) und damit vertikale Wettbewerbsbeschränkungen im Sinne des § 16 GWB und gegebenenfalls zugleich Vereinbarungen zwischen miteinander im Wettbewerb stehenden Unternehmen und damit horizontale Wettbewerbsbeschränkungen im Sinne des § 1 GWB annehmen. In diesem Fall ist zu prüfen, ob „auch horizontale Wirkungen"[255] eintreten und mit § 1 GWB vereinbar sind; außerdem stellt sich die Frage, ob die vertikalen Wettbewerbsbeschränkungen mit § 16 GWB vereinbar sind.[256] Die Kommission stellt in den Fällen, in

---

Hootz in GK § 1 Rdn. 65; Keul, Kartellverbot, S. 233 f.; Rittner WuW 2000, 1204, 1205 und WuW 2000, 696, 698 f., 704 sowie Wettbewerbs- und Kartellrecht, § 7 Rdn. 23, wo er allerdings von einer „sukzessiven Doppelkontrolle" spricht. Dafür, dass § 1 GWB und § 16 GWB uneingeschränkt nebeneinander anwendbar sind, ist wohl nur Karsten Schmidt, FS Sandrock, S. 833, 845 ff. und WuW 2000, 1199, 1202 ff. sowie AG 1998, 551, 559 f.; zustimmend nunmehr Schwintowski/Klaue BB 2000, 1901, 1901; ähnlich aber auch Huber in FK § 1 n. F. Rdn. 86 ff., der ausführt, selbstverständlich hänge die Anwendbarkeit der Bestimmungen nur davon ab, dass der gesetzliche Tatbestand der einzelnen Vorschriften erfüllt sei, und es sei gleichgültig, ob zwischen den Beteiligten eine Vertikalbeziehung bestehe oder nicht, allerdings sei in erster Linie zu prüfen, ob § 1 GWB anzuwenden sei, bestehe dann ein „anzuerkennendes Interesse", habe es bei der Anwendbarkeit des § 16 GWB sein Bewenden, und der betont, dass in den Ausnahmefällen, in denen eine Untersagung nach § 16 GWB gerechtfertigt sei, ein „anzuerkennendes Interesse", das die Anwendbarkeit des § 1 GWB ausschließe, niemals bejaht werden könne. Siehe insbesondere die Auseinandersetzung zwischen Karsten Schmidt, FS Sandrock, S. 833, 833 ff. und WuW 2000, 1199, 1199 ff. einerseits und Rittner WuW 2000, 696, 696 ff. und WuW 2000, 1204, 1204 f. andererseits.

254 So die Formulierung in Tz. 11 der Leitlinien über horizontale Zusammenarbeit.
255 So die Formulierung in BGH WuW/E BGH 3115, 3118 – Druckgussteile.
256 Vgl. Karsten Schmidt, FS Sandrock, S. 833, 845: „Soweit durch Ausschließlichkeitsbindungen i. S. des § 16 Nr. 2 und 3 GWB aktueller oder potentieller Wettbewerb unter den Vertragsparteien betroffen ist, spricht der Wortlaut klar für eine Doppelkontrolle, der nur der Immanenzvorbehalt als Einschränkung des § 1

denen „Wirkungen, die mit solchen von horizontalen Vereinbarungen vergleichbar sind",[257] eintreten können, die Prüfung, ob vertikale Beschränkungen und – gegebenenfalls – die Freistellungsvoraussetzungen des Art. 81 Abs. 3 EG vorliegen, allerdings nur an, wenn „Wirkungen, die mit solchen von horizontalen Vereinbarungen vergleichbar sind",[258] nicht eintreten oder mit Art. 81 EG vereinbar sind.[259] Übernimmt man diese „Zweistufenanalyse"[260], so ist § 16 GWB nur anwendbar, wenn „auch horizontale Wirkungen"[261] entweder nicht eintreten oder mangels „spürbarer Beeinträchtigung des Wettbewerbs"[262] oder aufgrund eines „anzuerkennenden Interesses"[263] mit § 1 GWB vereinbar sind. Handelt es sich dagegen um die Fälle, in denen vertikale Vereinbarungen zwischen Wettbewerbern vertikale Beschränkungen enthalten, aber keine „Wirkungen, die mit solchen von horizontalen Vereinbarungen vergleichbar sind",[264] haben können, stellt sich die Frage nicht, ob „auch horizontale Wirkungen"[265] eintreten und mit § 1 GWB vereinbar sind. Daher lassen sich in den Fällen, in denen vertikale Vereinbarungen zwischen Wettbewerbern vertikale Beschränkungen enthalten, aber „Wirkungen, die mit solchen von horizontalen Vereinbarungen vergleichbar sind",[266] haben können,

---

GWB entgegengesetzt werden kann;" ähnlich Huber in FK § 1 n. F. Rdn. 86 ff., der ausführt, selbstverständlich hänge die Anwendbarkeit der Bestimmungen nur davon ab, dass der gesetzliche Tatbestand der einzelnen Vorschriften erfüllt sei, und es sei gleichgültig, ob zwischen den Beteiligten eine Vertikalbeziehung bestehe oder nicht, allerdings sei in erster Linie zu prüfen, ob § 1 GWB anzuwenden sei, bestehe dann ein „anzuerkennendes Interesse", habe es bei der Anwendbarkeit des § 16 GWB sein Bewenden.

257 So die Formulierung in Tz. 11 der Leitlinien über horizontale Zusammenarbeit.
258 So die Formulierung in Tz. 11 der Leitlinien über horizontale Zusammenarbeit.
259 Tz. 11, 140 der Leitlinien über horizontale Zusammenarbeit und Tz. 26 f., 139, 162, 179 der Leitlinien für vertikale Beschränkungen.
260 So die Formulierung in Tz. 117 der Leitlinien über horizontale Zusammenarbeit.
261 So die Formulierung in BGH WuW/E BGH 3115, 3118 – Druckgussteile.
262 So die Formulierung in BGH DE-R 289, 295 – Lottospielgemeinschaft.
263 So die Formulierung in BGH WuW/E BGH 3115, 3118 – Druckgussteile und BGH WuW/E BGH 31213126 – Bedside-Testkarten sowie BGH WuW/E BGH 3137, 3138 – Sole.
264 So die Formulierung in Tz. 11 der Leitlinien über horizontale Zusammenarbeit.
265 So die Formulierung in BGH WuW/E BGH 3115, 3118 – Druckgussteile.
266 So die Formulierung in Tz. 11 der Leitlinien über horizontale Zusammenarbeit.

keine Vereinbarungen zwischen miteinander im Wettbewerb stehenden Unternehmen und damit auch keine horizontalen Wettbewerbsbeschränkungen im Sinne des § 1 GWB, sondern nur Vereinbarungen zwischen Unternehmen über Waren oder gewerbliche Leistungen, die einen Beteiligten darin beschränken, andere Waren oder gewerbliche Leistungen von Dritten zu beziehen oder an Dritte abzugeben („Vertikalvereinbarungen") und damit vertikale Wettbewerbsbeschränkungen im Sinne des § 16 GWB annehmen. Und es stellt sich allein die Frage, ob die vertikalen Wettbewerbsbeschränkungen mit § 16 GWB vereinbar sind. Die Regelung des Art. 2 Abs. 4 lit. b Schirm-GVO erscheint vor diesem Hintergrund wenig geglückt. Denn die Kommission nimmt in den typischen Dualdistributionsfällen zwar vertikale Vereinbarungen zwischen Wettbewerbern an, geht jedoch nicht davon aus, dass ihre „Wirkungen im Markt und etwaige Wettbewerbsprobleme mit solchen von horizontalen Vereinbarungen vergleichbar sein"[267] können.[268]

II. Die Einordnung von Alleinvertriebsvereinbarungen und die Anwendungsbereiche der §§ 1, 16 GWB

Die neue Rechtsauffassung der Kommission zur kartellrechtlichen Einordnung von Alleinvertriebsvereinbarungen lautet wie folgt: Alleinvertriebsvereinbarungen zwischen konkurrierenden Herstellern und Alleinvertriebsvereinbarungen mit fremdvertreibenden Händlern sind vertikale Vereinbarungen zwischen Wettbewerbern, und die darin enthaltenen typischen Ausschließlichkeitsbindungen – Vertriebsbeschränkungen, Markenzwang und Alleinbezug – sind vertikale Beschränkungen, wenn sie nach Art. 81 Abs. 1 EG tatbestandsmäßig sind (siehe Art. 2 Abs. 1 Schirm-GVO). Alleinvertriebsvereinbarungen können in diesen atypischen Dualdistributionsfällen zudem „Wirkungen, die mit solchen

---

267 So die Formulierung in Tz. 11 der Leitlinien über horizontale Zusammenarbeit.
268 Tz. 140, 144, 147, 151, 156 ff. der Leitlinien über horizontale Zusammenarbeit. Siehe dazu oben S. 111 f.

von horizontalen Vereinbarungen vergleichbar sind",[269] haben. Eine Alleinvertriebsvereinbarung zwischen einem direktvertreibenden Hersteller und einem Händler ist in den Fällen, in denen der Händler weder Konkurrenzerzeugnisse herstellt und absetzt oder herstellen und absetzen kann noch fremde Konkurrenzerzeugnisse vertreibt oder vertreiben kann (und der Hersteller auch nicht), eine vertikale Vereinbarung zwischen Wettbewerbern, und die darin enthaltenen typischen Ausschließlichkeitsbindungen – Vertriebsbeschränkungen, Markenzwang und Alleinbezug – sind vertikale Beschränkungen, wenn sie nach Art. 81 Abs. 1 EG tatbestandsmäßig sind (siehe Art. 2 Abs. 1 Schirm-GVO). Alleinvertriebsvereinbarungen können in diesen typischen Dualdistributionsfällen keine „Wirkungen, die mit solchen von horizontalen Vereinbarungen vergleichbar sind",[270] haben.

Handelt es sich um eine Alleinvertriebsvereinbarung zwischen konkurrierenden Herstellern oder mit einem fremdvertreibenden Händler, so fallen das Alleinvertriebsrecht und das Direktvertriebsverbot (Vertriebsbeschränkungen) ebenso wie das Herstellungs- und Handelsverbot (Markenzwang) nur dann als Vereinbarungen zwischen miteinander im Wettbewerb stehenden Unternehmen in den Anwendungsbereich des § 1 GWB, wenn sie zu einer Marktaufteilung nach Produkten und Gebieten führen. In diesem Fall sind sie als horizontale Wettbewerbsbeschränkungen im Sinne des § 1 GWB und damit als Ausschließlichkeitsbindungen „mit auch horizontaler Wirkung"[271] anzusehen. Zum heutigen Zeitpunkt darf es als einigermaßen gesichert gelten, dass die vom Wortlaut des § 16 GWB erfassten Ausschließlichkeitsbindungen in Vertriebsverträgen zwischen Herstellern und Händlern (jedenfalls) dann als Vereinbarungen zwischen miteinander im Wettbewerb stehenden Unternehmen in den Anwendungsbereich des § 1 GWB fallen, wenn sie nach der Zielsetzung der Beteiligten einen zwischen ihnen bestehenden Wettbewerb beschränken und in diesem Sinne horizontalen Charakter haben. Auf dieser Grundlage

---

269 So die Formulierung in Tz. 11 der Leitlinien über horizontale Zusammenarbeit.
270 So die Formulierung in Tz. 11 der Leitlinien über horizontale Zusammenarbeit.
271 So die Formulierung in BGH WuW/E BGH 3115, 3118 – Druckgussteile.

lässt sich die harmonisierende (und restriktive) Interpretation des § 1 GWB durch eine einzelfallbezogene Konkretisierung der Voraussetzungen, unter denen man ein Wettbewerbsverhältnis im Sinne des § 1 GWB annimmt und eine Beschränkung des Wettbewerbsverhältnisses durch die einzelne Ausschließlichkeitsbindung im Sinne des § 1 GWB bejaht, erreichen. Eine offene Frage liegt allerdings insoweit vor, als das Handelsverbot als Teil des Markenzwangs vermittels einer Zurechnung marktübergreifender Wettbewerbsbeeinträchtigungen als Vereinbarung zwischen miteinander im Wettbewerb stehenden Unternehmen im Sinne des § 1 GWB angesehen wird, weil ungewiss ist, ob die Kommission diese weite Zurechnung zugrunde legen wird.

Handelt es sich dagegen um eine Alleinvertriebsvereinbarung zwischen einem direktvertreibenden Hersteller und einem Händler und um den Fall, in dem der Händler weder Konkurrenzerzeugnisse herstellt und absetzt oder herstellen und absetzen kann noch fremde Konkurrenzerzeugnisse vertreibt oder vertreiben kann (und der Hersteller auch nicht), so fallen weder das Alleinvertriebsrecht und das Direktvertriebsverbot (Vertriebsbeschränkungen) noch das Herstellungs- und Handelsverbot (Markenzwang) noch die Alleinbezugspflicht als Vereinbarungen zwischen miteinander im Wettbewerb stehenden Unternehmen in den Anwendungsbereich des § 1 GWB. In diesen typischen Dualdistributionsfällen fehlt es an einem kartellverbotsrelevanten Wettbewerbsverhältnis, und deshalb können die genannten Ausschließlichkeitsbindungen in diesen Fällen nicht zu einer Marktaufteilung nach Produkten und Gebieten führen. Sie sind keine horizontalen Wettbewerbsbeschränkungen im Sinne des § 1 GWB und damit auch keine Ausschließlichkeitsbindungen „mit auch horizontaler Wirkung".[272] Zum heutigen Zeitpunkt darf es als einigermaßen gesichert gelten, dass die vom Wortlaut des § 16 GWB erfassten Ausschließlichkeitsbindungen in Vertriebsverträgen zwischen Herstellern und Händlern (jedenfalls) dann als Vereinbarungen zwischen miteinander im Wettbewerb stehenden Unternehmen in den Anwendungsbereich des § 1 GWB fallen, wenn sie nach der

---

272 So die Formulierung in BGH WuW/E BGH 3115, 3118 – Druckgussteile.

Zielsetzung der Beteiligten einen zwischen ihnen bestehenden Wettbewerb beschränken und in diesem Sinne horizontalen Charakter haben. Auf dieser Grundlage lässt sich die harmonisierende (und restriktive) Interpretation des § 1 GWB erreichen, indem man darauf verzichtet, die Voraussetzungen, unter denen man ein Wettbewerbsverhältnis im Sinne des § 1 GWB annimmt und eine Beschränkung des Wettbewerbsverhältnisses durch die einzelne Ausschließlichkeitsbindung im Sinne des § 1 GWB bejaht, so weit zu fassen, dass er die genannten Ausschließlichkeitsbindungen in den typischen Dualdistributionsfällen erfasst. Das Alleinvertriebsrecht (Vertriebsbeschränkung) fällt nur vermittels der Anerkennung eines mittelbaren Wettbewerbsverhältnisses, das Direktvertriebsverbot (Vertriebsbeschränkung) fällt ebenso wie die Alleinbezugspflicht nur vermittels der Fiktion eines potenziellen Wettbewerbs des Herstellers und/oder eines Wettbewerbsverhältnisses im Sinne des § 1 GWB zwischen dem Hersteller und „seinen" Händlern und nur unter der weiteren Voraussetzung, dass mit Blick auf die als kartellverbotsrelevantes Wettbewerbsverhältnis angesehene Beziehung eine als Marktaufteilung nach Produkten und Gebieten eingeordnete Wirkung eintritt, als Vereinbarung zwischen miteinander im Wettbewerb stehenden Unternehmen in den Anwendungsbereich des § 1 GWB. Die hier durchgeführte Untersuchung hat die Einwände gegen eine solche extensive Interpretation des § 1 GWB aufgezeigt, so dass es nicht schwer fallen sollte, sie aufzugeben, und zwar nicht zuletzt deshalb, weil auch der BGH in der Bedside-Testkartenentscheidung in dem eingeschränkten Direktvertriebsverbot entgegen der Ansicht des Berufungsgerichts keine Marktaufteilung nach Produkten und Gebieten, sondern in Übereinstimmung mit der Rechtsauffassung der Kommission eine bloße Modifizierung des Alleinvertriebsrechts gesehen hat.[273] Es kommt hinzu, dass auch auf der Grundlage der extensiven Interpretation des § 1 GWB das Herstellungs- und Handelsverbot (Markenzwang) in den typischen Dualdistributionsfällen keine Vereinbarung zwischen miteinander im Wettbewerb stehenden Unternehmen im Sinne des § 1 GWB sein kann.

---

273 Siehe dazu oben S. 73 ff., 111 ff., 129 f.

Wenn der Händler zum Zeitpunkt des Vertragsschlusses weder ein aktueller noch ein potenzieller Wettbewerber auf dem Herstellermarkt ist und weder fremde Konkurrenzerzeugnisse vertreibt noch vertreiben kann, so dient das Herstellungs- und Handelsverbot (Markenzwang) lediglich dazu, die spätere Hersteller- und/oder Wiederverkäuferfunktion für Konkurrenzerzeugnisse auszuschließen.[274]

In beiden Fällen fallen das Alleinvertriebsrecht und das Direktvertriebsverbot (Vertriebsbeschränkungen), das Herstellungs- und Handelsverbot (Markenzwang) und die Alleinbezugspflicht als Vereinbarungen zwischen Unternehmen über Waren oder gewerbliche Leistungen, die einen Beteiligten darin beschränken, andere Waren oder gewerbliche Leistungen von Dritten zu beziehen oder an Dritte abzugeben, oder darin beschränken, die gelieferten Waren an Dritte abzugeben (Vertikalvereinbarungen), und damit als vertikale Wettbewerbsbeschränkungen in den Anwendungsbereich des § 16 GWB.[275] Die harmonisierende Interpretation des

---

274 Vgl. Veelken in I/M-EG 1997 GFVO Rdn. B 61.

275 Man könnte bei Ausschließlichkeitsbindungen in Austauschverträgen auch die Austauschverträge als „Vereinbarungen zwischen Unternehmen über Waren und gewerbliche Leistungen" ansehen und die einzelnen Ausschließlichkeitsbindungen auf „soweit sie einen Beteiligten darin beschränken, andere Waren oder gewerbliche Leistungen von Dritten zu beziehen oder an Dritte abzugeben" subsumieren. Gegen diese Betrachtung spricht jedoch aus systematischen Gründen, dass die sich allmählich durchsetzende Auffassung zur Interpretation der „Vereinbarungen zwischen miteinander im Wettbewerb stehenden Unternehmen" im Sinne des § 1 GWB bei Ausschließlichkeitsbindungen in Austauschverträgen darauf abstellt, ob die einzelnen Ausschließlichkeitsbindungen (und nicht der Austauschvertrag) nach der Zielsetzung der Beteiligten einen zwischen ihnen bestehenden Wettbewerb beschränken und in diesem Sinne horizontalen Charakter haben. Hinzu kommt, dass sehr umstritten ist, ob aus dem Wortlaut des § 16 GWB folgt, dass die Übernahme der fraglichen Ausschließlichkeitsbindung in einem inneren sachlichen und nicht nur rein zufälligen äußeren Zusammenhang mit einem Austauschvertrag stehen muss, der auf Waren oder gewerbliche Leistungen gerichtet ist; vgl. dazu Emmerich in I/M-GWB 2001 § 16 Rdn. 27 f. Vor diesem Hintergrund sprechen die besseren Gründe dafür, die einzelnen Ausschließlichkeitsbindungen als die Vereinbarungen zwischen Unternehmen über Waren und gewerbliche Leistungen, die einen Beteiligten darin beschränken, andere Waren oder gewerbliche Leistungen von Dritten zu beziehen oder an Dritte abzugeben, anzusehen.

§ 16 GWB lässt sich im ersten Schritt dadurch erreichen, dass die genannten Ausschließlichkeitsbindungen unabhängig davon, ob sie zugleich horizontale Wettbewerbsbeschränkungen im Sinne des § 1 GWB sind und damit „auch horizontale Wirkung"[276] haben, als vertikale Wettbewerbsbeschränkungen im Sinne des § 16 GWB angesehen werden. Dies dürfte nicht schwer fallen, da die überwiegende Ansicht seit jeher darauf verzichtet hat, über den Wortlaut hinaus einschränkende Anforderungen an das Vorliegen einer tatbestandsmäßigen Wettbewerbsbeschränkung im Sinne des § 16 GWB zu stellen.[277] Hinzu kommt allerdings, dass die Kommission in den Fällen, in denen „Wirkungen, die mit solchen von horizontalen Vereinbarungen vergleichbar sind",[278] eintreten können, die Prüfung, ob vertikale Beschränkungen und – gegebenenfalls – die Freistellungsvoraussetzungen des Art. 81 Abs. 3 EG vorliegen, nur anstellt, wenn „Wirkungen, die mit solchen von horizontalen Vereinbarungen vergleichbar sind",[279] nicht eintreten oder mit Art. 81 EG vereinbar sind.[280] Um diesem Ansatz zu entsprechen, muss man für die §§ 1, 16 GWB die „Zweistufenanalyse"[281] der Kommission übernehmen: § 16 GWB ist nur anwendbar, wenn „auch horizontale Wirkungen"[282] entweder nicht eintreten oder mangels „spürbarer Beeinträchtigung des Wettbewerbs"[283] oder aufgrund eines „anzuerkennenden Interesses"[284] mit § 1 GWB vereinbar sind. Man muss mithin auch noch darauf verzichten, § 16 GWB nur für anwendbar zu halten, wenn die einzelne Ausschließlichkeitsbindung nach der Zielsetzung der Beteiligten

---

276 So die Formulierung in BGH WuW/E BGH 3115, 3118 – Druckgussteile.
277 Siehe dazu oben S. 40 ff.
278 So die Formulierung in Tz. 11 der Leitlinien über horizontale Zusammenarbeit.
279 So die Formulierung in Tz. 11 der Leitlinien über horizontale Zusammenarbeit.
280 Tz. 11, 140 der Leitlinien über horizontale Zusammenarbeit und Tz. 26 f., 139, 162, 179 der Leitlinien für vertikale Beschränkungen.
281 So die Formulierung in Tz. 117 der Leitlinien über horizontale Zusammenarbeit.
282 So die Formulierung in BGH WuW/E BGH 3115, 3118 – Druckgussteile.
283 So die Formulierung in BGH DE-R 289, 295 – Lottospielgemeinschaft.
284 So die Formulierung in BGH WuW/E BGH 3115, 3118 – Druckgussteile und BGH WuW/E BGH 31213126 – Bedside-Testkarten sowie BGH WuW/E BGH 3137, 3138 – Sole.

keinen zwischen ihnen bestehenden Wettbewerb beschränkt und damit in diesem Sinne keinen horizontalen Charakter hat.[285]

III. Die Bewertung von Alleinvertriebsvereinbarungen und die Vereinbarkeit mit den §§ 1, 16 GWB

Die neue Rechtsauffassung der Kommission zur kartellrechtlichen Bewertung von Alleinvertriebsvereinbarungen lautet wie folgt: Im Fall einer Alleinvertriebsvereinbarung zwischen konkurrierenden Herstellern oder mit einem fremdvertreibenden Händler hängt der Prüfungsmaßstab davon ab, ob Art. 2 Abs. 4 lit. a Schirm-GVO anwendbar ist. Wird die Alleinvertriebsvereinbarung von Art. 2 Abs. 4 lit. a Schirm-GVO erfasst, so ist ausschließlich auf der Grundlage des Art. 81 Abs. 1 EG und der Artt. 3 ff. Schirm-GVO oder – wenn die Voraussetzungen der Artt. 3 ff. Schirm-GVO nicht vorliegen – nach Maßgabe der Leitlinien für vertikale Beschränkungen zu prüfen, ob vertikale Beschränkungen und – gegebenenfalls – die Freistellungsvoraussetzungen des Art. 81 Abs. 3 EG vorliegen. Ist dies der Fall, sind sowohl die vertikalen Beschränkungen

---

285 Für einen Anwendungsvorrang des § 1 GWB etwa Zimmer in I/M-GWB 2001 § 1 Rdn. 164, 271, 293; Emmerich in I/M-GWB 2001 § 16 Rdn. 18, 45 und Fälle, S. 40 f., 65 ff., 73 sowie Kartellrecht, S. 33 f., 135; Bunte in L/B § 1 Rdn. 98; Hootz in GK § 1 Rdn. 65; Keul, Kartellverbot, S. 233 f.; Rittner WuW 2000, 1204, 1205 und WuW 2000, 696, 698 f., 704 sowie Wettbewerbs- und Kartellrecht, § 7 Rdn. 23, wo er allerdings von einer „sukzessiven Doppelkontrolle" spricht. Dafür, dass § 1 GWB und § 16 GWB uneingeschränkt nebeneinander anwendbar sind, ist wohl nur Karsten Schmidt, FS Sandrock, S. 833, 845 ff. und WuW 2000, 1199, 1202 ff. sowie AG 1998, 551, 559 f.; zustimmend nunmehr Schwintowski/Klaue BB 2000, 1901, 1901; ähnlich aber auch Huber in FK § 1 n. F. Rdn. 86 ff., der ausführt, selbstverständlich hänge die Anwendbarkeit der Bestimmungen nur davon ab, dass der gesetzliche Tatbestand der einzelnen Vorschriften erfüllt sei, und es sei gleichgültig, ob zwischen den Beteiligten eine Vertikalbeziehung bestehe oder nicht, allerdings sei in erster Linie zu prüfen, ob § 1 GWB anzuwenden sei, bestehe dann ein „anzuerkennendes Interesse", habe es bei der Anwendbarkeit des § 16 GWB sein Bewenden, und der betont, dass in den Ausnahmefällen, in denen eine Untersagung nach § 16 GWB gerechtfertigt sei, ein „anzuerkennendes Interesse", das die Anwendbarkeit des § 1 GWB ausschließe, niemals bejaht werden könne. Siehe insbesondere die Auseinandersetzung zwischen Karsten Schmidt, FS Sandrock, S. 833, 833 ff. und WuW 2000, 1199, 1199 ff. einerseits und Rittner WuW 2000, 696, 696 ff. und WuW 2000, 1204, 1204 f. andererseits.

als auch etwaige nach Art. 81 Abs. 1 EG tatbestandsmäßige „Wirkungen, die mit solchen von horizontalen Vereinbarungen vergleichbar sind",[286] nach Art. 81 Abs. 3 EG freigestellt oder freistellungsfähig. Wird die Alleinvertriebsvereinbarung nicht von Art. 2 Abs. 4 lit. a Schirm-GVO erfasst, ist eine „Zweistufenanalyse"[287] vorzunehmen. Es ist zunächst auf der Grundlage der Leitlinien über horizontale Zusammenarbeit zu prüfen, ob „Wirkungen, die mit solchen von horizontalen Vereinbarungen vergleichbar sind",[288] eintreten und – gegebenenfalls – mit Art. 81 EG vereinbar sind, und, wenn sie nicht eintreten oder mit Art. 81 EG vereinbar sind, ist weiter auf der Grundlage der Leitlinien für vertikale Beschränkungen zu untersuchen, ob vertikale Beschränkungen und – gegebenenfalls – die Freistellungsvoraussetzungen des Art. 81 Abs. 3 EG vorliegen.[289] Im Fall einer Alleinvertriebsvereinbarung zwischen einem direktvertreibenden Hersteller und einem Händler ist in den Fällen, in denen der Händler weder Konkurrenzerzeugnisse herstellt und absetzt oder herstellen und absetzen kann noch fremde Konkurrenzerzeugnisse vertreibt oder vertreiben kann (und der Hersteller auch nicht), dagegen allein auf der Grundlage des Art. 81 Abs. 1 EG und der Art. 3 ff. Schirm-GVO oder – wenn die Voraussetzungen der Artt. 3 ff. Schirm-GVO nicht vorliegen – nach Maßgabe der Leitlinien für vertikale Beschränkungen zu prüfen, ob vertikale Beschränkungen und – gegebenenfalls – die Freistellungsvoraussetzungen des Art. 81 Abs. 3 EG vorliegen.

Im Fall einer Alleinvertriebsvereinbarung zwischen konkurrierenden Herstellern oder mit einem fremdvertreibenden Händler sind nach Art. 2 Abs. 1 und Abs. 4 lit. a Schirm-GVO nicht nur etwaige nach Art. 81 Abs. 1 EG tatbestandsmäßige „Wirkungen, die mit solchen von horizontalen Vereinbarungen vergleichbar sind",[290] sondern auch das Alleinvertriebsrecht und das Direktvertriebsverbot (Vertriebsbeschränkungen) sowie die Alleinbezugspflicht und

---

286 So die Formulierung in Tz. 11 der Leitlinien über horizontale Zusammenarbeit.

287 So die Formulierung in Tz. 117 der Leitlinien über horizontale Zusammenarbeit.

288 So die Formulierung in Tz. 11 der Leitlinien über horizontale Zusammenarbeit.

289 Tz. 11, 140 der Leitlinien über horizontale Zusammenarbeit und Tz. 26 f., 139, 162, 179 der Leitlinien für vertikale Beschränkungen.

290 So die Formulierung in Tz. 11 der Leitlinien über horizontale Zusammenarbeit.

das eingeschränkte Vertriebsverbot ohne zeitliche Einschränkung freigestellt und ist das Herstellungs- und Handelsverbot (Markenzwang) bis zu einer Dauer von fünf Jahren freigestellt, wenn es sich um eine nicht wechselseitige Alleinvertriebsvereinbarung handelt und der jährliche Gesamtumsatz des Händlers 100 Mio. EUR und der Marktanteil des Herstellers auf dem relevanten Markt 30% nicht überschreitet (Art. 2 Abs. 1 und Abs. 4 lit. a, 3 Abs. 1, 4 lit. b Fall 1, 5 lit. a Schirm-GVO; Tz. 26 f., 162 der Leitlinien für vertikale Beschränkungen; Tz. 11, 140 des Entwurfs der Leitlinien über horizontale Zusammenarbeit). Im Fall einer Alleinvertriebsvereinbarung zwischen einem direktvertreibenden Hersteller und einem Händler sind in den Fällen, in denen der Händler weder Konkurrenzerzeugnisse herstellt und absetzt oder herstellen und absetzen kann noch fremde Konkurrenzerzeugnisse vertreibt oder vertreiben kann (und der Hersteller auch nicht), das Alleinvertriebsrecht und das Direktvertriebsverbot (Vertriebsbeschränkungen) sowie die Alleinbezugspflicht und das eingeschränkte Vertriebsverbot ohne zeitliche Einschränkung und ist das Herstellungs- und Handelsverbot (Markenzwang) bis zu einer Dauer von fünf Jahren freigestellt, wenn der Marktanteil des Herstellers auf dem relevanten Markt 30% nicht überschreitet (Art. 2 Abs. 1 und Abs. 4 lit. b, 3 Abs. 1, 4 lit. b Fall 1, 5 lit. a Schirm-GVO; Tz. 162 der Leitlinien für vertikale Beschränkungen).[291] Al-

---

[291] Nach Art. 2 Abs. 1 Schirm-GVO sind die Vertriebsbeschränkungen zu Lasten des Herstellers wie bisher nach der GVO 1983/83 für die gesamte Vertragslaufzeit freigestellt; siehe dazu auch Veelken in I/M-EG 2001 GFVO Rdn. 74, 183, der betont, dass die Beschränkungen sowohl den Lieferanten wie den Käufer betreffen können, und der die Alleinvertriebsverpflichtung und „die häufig in Alleinvertriebsverträgen enthaltenen Beschränkungen von Lieferungen des Lieferanten in das Vertragsgebiet (vgl. Art. 2 Abs. 1 der GFVO 1983/83)" ausdrücklich erwähnt und dann feststellt: „Art. 4 lit. b läßt Vertriebsbindungen des Lieferanten ohne Einschränkung, auch über die in den vorgenannten GFVO insoweit enthaltenen Begrenzungen hinaus, zu". Darin liegt eine Fortführung der bisher gültigen GVO 1983/83, da es nach Art. 2 Abs. 1 GVO 1983/83 zulässig war, dem Lieferanten die Verpflichtung aufzuerlegen, im Vertragsgebiet Verbraucher nicht mit Vertragswaren zu beliefern, und es anerkannt war, dass Klauseln, die den Hersteller berechtigten, alle oder bestimmte Verbraucher im Vertragsgebiet mit Vertragswaren zu beliefern, mit der GVO 1983/83 vereinbar waren. Siehe dazu Tz. 30 der Bekanntmachung zur GVO 1983/83; Wiedemann, GVO, Art. 2 GVO 1983/83

Rdn. 6 f.; Bunte/Sauter, GVO, VO Nr. 1983/83 Rdn. 25; Veelken in I/M-EG 1997 Rdn. B 39. Nach Art. 4 lit. b Fall 1 Schirm-GVO ist das eingeschränkte Vertriebsverbot unter der Bedingung, dass Verkäufe seitens der Kunden des Händlers nicht beschränkt werden, für die gesamte Vertragslaufzeit freigestellt; siehe dazu Tz. 50, 161, 178 der Leitlinien für vertikale Beschränkungen; Veelken in I/M-EG 2001 GFVO Rdn. 190 f., 199 ff.; Semler/Bauer DB 2000, 193, 197 f.; Metzlaff BB 2000, 1201, 1206 f.; Subiotto/Amato, World Competition, Volume 23, June 2000, p. 1, 17 f. Sie weisen darauf hin, dass die Freistellung nach Art. 4 lit. b weiter greift als die nach den abgelösten GVO. Zum einen ist es nun gestattet, dem Händler die Verpflichtung aufzuerlegen, in seinem Gebiet bestimmte (dem Hersteller vorbehaltene) Kundengruppen oder Kunden nicht zu beliefern, was nach Maßgabe der GVO 193/83 sehr umstritten war; siehe dazu Veelken in I/M-EG 2001 GFVO Rdn. 190 f. und bereits in I/M-EG 1997 Rdn. B 39; Semler/Bauer DB 2000, 193, 198; Wiedemann, GVO, Art. 2 GVO 1983/83 Rdn. 8; Bunte/Sauter, GVO, VO Nr. 1983/83 Rdn. 25. Zum anderen kann eine generelle Untersagung des aktiven Weiterverkaufs außerhalb des dem Abnehmer zugewiesenen Vertragsgebiets nicht mehr vereinbart werden. Gebiete, in denen der Lieferant alle oder bestimmte Abnehmer beliefert, sind weder einem anderen Käufer ausschließlich zugewiesen noch dem Lieferanten vorbehalten, oder wie es Metzlaff BB 2000, 1201, 1207 formuliert: „Zukünftig kann es Franchisenehmern nicht verboten werden, die Vertragswaren oder Dienstleistungen in ,freie', also anderen Franchisenehmern nicht exklusiv zugewiesene Gebiete zu verkaufen". Diese Einschränkung galt nach Maßgabe der GVO 1983/83 nicht. Siehe dazu Veelken in I/M-EG 2001 GFVO Rdn. 199 ff.; Semler/Bauer DB 2000, 193, 197 f.; Metzlaff BB 2000, 1201, 1206 f.; Art. 2 Abs. 2 lit. c GVO 1983/83; Wiedemann, GVO, Art. 2 GVO 1983/83 Rdn. 16 ff.; Bunte/Sauter, GVO, VO Nr. 1983/83 Rdn. 28; Veelken in I/M-EG 1997 Rdn. B 45 ff.; Subiotto/Amato, World Competition, Volume 23, June 2000, p. 1, 17 f. Die Lösung der Schirm-GVO überzeugt, weil die Differenzierung zwischen „innerhalb und außerhalb des Auschließlichkeitsbereichs" und – bezogen auf den Ausschließlichkeitsbereich zwischen „Ausschließlichkeit mit oder ohne absoluten Charakter" (siehe etwa Veelken in I/M-EG 2001 GFVO Rdn. 201 und in I/M-EG 1997 GFVO Rdn. B 39) wenig Sinn macht: Behält sich der Lieferant eine bestimmte Kundengruppe in einem bestimmten Gebiet vor, kann man – bezogen auf das Gebiet – von einer nicht absoluten Ausschließlichkeit, aber auch – bezogen auf die übrigen Kundengruppen in dem Gebiet – von einer absoluten Ausschließlichkeit sprechen, und je nachdem ist der Händler verpflichtet, bestimmte Kundengruppen innerhalb oder außerhalb seines Ausschließlichkeitsbereichs nicht zu beliefern. Das bringt die Tz. 50 der Leitlinien für vertikale Beschränkungen zum Ausdruck: „Der Lieferant darf die mit einem Ausschließlichkeitsrecht verbundene Zuweisung eines Gebiets und einer Kundengruppe beispielsweise dadurch miteinander verknüpfen, dass er einem Händler den Alleinvertrieb an eine bestimmte Kundengruppe in einem bestimmten Gebiet zuweist." Das Wettbewerbsverbot und die Mengenvorgabe sind nach Art. 5 lit. a Schirm-GVO für eine Zeit von fünf Jahren freigestellt; siehe dazu Veelken in I/M-EG 2001 GFVO Rdn. 260, 265 ff., 270, 273 ff.; Metzlaff BB 2000, 1201, 1208; Sem-

lerdings soll aus Art. 4 lit. c Schirm-GVO folgen, dass bei einer Verbindung von Alleinvertrieb und selektivem Vertrieb keine Beschränkungen des aktiven Verkaufs an Endverbraucher freigestellt sind, und zwar insbesondere keine Beschränkungen des aktiven Verkaufs in Gebiete, die der Lieferant sich selbst vorbehalten oder ausschließlich einem anderen Käufer zugewiesen hat (Tz. 53, 162, 186 der Leitlinien für vertikale Beschränkungen), und sich aus Art. 4 lit. d Schirm-GVO ergeben, dass ein Alleinbezug bei einer Verbindung von Alleinvertrieb und selektivem Vertrieb nicht freigestellt ist (Tz. 55 der Leitlinien für vertikale Beschränkungen).[292]

---

ler/Bauer DB 2000, 193, 199. Der Alleinbezug ist, wie sich etwa aus Tz. 162 der Leitlinien für vertikale Beschränkungen ergibt, für die gesamte Vertragslaufzeit freigestellt. Siehe dazu Veelken in I/M-EG 2001 GFVO Rdn. 260, 267, 270, der in Rdn. 261 und Fn. 854 – wie Metzlaff BB 2000, 1201, 1208 und Semler/Bauer DB 2000, 193, 199 – auf die Abgrenzungsfragen hinweist. In der Tat kann im Einzelfall der Alleinbezug eine Mengenvorgabe im Sinne von Art. 1 lit. b Schirm-GVO sein. Da das Wettbewerbsverbot und die Mengenvorgabe nach der GVO 1983/83 für die gesamte Vertragslaufzeit freigestellt waren – siehe dazu Veelken in I/M-EG 1997 GFVO Rdn. B 43; Wiedemann, GVO, Art. 2 GVO 1983/83 Rdn. 14 –, gewinnt nun die Frage an Bedeutung, ob diese Wettbewerbsbeschränkungen für das Funktionieren des Vertriebssystems notwendig sind und deshalb nicht unter Art. 81 Abs. 1 EG fallen, so dass sich die Frage nach einer Freistellung gar nicht stellt; siehe dazu Tz. 200 der Leitlinien für vertikale Beschränkungen; Emmerich in I/M-EG 1997 Art. 85 Abs. 1 Rdn. A 195; EuGH NJW 1986, 1415, 1416 – Pronuptia. Das eingeschränkte Wettbewerbsverbot sollte in entsprechender Anwendung des Art. 5 lit. a Schirm-GVO für eine Zeit von fünf Jahren freigestellt sein, weil es um eine auf Konkurrenzprodukte bezogene Verpflichtung geht, so dass eine Anwendung des Art. 4 lit. b Schirm-GVO nicht in Betracht kommt (Vertragswaren). Dagegen spricht allerdings, dass die eingeschränkten Wettbewerbsverbote weniger wettbewerbsschädlich sind, so dass ein „ad maiore ad minus"-Schluss bei Art. 5 lit. a GVO 1983/83 nicht möglich ist.

292 Siehe dazu Veelken in I/M-EG 2001 GFVO Rdn. 230, 236, 219 f.; Metzlaff BB 2000, 1201, 1207; Subiotto/Amato, World Competition, Volume 23, June 2000, p. 1, 19, 21. Nach Tz. 20 der Bekanntmachung zur GVO 1983/83 war es beim Alleinvertrieb dagegen zulässig, den Händlern als vertriebsfördernde Maßnahme nach Art. 2 Abs. 3 lit. c GVO 1983/83 aufzugeben, die Vertragswaren nicht an ungeeignete Händler zu liefern und damit das Verbot aktiver Verkaufspolitik außerhalb des Vertragsgebiets nach Art. 2 Abs. 2 lit. c GVO 1983/83 und die Alleinbezugsverpflichtung nach Art. 2 Abs. 2 lit. b GVO 1983/83 mit einem qualitativen selektiven Vertrieb zu verbinden; siehe dazu Subiotto/Amato, World Competition, Volume 23, June 2000, p. 1, 19; Veelken in I/M-EG 2001 GFVO Rdn. 219 f. und in I/M-EG 1997 GFVO Rdn. B 44, 54; Wiedemann, GVO, Art. 2 GVO 1983/83 Rdn. 27; Bunte/Sauter, GVO, VO Nr. 1983/83 Rdn. 30.

Ist die Schirm-GVO nicht anwendbar (Art. 2 Schirm-GVO) und handelt es sich um eine Alleinvertriebsvereinbarung zwischen konkurrierenden Herstellern oder mit einem fremdvertreibenden Händler, so erfolgt zunächst eine Prüfung auf der Grundlage der Leitlinien über horizontale Zusammenarbeit. Danach prüft die Kommission mit Blick auf Art. 81 Abs. 1 EG:

„Vermarktungsvereinbarungen, die den gemeinsamen Verkauf nicht enthalten, geben vor allem Anlass zu zwei Bedenken. Erstens verschafft die gemeinsame Vermarktung eindeutig die Möglichkeit, vertrauliche Geschäftsinformationen vor allem über Marktstrategie und Preisgestaltung auszutauschen. Zweitens können die Beteiligten je nach Kostenstruktur ihrer Vermarktungsform einen wesentlichen Teil ihrer Endkosten gemeinsam tragen. Dadurch könnte sich der Spielraum für den Preiswettbewerb auf der Stufe des Verkaufs einschränken. Vereinbarungen über die gemeinsame Vermarktung können daher von Art. 81 Abs. 1 erfasst werden, wenn sie den Austausch vertraulicher Geschäftsinformationen ermöglichen oder einen wesentlichen Teil der Endkosten der Beteiligten beeinflussen.

Ein besonderes Problem von Vertriebsvereinbarungen zwischen Wettbewerbern, die in verschiedenen räumlichen Märkten tätig sind, liegt darin, dass sie zur Marktaufteilung führen oder als Mittel zur Marktaufteilung benutzt werden können. Mit Vereinbarungen über den gegenseitigen Vertrieb ihrer Produkte teilen die Partner Märkte oder Kunden auf und beseitigen den Wettbewerb untereinander. Bei der Bewertung dieser Art von Vereinbarung ist vor allem die Frage zu stellen, ob sie für die Beteiligten tatsächlich erforderlich ist, um in den jeweils anderen Markt eintreten zu können. Ist dies der Fall, schafft die Vereinbarung keine horizontalen Wettbewerbsprobleme… Ist eine Vereinbarung für die Partner nicht objektiv erforderlich, um in den jeweils anderen Markt einzutreten, fällt sie unter Art. 81 Abs. 1. Vereinbarungen ohne Bestimmungen über Gegenseitigkeit enthalten ein geringeres Risiko der Marktaufteilung. Dabei ist jedoch zu prüfen, ob die nicht gegenseitige Vereinbarung die Grundlage für das beiderseitige Einvernehmen bildet, nicht in den jeweils anderen Markt einzutreten oder eine Möglichkeit ist, den Zugang zu oder den Wettbewerb auf dem ‚Einfuhrmarkt' zu kontrollieren."[293]

---

293 Tz. 146 f. der Leitlinien über horizontale Zusammenarbeit. Hier wird deutlich, dass die Kommission dem Begriff der Marktaufteilung ein sehr weites Verständnis

Im Übrigen sollen Vermarktungsvereinbarungen zwischen Wettbewerbern, die sich nicht auf die Preisfestsetzung erstrecken, nur unter Art. 81 Abs. 1 EG fallen, wenn die Partner ein gewisses Maß an Marktmacht haben. Dies sei unwahrscheinlich, wenn sie einen gemeinsamen Marktanteil von weniger als 15% hielten. Betrage der gemeinsame Marktanteil über 15%, müßten die voraussichtlichen Auswirkungen der Vermarktungsvereinbarung ermittelt werden. Hierbei seien die Marktkonzentration und die Marktanteile bedeutsame Faktoren, denn mit zunehmender Marktkonzentration seien Informationen über Preise oder Marktstrategie wichtig, um mehr Klarheit zu gewinnen, wobei es auch für die Partner interessanter werde, derartige Informationen auszutauschen.[294] Und mit Blick auf die bei der Ermittlung der Freistellbarkeit einer Vermarktungsvereinbarung nach Art. 81 Abs. 3 EG zu berücksichtigenden Leistungsgewinne führt die Kommission aus, der Umfang der entstandenen Gewinne hänge unter anderem von der Bedeutung der gemeinsamen Marketingtätigkeiten für die gesamte Kostenstruktur des betreffenden Erzeugnisses ab. Gemeinsamer Vertrieb werde deshalb eher bei Herstellern von allgemein vertriebenen Verbrauchererzeugnissen erhebliche Leistungsgewinne erbringen als bei Herstellern von Industriegütern, die nur von einer begrenzten Anzahl von Abnehmern gekauft würden. Im Übrigen solle es sich nicht um Einsparungen handeln, die aus dem Wegfall der sich aus dem Wettbewerb ergebenden Kosten entstünden, etwa eine Senkung von Transportkosten, die das Ergebnis einer Kundenzuteilung ohne Zusammenlegung des logistischen Systems sei, sondern etwa um Kosteneinsparungen infolge geringerer Doppelaufwendungen im Bereich der Ressourcen und Anlagen oder

---

zugrunde legt. Nur zur Klarstellung sei angemerkt, dass die Marktaufteilung, so wie die Kommission sie versteht, die Marktaufteilung, das Marktzutrittsverbot und den Wettbewerbsverzicht umfasst, weil eine Marktaufteilung eine Aufteilung der Abnehmer nach räumlichen und/oder sachlichen Kriterien ist, ein Marktzutrittsverbot ein Verbot ist, auf dem räumlich relevanten Markt überhaupt tätig zu werden, und ein Wettbewerbsverzicht eine sonstige Einschränkung des Wettbewerbsverhaltens auf dem räumlich relevanten Markt ist, und zwar typischerweise ein Verbot, bestimmte Waren an (bestimmte) Abnehmer zu verkaufen.

294 Tz. 149 f. der Leitlinien über horizontale Zusammenarbeit.

um die Einbringung von Kapital, Technologie oder sonstigen Vermögenswerten in erheblichem Umfang.[295]

Greift die Schirm-GVO mangels Anwendbarkeit (Art. 2 Schirm-GVO) nicht ein und handelt es sich um eine Alleinvertriebsvereinbarung zwischen konkurrierenden Herstellern oder mit einem fremdvertreibenden Händler und treten keine „Wirkungen, die mit solchen von horizontalen Vereinbarungen vergleichbar sind",[296] ein oder sind sie mit Art. 81 EG vereinbar, so erfolgt in einem zweiten Prüfungsschritt eine Beurteilung nach Maßgabe der Leitlinien für vertikale Beschränkungen. Greift die Schirm-GVO dagegen lediglich mangels Vorliegen der Freistellungsvoraussetzungen (Art. 3 ff. Schirm-GVO) nicht ein und handelt es sich um eine Alleinvertriebsvereinbarung zwischen einem direktvertreibenden Hersteller und einem Händler in den Fällen, in denen der Händler weder Konkurrenzerzeugnisse herstellt und absetzt oder herstellen und absetzen kann noch fremde Konkurrenzerzeugnisse vertreibt oder vertreiben kann (und der Hersteller auch nicht), so erfolgt eine ausschließliche Beurteilung nach Maßgabe der Leitlinien für vertikale Beschränkungen.

Danach sieht die Kommission mit Blick auf Art. 81 Abs. 1 EG die Gefahren für den Wettbewerb hauptsächlich darin, dass der markeninterne Wettbewerb verringert und der Markt aufgeteilt wird. Außerdem könne es zur Kollusion kommen, und zwar sowohl zwischen Lieferanten als auch zwischen Händlern, wenn die meisten oder alle Lieferanten nach dem Prinzip des Alleinvertriebs verfahren würden. Von größter Bedeutung sei die Marktstellung des Lieferanten und seiner Wettbewerber, da ein Verlust an markeninternen Wettbewerb nur dann problematisch sein könne, wenn der Markenwettbewerb eingeschränkt werde. Alleinvertrieb habe eher keine wettbewerbswidrige Wirkung, wenn die Marktstellung des Lieferanten schwach und die Marktposition der konkurrierenden Lieferanten stark sei, wenn der kumulative Marktanteil der Marken, die von ein und demselben Händler vertrieben würden, gering sei, wenn die Händler keine Marktmacht hätten und ihnen keine Beschränkungen

---

295 Tz. 151 ff. der Leitlinien über horizontale Zusammenarbeit.
296 So die Formulierung in Tz. 11 der Leitlinien über horizontale Zusammenarbeit.

im Hinblick auf den Verkauf an andere, nicht zugelassene Wiederverkäufer auferlegt würden, wenn die Händler nicht über Nachfragemacht verfügten, wenn ein Markt mit wachsender Nachfrage, immer neuen Techniken und schwankenden Marktanteilen der Unternehmen vorliege und wenn der Alleinvertrieb auf der Stufe des Einzelhandels nicht mit großen Gebieten verknüpft sei. Werde die Marktanteilsschwelle von 30% überschritten und drohe eine erhebliche Verringerung des markeninternen Wettbewerbs, könne dies nur nach Art. 81 Abs. 3 EG freigestellt werden, wenn dem echte Effizienzgewinne gegenüberstünden. Alleinvertrieb könne vor allem dann mit Effizienzgewinnen einhergehen, wenn von den Händlern Investitionen zum Schutz oder Aufbau des Markenimages verlangt würden. Im Allgemeinen fielen Effizienzgewinne am ehesten an bei neuen und bei komplexen Produkten sowie bei Produkten, deren Qualitätseigenschaften vor dem Verbrauch (Erfahrungsgüter) oder sogar nach dem Verbrauch (Vertrauensgüter) schwierig zu beurteilen seien. Alleinvertrieb könne außerdem Einsparungen bei den Logistikkosten mit sich bringen, da bei Transport und Vertrieb Größenvorteile genutzt werden könnten.[297]

Zur Verbindung von Alleinvertrieb mit Markenzwang und/oder mit Alleinbezug führt die Kommission aus:

„Alleinvertrieb in Verbindung mit Markenzwang kann zusätzlich das Problem des Ausschlusses anderer Lieferanten vom Markt mit sich bringen, und zwar vor allem bei einem dichten Netz von Alleinvertriebshändlern, die jeweils nur ein kleines Gebiet abdecken, oder im Falle einer Kumulativwirkung. Dies kann dazu führen, dass die oben niedergelegten Grundsätze über Markenzwang angewendet werden müssen. Hat die Kombination aus Alleinvertrieb und Markenzwang dagegen keinen nennenswerten Ausschlusseffekt, kann sie sogar wettbewerbsfördernd wirken, weil der Anreiz für den Alleinvertriebshändler, seine Bemühungen auf die betreffende Marke zu konzentrieren, größer wird. Ist ein solcher Ausschlusseffekt nicht gegeben, kann die Kombination aus Alleinvertrieb und Wettbewerbsverbot demnach für die gesamte Laufzeit der betreffenden Vereinbarung vom Kartellverbot freigestellt werden.

---

297 Tz. 161 ff., 173 f. der Leitlinien für vertikale Beschränkungen.

Eine Verknüpfung von Alleinvertrieb und Alleinbezug erhöht die Gefahr des Verlusts an markeninternem Wettbewerb und der Aufteilung von Märkten, was insbesondere der Preisdiskriminierung Vorschub leisten kann. Alleinvertrieb als solcher engt schon die Wahlmöglichkeiten der Kunden ein, weil er die Zahl der Vertriebshändler begrenzt und gewöhnlich auch deren Freiheit in Bezug auf aktive Verkäufe einschränkt. Der Alleinbezug wiederum, der die Händler zwingt, die Produkte der betreffenden Marke direkt beim Hersteller zu beziehen, nimmt darüber hinaus den Alleinvertriebshändlern etwaige Wahlmöglichkeiten, da er sie am Bezug der Produkte bei anderen dem System angeschlossenen Händlern hindert. Damit erhält der Lieferant mehr Möglichkeiten, den markeninternen Wettbewerb zu begrenzen und gleichzeitig unterschiedliche Verkaufsbedingungen anzuwenden. Außer in Fällen, in denen klare und erhebliche Effizienzgewinne niedrigere Preise für alle Endverbraucher nach sich ziehen, ist es daher unwahrscheinlich, dass die Kombination aus Alleinvertrieb und Alleinbezug im Fall von Lieferanten mit mehr als 30% Marktanteil freigestellt ist."[298]

Mit Blick auf § 1 GWB lassen sich die Kriterien, die die Kommission im Rahmen des Art. 81 Abs. 1 EG berücksichtigt, um „Wirkungen, die mit solchen von horizontalen Vereinbarungen vergleichbar sind",[299] und ihre „voraussichtlichen Auswirkungen" [300] festzustellen, bei den Tatbestandsmerkmalen „zwischen miteinander im Wettbewerb stehenden Unternehmen" und „spürbare Beeinträchtigung des Wettbewerbs"[301] berücksichtigen. Mit Blick auf die Kriterien, die die Kommission im Rahmen des Art. 81 Abs. 3 EG heranzieht, stellt sich allerdings die Frage, ob sie im Rahmen der Gesichtspunkte, die unter dem Stichwort des „anzuerkennenden Interesses" diskutiert werden[302] und eine Abrede als

---

298 Tz. 171 f. der Leitlinien für vertikale Beschränkungen.
299 So die Formulierung in Tz. 11 der Leitlinien über horizontale Zusammenarbeit.
300 So die Formulierung in Tz. 150 der Leitlinien über horizontale Zusammenarbeit.
301 So die Formulierung in BGH WuW/E DE-R 289, 295 – Lottospielgemeinschaft.
302 So die Formulierung in BGH WuW/E BGH 3115, 3118 – Druckgussteile und BGH WuW/E BGH 3121, 3125 – Bedside-Testkarten sowie BGH WuW/E BGH 3137, 3138 – Sole. Der BGH verwendet in der Sache zwar die Formulierung der Fertigbetonentscheidung (BGH WuW/E BGH 1458, 1461: „… wenn die vereinbarten Wettbewerbsbeschränkungen Bestandteil des Leistungsaustauschs geworden wären und keinem darüber hinausgehenden Zweck hätten dienen sollen";

kartellrechtsneutral erscheinen lassen sollen,[303] oder im Rahmen

---

ebenso bereits BGH WuW/E BGH 1353, 1355 – Schnittblumentransport: „… seien Bestandteil des Leistungsaustausches geworden und hätten keinem darüber hinausgehenden Zweck dienen sollen"), legt aber im Rahmen der wertenden Betrachtungsweise einen großzügigeren (nicht nur zivilrechtlich – Vertragsgerechtigkeit –, sondern auch wettbewerblich – Intensivierung des Wettbewerbs – fundierten) und an die Praxis zu Art. 81 EG angelehnten Beurteilungsmaßstab zugrunde (BGH WuW/E BGH 3115, 3118 f. – Druckgussteile; vgl. auch BGH WuW/E BGH 3121, 3125 f. – Bedside-Testkarten – und BGH WuW/E BGH 3137, 3138 f. – Sole); siehe dazu nur Karsten Schmidt WuW 2000, 1199, 1204 („eine liberalisierte und selbstverständlich auf den Normzweck des Kartellverbots bezogene Immanenzformel") und AG 1998, 551, 556 f.; Kühne, FS Sandrock, S. 537, 545; Bornkamm, FS Geiß, S. 539, 548 ff.; Huber in FK § 1 n. F. Rdn. 18, 71; vgl. auch Zimmer in I/M-GWB 2001 § 1 Rdn. 275 ff., 293 f., der in Rdn. 277 allerdings zu dem Ergebnis gelangt, die Aussagen des BGH seien „zu vage, um daraus schließen zu können, es handele sich um eine Erweiterung der bisher anerkannten Grenzen von Freistellungsmöglichkeiten", und Bunte in L/B § 1 Rdn. 194, 196, der ebenfalls vorsichtiger formuliert.

303 Die systematische Verortung der unter dem Stichwort des „anzuerkennenden Interesses" diskutierten Ausnahmen ist streitig; so ausdrücklich etwa Karsten Schmidt WuW 2000, 1199, 1201 und Bunte in L/B § 1 Rdn. 193 ff. Zum Teil werden sie im Rahmen des Tatbestandsmerkmals „zwischen miteinander im Wettbewerb stehenden Unternehmen" untergebracht; siehe etwa Emmerich, Fälle, S. 40 f., 65 ff. (S. 67: „in erster Linie marktregelnder Zweck") und Kartellrecht, S. 33 f. („Entscheidend ist letztlich weiterhin, ob mit der fraglichen Abrede von den Parteien wettbewerbsbeschränkende Zwecke verfolgt werden, vorausgesetzt, dass sie zumindest potenzielle Konkurrenten sind und nicht eine der unter dem Stichwort Immanenztheorie diskutierten Ausnahmen eingreift"); Rittner WuW 2000, 696, 698 f. und Wettbewerbs- und Kartellrecht, § 7 Rdn. 14 ff., 23 ff. („Freilich darf man die Wettbewerbsklausel nicht in einem formalen Sinne wortwörtlich nehmen. Sie nötigt keineswegs etwa in casu exakt festzustellen, ob die beteiligten Unternehmen konkret [oder auch nur potenziell] im Wettbewerb miteinander stehen. Vielmehr kommt es darauf an, dass die Vereinbarung den Wettbewerb zwischen ihnen kartellmäßig regulieren soll"); Bechtold § 1 Rdn. 18 ff. und bereits BB 1997, 1853, 1854 („… dass § 1 auch künftig nicht schon dann anwendbar ist, wenn in einem Vertrag zwischen Unternehmen, die auch Wettbewerber sind, irgendeine Wettbewerbsbeschränkung vereinbart ist, sondern dass sich die Beschränkung einerseits gerade auf das gegenseitige Wettbewerbsverhältnis beziehen muss und andererseits nicht immanenter Bestandteil einer Austauschbeziehung sein darf"); Kahlenberg BB 1998, 1593, 1594; Bechtold WuB V A. § 1 GWB 1.97. Zum Teil werden sie am Tatbestandsmerkmal „Wettbewerbsbeschränkung" festgemacht, siehe etwa Huber in FK § 1 n. F. Rdn. 17 („Es geht um die Frage, was unter einer „Wettbewerbsbeschränkung"… im Sinne des § 1 zu verstehen ist"), 70 ff. (Rdn. 70: „Ähnlich wie beim Erfordernis der ‚Spürbarkeit' der Wettbewerbsbeschränkung handelt es sich hier um ein ungeschriebenes ein-

des an den Art. 81 Abs. 3 EG angelehnten § 7 Abs. 1 GWB zum Tragen zu bringen sind. Diese Alternative stellt sich, da seit der 6. GWB-Novelle die Frage im Raum steht, ob die unter dem Stichwort des „anzuerkennenden Interesses" diskutierten Ausnahmen zugunsten des § 7 Abs. 1 GWB zurückgenommen werden müssen oder ob die Freistellung nach § 7 Abs. 1 GWB erst da einsetzen darf, wo die unter dem Stichwort des „anzuerkennenden Interesses" diskutierten Ausnahmen enden.[304] Für die Rücknahme der unter dem Stichwort des „anzuerkennenden Interesses" diskutierten Ausnahmen spricht, dass die Kommission im Rahmen des Art. 81 Abs. 1 EG keine wettbewerbliche rule of reason anerkennt[305] und der BGH mit den unter dem Stichwort des „anzuerkennenden Interesses" diskutierten Ausnahmen etwa die hier interessierenden Alleinbelieferungspflichten des Herstellers erfasst,[306] die nach Ansicht des EuGH allein nach Maßgabe des Art. 81 Abs. 3 EG zu würdigen sind.[307] Es sprechen dennoch gute Gründe dafür, die Kriterien, die die Kommission im Rahmen des Art. 81 Abs. 3 EG heranzieht, vermittels der unter dem Stichwort des „anzuerkennenden Interesses" diskutierten Ausnahmen zur Geltung zu bringen.[308] Mit der Einführung des § 7 Abs. 1 GWB sollte der materielle Regelungsgehalt des § 1 GWB nicht verändert, sondern nur eine zusätzliche Ausnahme geschaffen werden und damit zugleich einer Überdehnung der unter dem Stichwort des „anzuerkennenden Interesses" diskutierten Ausnahmen vorgebeugt werden.[309]

---

schränkendes Tatbestandsmerkmal des Kartellverbots."); Bunte in L/B § 1 Rdn. 108, 193 ff. (Rdn. 195: „Der Sache nach geht es in diesen Fällen um eine teleologische Restriktion des Tatbestandsmerkmals der ‚Wettbewerbsbeschränkung' "). Zum Teil werden sie im Rahmen eines den Tatbestand des Kartellverbots einschränkenden ungeschriebenen Freistellungstatbestandes zur Geltung gebracht; siehe etwa Karsten Schmidt WuW 2000, 1199, 1201, 1203 f. und AG 1998, 551, 559 f. sowie FS Sandrock, S. 833, 846 f.; Zimmer in I/M-GWB 2001 § 1 Rdn. 268 ff., 271 ff., 290 ff.

304 Siehe zu diesem Problemkreis Köhler WuW 1999, 445, 449 f.
305 Emmerich in I/M-EG 1997 Art. 85 Abs. 1 Rdn. A 257 ff., 193 ff.; Ackermann, Art. 85 Abs. 1 EGV, S. 167 ff.
306 BGH WuW/E BGH 3115, 3118 f. – Druckgussteile; BGH WuW/E BGH 3121, 3125 f. – Bedside-Testkarten.
307 EuGH NJW 1986, 1415, 1416 – Pronuptia.
308 So wohl auch Markert EuZW 2000, 427, 430 f.

Die unter dem Stichwort des „anzuerkennenden Interesses" diskutierten Ausnahmen entsprechen zudem der Regelungstechnik der Schirm-GVO und – in Zukunft – des Art. 81 Abs. 3 EG (Legalausnahme), weil sie Kraft Gesetzes und nicht (erst) Kraft behördlicher Entscheidung gelten.[310]

Mit Blick auf § 16 GWB lassen sich die Kriterien, die die Kommission im Rahmen des Art. 81 Abs. 1 EG berücksichtigt, um vertikale Wettbewerbsbeschränkungen festzustellen, bei den Tatbestandsmerkmalen „Vereinbarungen zwischen Unternehmen über Waren oder gewerbliche Leistungen, soweit sie einen Beteiligten darin beschränken, andere Waren oder gewerbliche Leistungen von Dritten zu beziehen oder an Dritte abzugeben oder darin beschränken, andere Waren an Dritte abzugeben", und „wesentliche Beeinträchtigung des Wettbewerbs" berücksichtigen. Mit Blick auf die Kriterien, die die Kommission im Rahmen des Art. 81 Abs. 3 EG heranzieht, stellt sich allerdings die Frage, ob sie im Rahmen der unter dem Stichwort der Interessenwahrnehmungsverträge diskutierten Ausnahmen[311] zum Tragen gebracht werden sollen. Dieses Vorgehen würde sich für die hier interessierenden Fälle besonders eignen, weil der BGH davon ausgeht, dass die in Alleinvertriebsvereinbarungen enthaltenen Kunden- und Gebietsschutzzusagen eines Herstellers und die Bezugsbindungen eines Händlers zur Belebung des Wettbewerbs beitragen und die Einführung eines neuen Produkts am Markt ermöglichten, die die nacheiligen Wirkungen ausgleichen würden.[312] Dagegen spricht allerdings, dass der Gesetzgeber nicht nur an der mit hohen Eingriffsschwellen verbundenen Missbrauchsaufsicht festhalten, sondern

---

309 Köhler WuW 1999, 445, 449 f.; siehe auch Kühne, FS Sandrock, S. 537, 545 f.
310 Art. 1 („Vereinbarungen, Beschlüsse und aufeinander abgestimmte Verhaltensweisen im Sinne von Art. 81 Abs. 1 EG-Vertrag, die nicht die Voraussetzungen des Art. 81 Abs. 3 erfüllen,... sind verboten, ohne dass diese einer vorherigen Entscheidung bedarf"), Abschnitt I. C 1. a. und IV Kapitel I Artikel 1 des Vorschlags der Kommission. Siehe dazu Möschel JZ 2000, 61 ff.; Auszug aus dem Sondergutachten 28 der Monopolkommission: Kartellpolitische Wende in der Europäischen Union, WuW 1999, 977 ff.; Schaub/Dohms WuW 1999, 1055, 1060 ff.
311 Siehe zu diesem Problemkreis nur Emmerich in I/M-GWB 2001 § 16 Rdn. 29 f.
312 BGH WuW/E BGH 3115, 3118 f. – Druckgussteile; BGH WuW/E BGH 3121, 3125 f. – Bedside-Testkarten.

auch mit Blick auf die Wertungsmaßstäbe keine Angleichung an das EG-Recht vornehmen wollte.[313] Es kommt hinzu, dass angesichts der geringfügigen Eingriffsmöglichkeiten der Kartellbehörde nach § 16 GWB weder Unzuträglichkeiten[314] noch gravierende Wertungswidersprüche[315] zu befürchten sind. Denn der BGH hat in seiner Pauschalreiseveranstalterentscheidung vom 25. September 1990 die Eingriffsvoraussetzung des § 18 Abs. 1 lit. c GWB a.F. dahin konkretisiert, dass die Funktionsfähigkeit des Wettbewerbs beeinträchtigt werden muss.

„Keinen Bedenken begegnet auch die Auffassung des Kammergerichts, dass das Tatbestandsmerkmal einer wesentlichen Beeinträchtigung des Wettbewerb als Eingriffsvoraussetzung (§ 18 Abs. 1 lit. c GWB) nicht eine wertende Berücksichtigung der Interessen der bindenden Unternehmen an der Ausschließlichkeitsbindung erfordert oder auch nur möglich macht... Eine wesentliche Beeinträchtigung des Wettbewerbs im Sinne des § 18 Abs. 1 lit. c GWB ist mehr als lediglich spürbare Auswirkungen auf die Marktverhältnisse; andererseits wird nicht vorausgesetzt, dass ein Wettbewerb auf dem betreffenden Markt durch die fraglichen Bindungen nahezu ausgeschlossen ist. Nach dem Schutzzweck des § 18 Abs. 1 lit. c GWB – Schutz des Wettbewerbs als Institution – genügt, ist aber auch erforderlich, dass die Funktionsfähigkeit des Wettbewerbs auf dem betreffenden Markt beeinträchtigt wird. Das kann zwar bereits der Fall sein, wenn nur ein oder einige wenige Wettbewerber vom Markt und vom Wettbewerb ausgeschlossen sind, bedeutet es aber nicht ohne weiteres in jedem Fall."[316]

Und dies entspricht durchaus der Wertung der Kommission.[317] Denn sie sieht die Gefahren der in den Alleinvertriebsvereinbarun-

---

313 Begründung zum Regierungsentwurf aus dem Jahr 1997, S. 4 (abgedruckt bei Baron, Kartellgesetz, S. 121).

314 Emmerich, Kartellrecht, S. 136 f.

315 Baron in L/B Einf EG-KartR Rdn. 148

316 BGH WuW/E BGH 2668, 2672, 2673 f. – Pauschalreiseveranstalter.

317 Bunte in L/B Einf EG-KartR Rdn. 148: „Der Kommission ist es immerhin mit der neuen GVO gelungen... eine Regelung zu schaffen, die einer Missbrauchskontrolle ‚deutscher Art' im Ergebnis sehr nahe kommt. Dies gilt nicht nur für die Marktanteilsschwelle in Art. 3 der GVO. Auch in der Umschreibung des Missbrauchs weichen beide Systeme im Ergebnis nicht wesentlich voneinander ab. Die neue GVO ist damit einer der nicht häufigen Fälle, in denen sich nicht das natio-

gen vorgesehenen vertikalen Beschränkungen in einer Beeinträchtigung des markeninternen Wettbewerbs zwischen den Vertriebshändlern derselben Marke und des Markenwettbewerbs zwischen den am Markt tätigen Unternehmen sowie in einer Abschottung anderer Markenhersteller durch Erhöhung der Zutrittsschranken, und hält diese Gefahren im Allgemeinen für nicht gegeben, solange keiner der Markenhersteller über Marktmacht verfügt.[318]

---

nale Recht dem europäischen Recht anpasst, sondern sich umgekehrt das europäische Recht einem nationalen Rechtssystem im Ergebnis angleicht."

318 Tz. 101 f., 103 ff., 119 der Leitlinien für vertikale Beschränkungen.

F. Fazit

Die kartellrechtliche Einordnung der Alleinvertriebsvereinbarungen auf der Grundlage einer extensiven Interpretation des § 1 GWB begegnet nicht nur gewichtigen Einwänden, sondern widerspricht auch der neuen Rechtsauffassung der Kommission. Vor dem Hintergrund des Binnenmarktprojekts und angesichts der wettbewerbspolitischen Wertungskongruenz zwischen dem deutschen und dem europäischen Kartellrecht ist eine Interpretation des § 1 GWB (und des § 16 GWB) im Lichte der neuen Verwaltungspraxis der Kommission in sachlicher und methodischer Hinsicht geboten und möglich. Eine harmonisierende (und restriktive) Interpretation des § 1 GWB verwirklicht auch das von dem BGH mit der Druckgussteile-Rechtsprechung verfolgte Anliegen, gerade mit Blick auf die vom Wortlaut des § 16 GWB erfassten Ausschließlichkeitsbindungen in Alleinvertriebsvereinbarungen, einer zu weiten Interpretation des § 1 GWB vorzubeugen; sie führt allerdings – in einem eingeschränkten Bereich – zu einer Doppelkontrolle von Ausschließlichkeitsbindungen mit „auch horizontaler Wirkung".[319]

---

319 So die Formulierung in BGH WuW/E BGH 3115, 3118 – Druckgussteile.

Literaturverzeichnis

Ackermann, Thomas	Art. 85 Abs. 1 EGV und die rule of reason, 1997 (Kurztitel: Art. 85 Abs. 1 EGV)
Bahr, Christian	Die Verhinderung, Einschränkung oder Verfälschung des Wettbewerbs in § 1 GWB, WuW 2000, 954 ff.
Baron, Michael	Das neue Kartellgesetz – Einführung in die 6. GWB-Novelle und das Vergaberecht – Materialien – Texte, 1999 (Kurztitel: Kartellgesetz)
Baums, Theodor	GWB-Novelle und Kartellverbot, ZIP 1998, 233 ff.
Baur, Jürgen F.	Langfristige Gaslieferungsverträge, Festschrift für Otto Sandrock, 2000, S. 35 ff.
Bayreuther, Frank	Die Reform des EG-Wettbewerbspolitik gegenüber vertikalen Wettbewerbsbeschränkungen, EWS 2000, 106 ff.
Bechtold, Martin	Anmerkung zu BGH KZR 41/95, WuB V A. § 1 GWB 1.97
Bechtold, Rainer	Kartellgesetz – Gesetz gegen Wettbewerbsbeschränkungen, 2. Auflage 1999 (Kurztitel: Bechtold)
ders.	EG-Gruppenfreistellungsverordnungen – eine Zwischenbilanz, EWS 2001, 49 ff.
ders.	Die Entwicklung des deutschen Kartellrechts, NJW 1997, 1959 ff.
ders.	Zum Referenten-Entwurf der 6. GWB-Novelle, BB 1997, 1853 ff.

Börner, Achim-Rüdiger   Zur Nichtigkeit eines Stromliefervertrages zwischen Regionalversorger und Stadt, ET 1999, 405 ff.

Bornkamm, Joachim   Das Kartellverbot in der neueren Rechtsprechung des Bundesgerichtshofs, Festschrift für Karlmann Geiß, 2000, S. 539 ff.

Büdenbender, Ulrich   Die kartellrechtliche Zulässigkeit von Gesamtbedarfsdeckungsklauseln, ET 2000, 359 ff.

Bunte, Hermann-Josef   „carpartner" und die Folgen, NJW 1999, 93 ff.

ders.   Abschied vom „gemeinsamen Zweck" und den „gleichgerichteten Interessen"?, WuW 1997, 857 ff.

Bunte, Hermann-Josef/ Sauter, Herbert   EG-Gruppenfreistellungsverordnungen, 1988 (Kurztitel: GVO)

Busche, Jan/ Keul, Thomas   Anmerkung zu BGH, ZIP 1999, 1021 ff., ZIP 1999, 1027 ff.

Dörmer, Thomas   Das Verhältnis von § 1 GWB zu § 18 GWB exemplifiziert an den Entscheidungen „Druckgußteile" (BGH vom 14. 1. 1997, KZR 41/95) und „Bedside-Testkarten" (BGH vom 14. 1. 1997, KZR 35/ 93), http://www.fu-berlin.de/iww/ – Rubrik „Publikationen: Seminararbeiten"

Ebel, Hans-Rudolf   Abgegrenzte Versorgungsgebiete auch nach der Energierechtsreform?, WuW 1998, 448 ff.

Emmerich, Volker   Kartellrecht, 8. Auflage 1999 (Kurztitel: Kartellrecht)

ders.	Fälle zum Wettbewerbsrecht, 4. Auflage 2000 (Kurztitel: Fälle)
ders.	Funktionale Auslegung des Tatbestandsmerkmals des gemeinsamen Zwecks in § 1 GWB („Druckgussteile-Urteil"), JuS 1998, 272 f.
Fritzsche, Jörg	Die Auslegung des § 1 GWB und die Behandlung von Einkaufsgemeinschaften im Kartellrecht, 1993 (Kurztitel: Auslegung)
Fuchs, Klaus	Kartellvertrag und Bereicherung, 1990 (Kurztitel: Kartellvertrag)
Gerwing, Bernd	Kooperative Gemeinschaftsunternehmen im EWG-Kartellrecht unter besonderer Berücksichtigung der Abgrenzungsfrage, 1994 (Kurztitel: Gemeinschaftsunternehmen)
Glassen, Helmut/ von Hahn, Helmuth/ Kersten, Hans-Christian/ Rieger, Harald	Frankfurter Kommentar zum Kartellrecht, Stand November 2000 (Kurztitel: FK)
Huber, Ulrich/ Börner, Bodo	Gemeinschaftsunternehmen im deutschen und europäischen Wettbewerbsrecht, 1978 (Kurztitel: Gemeinschaftsunternehmen)
Immenga, Ulrich	Noch keine wettbewerbspolitische Eindeutigkeit, BB 32/1998, Die erste Seite
Immenga, Ulrich/ Mestmäcker, Ernst-Joachim	GWB – Gesetz gegen Wettbewerbsbeschränkungen, 2. Auflage 1992 (Kurztitel: I/M-GWB 1992)
dies.	GWB – Gesetz gegen Wettbewerbsbeschränkungen, 3. Auflage 2001 (Kurztitel: I/M-GWB 2001)

dies.   EG-Wettbewerbsrecht, Band 1, 1997
(Kurztitel: I/M-EG 1997)

dies.   EG-Wettbewerbsrecht, Ergänzungsband, Stand Frühjahr 2001
(Kurztitel: I/M-EG 2001)

Kahlenberg, Harald   Novelliertes deutsches Kartellrecht – Stichtag 1. 1. 1999: Änderung des GWB, BB 1998, 1593 ff.

Keul, Thomas   Kartellverbot und Lieferverträge, 2000
(Kurztitel: Kartellverbot)

Köhler, Helmut   Zulässigkeit von Wettbewerbsbeschränkungen beim Energievertrieb, WuW 1999, 445 ff.

ders.   Wettbewerbs- und kartellrechtliche Kontrolle der Nachfragemacht, 1979
(Kurztitel: Nachfragemacht)

Kommission   Denkschrift der EG-Kommission vom 1. Dezember 1965 – SEK(65) 3500, Gemeinschaftsunternehmen – Deutsches und EG-Kartellrecht, 1987, 93 ff.
(Kurztitel: Denkschrift)

Kühne, Gunther   Schicksal langfristiger Lieferverträge zwischen Energieversorgungsunternehmen (EVU) bei Aufhebung der §§ 103, 103 a GWB, Beilage 19 zu BB 50/1997

ders.   Absatzsicherungsinteresse, Leistungsaustausch und Wettbewerb bei langfristigen (Energie-)Lieferverträgen mit wettbewerbsbeschränkenden Nebenabreden, Festschrift für Otto Sandrock, 2000, S. 537 ff.

Langen/Bunte   Kommentar zum deutschen und europäischen Kartellrecht, 9. Auflage 2001
(Kurztitel: L/B)

Leip, Wolfgang   Zur Beurteilung langfristiger Lieferverträge zwischen Wettbewerbern nach deutschem Kartellrecht, WuW 1986, 455 ff.

Lückenbach, Andreas   „Anzuerkennendes Interesse" für Wettbewerbsbeschränkungen in Lieferverträgen zwischen Energieversorgungsunternehmen (EVU)? – eine Untersuchung der höchstrichterlichen Rechtsprechung zu § 1 GWB (a. F.) – RdE 2000, 101 ff.

Lukes, Rudolf   Stromlieferverträge im liberalisierten Strommarkt, Beilage 8 zu BB 21/1999

Markert, Kurt   Langfristige Bezugsbindungen für Strom und Gas nach deutschem und europäischem Kartellrecht, EuZW 2000, 427 ff.

Metzlaff, Karsten   Franchisesysteme und EG-Kartellrecht – neueste Entwicklungen, BB 2000, 1201 ff.

Monopolkommission   Auszug aus dem Sondergutachten 28 der Monopolkommission: Kartellpolitische Wende in der Europäischen Union, WuW 1999, 977 ff.

Möschel, Wernhard   Die deutsche Fusionskontrolle auf dem Prüfstand des europäischen Rechts: „Überflügelung" oder Harmonisierung?, AG 1998, 561 ff.

ders.   Systemwechsel im Europäischen Wettbewerbsrecht? – Zum Weißbuch der EG-Kommission zu den Art. 81 ff. EG-Vertrag, JZ 2000, 61 ff.

Raabe, Frank   Energielieferverträge im Wettbewerb, ET 2000, 770 ff.

165

Rebmann, Kurt/ Säcker, Franz Jürgen	Münchener Kommentar zum Bürgerlichen Gesetzbuch, Band 1, 4. Auflage 2001 (Kurztitel: MüKo)
Rittner, Fritz	Wettbewerbs- und Kartellrecht, 6. Auflage 1999 (Kurztitel: Wettbewerbs- und Kartellrecht)
ders.	Keine Doppelkontrolle für Vertikalvereinbarungen!, WuW 2000, 696 ff.
ders.	Schlußwort: Keine Doppelkontrolle für Vertikalvereinbarungen, WuW 2000, 1204 f.
Rottnauer, Achim E.	Wirksamkeit bestehender Stromlieferungsverträge mit Verteilerunternehmen – Im Blickpunkt: wettbewerbsbeschränkende Nebenabreden, BB 1999, 2145 ff.
Salje, Peter	Stromlieferverträge nach Wegfall der kartellrechtlichen Freistellung, ET 1999, 768 ff.
Schaub, Alexander/ Dohms, Rüdiger	Das Weißbuch der Europäischen Kommission über die Modernisierung der Vorschriften zur Anwendung der Artikel 81 und 82 EG-Vertrag – Die Reform der Verordnung Nr. 17, WuW 1999, 1055 ff.
Schmidt, Karsten	Doppelkontrolle für Vertikalvereinbarungen nach dem GWB? – Thesen zu Rittner, WuW 2000, 696 – WuW 2000, 1199 ff.
ders.	Ausschließlichkeitsbindung, Kartellverbot und Immanenztheorie – Zum Verhältnis zwischen § 16 GWB und § 1 GWB, Festschrift für Otto Sandrock, 2000, S. 833 ff.

ders. „Altes" und „neues" Kartellverbot –
Kontinuität statt Umbruch durch die
Neufassung des § 1 GWB,
AG 1998, 551 ff.

ders. Vertragliche Wettbewerbsverbote im
deutschen Kartellrecht – Gemeinsamer
Zweck und Immanenztheorie in der Praxis und Theorie zu § 1 GWB,
ZHR 149 (1985), 1 ff.

ders. Wettbewerbsverbot und Kartellverbot –
Kritische Bemerkungen zur jüngsten
BGH-Praxis (BGH, BB 1979 S. 1162
und 1163), BB 1979, 1173 ff.

ders. Kartellverbot und „sonstige Wettbewerbsbeschränkungen", 1978
(Kurztitel: Kartellverbot)

ders. Handelsrecht, 4. Auflage 1994
(Kurztitel: Handelsrecht)

Scholz, Ulrich Die Beurteilung von Bezugsbindungen
in Elektrizitätslieferverträgen nach deutschem und EG-Kartellrecht,
RdE 1998, 209 ff.

Schwintowski, Anwendbarkeit des Kartellrechts auf
Hans-Peter/ Energielieferverträge – die deutsche und
Klaue/Siegfried die europäische Sicht, BB 2000, 1901 ff.

Seifert, Dorothea Die kartellrechtliche Beurteilung von
Wettbewerbsverboten in Lieferverträ-
gen, Festschrift für Otfried Lieberknecht,
1997, 583 ff.

Sbiotto, Romano/ Preliminary Analysis of the Commissi-
Amato, Filippo ons's Reform Concerning Vertical Re-
straints, Journal of World Competition,
Volume 23, June 2000, p. 1 ff.

Semler, Franz-Jörg/   Die neue EU-Gruppenfreistellungsver-
Bauer, Michael   ordnung für vertikale Wettbewerbsbe-
                       schränkungen – Folgen für die Rechts-
                       praxis, DB 2000, 193 ff.

Traugott, Rainer   BB-Kommentar, BB 1998, 1556

Wellenhofer-Klein,   Das neue Kartellverbot und seine Ab-
Martina   grenzung zu den Vertikalvereinbarun-
                       gen, WuW 1999, 557 ff.

Wiedemann, Gerhard   Kommentar zu den Gruppenfreistel-
                       lungsverordnungen des EWG-Kartell-
                       rechts, Band 2 Besonderer Teil, 1990
                       (Kurztitel: GVO)

Zöllner, Wolfgang   Kölner Kommentar zum Aktiengesetz,
                       Band 1 §§ 1–75 AktG, 2. Auflage 1988

Sachregister

Unentbehrlich für die Praxis: Betriebs-Berater!

Diese Zeitschrift für Recht und Wirtschaft bietet Ihnen jede Woche das Neueste aus dem Bereich Recht, Steuern, Wirtschaft – wirtschaftsrelevante Rechtsinformationen, praxisgerecht aufbereitet. 3 kostenfreie Probehefte stehen zur Verfügung.

Betriebs Berater
Zeitschrift für Recht und Wirtschaft

Der Betriebs-Berater erfüllt umfassend Ihre Informationsansprüche in den Bereichen: **Wirtschaftsrecht, Steuerrecht, Bilanzrecht und Wirtschaftsprüfung, Arbeits- und Sozialrecht.**

Jede Woche bringt der Betriebs-Berater für Ihre Praxis wichtige Themen aus Gesetzgebung, Rechtsprechung und Verwaltung – aktuell, konzentriert und praxisgerecht aufbereitet.

Denn für Sie arbeiten Experten und Praktiker aus der Wirtschaft und den beratenden Berufen, Fachautoren mit hervorragendem Ruf aus Gesetzgebung, Rechtsprechung, Verwaltung und Wissenschaft sowie ein qualifiziertes BB-Redaktionsteam. Die Summe dieser Erfahrungen sichert Ihnen als Leser den entscheidenden Vorsprung.

Testen Sie jetzt den Betriebs-Berater und fordern Sie mit dieser Karte kostenfrei und unverbindlich 3 Probehefte an.

Karte heraustrennen und Ihrer Fachbuchhandlung übergeben.

**Fordern Sie mit der Karte kostenfrei und
unverbindlich 3 Probehefte an.**

Betriebs
Berater
Zeitschrift für Recht und Wirtschaft

Bitte
freimachen

Antwort

**Verlag
Recht und Wirtschaft GmbH
Postfach 10 59 60**

69049 Heidelberg

Betriebs
Berater
Zeitschrift für Recht und Wirtschaft

Eine der führenden
Fachzeitschriften
im Bereich Recht /
Steuern / Wirtschaft.

**Bitte senden Sie mir kostenfrei und
unverbindlich 3 Probehefte.**

Name / Vorname

Firma / Beruf

Straße / Postfach

PLZ / Ort

Meine Buchhandlung

**Bitte Ihrer Buchhandlung übergeben oder an den Verlag
einsenden.**